Tomasz Torbus
Polen

Klaus Bachmann, geb. 1963 in Bruchsal, studierte Geschichte, politische Wissenschaften und Osteuropäische Geschichte in Heidelberg, Wien und Krakau. Seit 1988 Korrespondent mehrerer Tageszeitungen in Warschau, u.a. »Die Presse«, »taz«, »Kölner Stadtanzeiger«, »Wochenpost«.
Detlef Dunker, geb. 1948 in Hamburg, arbeitet seit mehreren Jahren als Industriekaufmann in einer Handelsfirma, die für westeuropäische Industriefirmen Gießereierzeugnisse aus Polen importiert.
Dr. Christofer Herrmann, geb. 1962 in Mainz, promovierter Kunsthistoriker und Studienreiseleiter. Seine »Polen-Connection« geht noch auf seine aktive Hilfe für die politische Opposition im Kriegsrecht 1982-1983 zurück.
Elżbieta Kisielewska, arbeitet als Theaterwissenschaftlerin und freie Journalistin mit mehreren polnischen Theatern zusammen.
Dr. Waldemar Klemm, stammt aus Warschau, Slawist, Dozent an der Universität Hamburg für polnische Sprache und Literatur.
Dr. Jerzy Maćków, geb. 1961 in Żary, Politologe (Promotion: »Die Krise des Totalitarismus in Polen«, Hamburg, Münster 1992), lebt in Hamburg.
Beatrix Müller, geb. 1964 in Freiburg im Brsg., Kunsthistorikerin mit Schwerpunkt mittelalterliche Skulptur, lebt in Hamburg.
Krzysztof Pawela, geb. 1954 in Krakau, nach seinem Jurastudium widmete er sich seit 1976 der Fotografie; Arbeit als Fotograf für »Perspektywy«, und für »Die Zeit«, »Stern«, »L'express« und »Life«. Mehrere internationale Preise, sowie Einzelausstellungen (u.a. in Hamburg, Stockholm und Paris); von ihm stammt ein Teil der Fotos in diesem Buch.
Andrzej Rybak, geb. 1958 in Warschau, Journalist; arbeitete 1991-1992 in der Auslandsredaktion des »Spiegel«, ab 1993 bei der »Woche«. Mehrere Veröffentlichungen über Ost- und Mittelosteuropa.
Wojciech Staszewski, geb. 1967 in Warschau. Sein Polonistik-Studium beendete er mit einer Magisterarbeit über den Begriff »Heimat« bei Rockgruppen. Arbeitet jetzt als Journalist (»Rock'n-Roll« und seit 1991 bei der »Gazeta Wyborcza«)
Dr. Beate Störtkuhl, geborene Szymanski, geb. 1963 in Landshut, Kunsthistorikerin und Studienreiseleiterin, promovierte 1991 über die moderne Architektur in Breslau.
Dorota Szwarcman, geb. 1952 in Warschau, Musikkritikerin für die »Gazeta Wyborcza« und »Ruch Muzyczny«.
Thomas Urban, geb. 1954 in Leipzig, Studium der Slawistik und Romanistik, 1988-1992 Korrespondent der »Süddeutschen Zeitung« in Warschau, derzeit Leiter des SZ-Büros Moskau; Sohn deutscher Breslauer, verheiratet mit einer polnischen Breslauerin.
Adam Wajrak, geb. 1972, Ornithologe und Naturschützer, seit 1990 Journalist bei der »Gazeta Wyborcza«.

Tomasz Torbus
Polen
Ein Reisebuch

VSA-Verlag, Hamburg

Ich bedanke mich bei allen, die zur Entstehung dieses Buches beigetragen haben; vor allem danke ich Beatrix Müller, ohne die das Buch nicht entstanden wäre.

Die nicht gezeichneten Artikel stammen von Tomasz Torbus.

Bildnachweis:
Archiv des Autors S. 40, 42, 45, 50, 53, 55, 56, 57, 58, 61, 62, 64, 67, 71, 72, 82, 84, 89, 92, 95, 95, 103, 106, 109, 123, 145, 147, 156, 160, 182, 226, 228
Deutsche Presseagentur (dpa) S. 99, 154
Marek Kowalczyk S. 125, 213
Krzystof Pawela S. 13, 18, 21, 23, 25, 26, 29, 33, 35, 36, 38, 85, 87, 112, 115, 116, 117, 129, 133, 135, 137, 140, 142, 166, 168, 170, 179, 185, 190, 192, 201, 205, 209, 244, 254, 261
Tomasz Torbus S. 17, 30, 48, 51, 104, 119, 139, 149, 151, 159, 163, 164, 171, 173, 175, 177, 186, 187, 189, 194, 195, 196, 199, 203, 207, 211, 214, 216, 219, 221, 223, 224, 227, 231, 233, 234, 235, 239, 241, 242, 243, 246, 247, 249, 250, 251, 253, 257, 259, 262, 263
Przemek Wierzchowski S. 113, 126, 165

Umschlagfoto: Tomasz Torbus
Rückseite: Tomasz Torbus
Klappe hinten: Hanna Volmer

Lektorat: Gisela Buddée

© VSA-Verlag 1993, Stresemannstraße 384a, 22 761 Hamburg
Alle Rechte vorbehalten.
Druck: Fuldaer Verlagsanstalt
ISBN 3-87975-627-9

Inhalt

Vorwort 11

Alltag, Kunst und Kultur

Kurt in Warschau
   Ein Abend voller Überraschungen 12
Herr Kowalski von nebenan
   Gedanken zur polnischen Mentalität 15
Charmeur oder Macho
   Mann-Frau-Verhältnis heute *von Beate Störtkuhl* 20
Von den Bikini-Leuten zu den Yuppies
   Die polnische Nachkriegsjugend *von Wojciech Staszewski* 22
Von der kommunistischen zur klerikalen Ideologisierung?
   Das Schulsystem *von Wojciech Staszewski* 25
Aristokraten, Neureiche und Opfer des neuen Systems
   Eine Gesellschaft ändert sich *von Andrzej Rybak* 28
Die organisiert Kriminalität
   Soziale Probleme der neuen Republik *von Andrzej Rybak* 32
Die Macht der Tradition
   oder warum man am Ostermontag nicht auf die Straße gehen sollte
   von Beate Störtkuhl 34
Nicht allein Wodka
   Über die Eß- und Trinkgewohnheiten der Polen
   von Beate Störtkuhl 37
Wo sich der Westen mit dem Osten traf
   Bemerkungen zur polnischen Kunstgeschichte 40
1000 Jahre polnische Kunst im Überblick 43
Rekonstruktion oder Neubau?
   Denkmalschutz 45
Stolzer Blick und rasierter Kopf: Das Sargportrait 46
Zum Beispiel das Plakat
   Moderne Kunst 49
Zeitlose Trauer
   Polnische Volkskunst 51
Auf dem Weg zum deutschen Leser
   Polnische Literatur *von Waldemar Klemm* 54

Wer kennt Henryk Mikołaj Górecki?
Polnische Musik ist mehr als Chopin
von Dorota Szwarcman 60
Avantgarde und Klassiker
Das polnische Theater *von Elżbieta Kisielewska* 63
Von Wajda bis Kieślowski
Kino international 66
Überall leben Polen
Zweihundert Jahre Emigration 70
Ein Held für eine Million Złoty
Exkurs zu den Großen der Nation 74

Geschichte, Politik, Wirtschaft

Von Mieszko I. bis Lech Wałęsa
Geschichte Polens im Überblick
von Christofer Herrmann/Tomasz Torbus 79
Der Mythos eines Diktators: Jósef Piłsudski 82
Die Verhaftung: 13. Dezember 1981 *von Andrzej Szczypiorski* . . . 87
Tausend Jahre Feindschaft?
Das deutsch-polnische Verhältnis 88
Slawische Brüder?
Polen und Russen 100
Antisemitismus ohne Juden?
Das Ergebnis 1000jährigen Zusammenlebens 105
Eine Macht im Staat
Die katholische Kirche in Polen *von Christofer Herrmann* . . . 114
Ein politischer Fehlstart?
Fünf nicht-kommunistische Regierungen und eine
unüberschaubare Parteienlandschaft *von Andrzej Rybak* 119
Revolutionsheld oder peinlicher Präsident?
Lech Wałęsa 122
»Jeder Revolution folgt die Enttäuschung«
Ein Interview mit Jacek Kuroń 126
Schocktherapie und Wirtschaftsskandale
Wie in Polen die Marktwirtschaft eingeführt wurde
von Klaus Bachmann 131
Die »Polnische Wirtschaft«
Über die Schwierigkeiten, Geschäfte zu machen
von Detlef Dunker 135
Immer wieder die alte Hölle
Polnische Bauern 138

Baden verboten. Atmen verboten
  Umweltzerstörung *von Beate Störtkuhl* 140
Pressefreiheit auf Polnisch
  Bemerkungen zur bunten Presselandschaft *von Jerzy Maćków* . . . 143
Die Deutschen kommen
  Sehnsuchts-, Versöhnungs- und Einkaufstourismus 148

Reisen in Polen

Zum schwierigen Umgang mit polnischen und
  deutschen Ortsnamen 152
Die größte wiederaufgebaute Stadt der Welt
  Warschau 155
Das erste Mal in Warschau *von Isaac Bashevis Singer* 161
Der Zuckerbäckerstil des Kulturpalastes 167
In die Heimat von Chopins Mazurkas
  Ein Ausflug nach Masowien (Mazowsze) 169
Die häßlichste Stadt Polens?
  Łódź (Lodsch) 172
Renaissance östlich der Weichsel
  Kazimierz, Lublin, Zamość 174
Stadt der Geister oder Seele Polens
  Kraków (Krakau) 178
Veit Stoß – Bildschnitzer der Spätgotik
  von Beatrix Müller 182
Stalinistisches Scheusal
  Nowa Huta und die Salzmine in Wieliczka 188
Auschwitz (Oświęcim) 191
Schwarze Madonna und Adlernester
  Ojców und Częstochowa (Tschenstochau) 193
Wo sich die Luchse Gute Nacht sagen
  Hohe Tatra, Pieniny und Bieszczady 197
Der Himmel bleibt grau
  Oberschlesien (Górny Śląsk) 201
Die Deutsche Minderheit in Polen – Chance oder Gefahr?
  von Thomas Urban 203
Wo Picassos Friedenstaube entstand
  Wrocław (Breslau) 207
Zisterzienserklöster und Friedenskirchen
  Niederschlesien (Dolny Śląsk) 211
Die sterbenden Wälder Rübezahls
  Das Riesengebirge (Karkonosze) 215

Schönheit von gestern
  Szczecin (Stettin) und Umgebung 217
Eine geschäftstüchtige Stadt
  Poznań (Posen) 220
Wo man die Könige krönte
  Großpolen (Wielkopolska) und Kujawien 224
Von Ordensburgen und Lebkuchen
  Toruń (Thorn) und das Kulmerland 227
Der ewige Streit um den Deutschen Orden 229
Die größte Feste Europas – Marienburg 234
Eine selbstbewußte Stadt
  Gdańsk (Danzig) 235
Bernstein – das Gold der Ostsee 240
Sommerfrische der Zeitgeschichte
  Oliwa (Oliva), Sopot (Zopot) und Gdynia (Gdingen) 244
Von der Kaschubei zu den Wanderdünen 246
Wie aus einem Bild Van Goghs
  Über Elbląg (Elbing) und Ermland (Warmia) nach Masuren . . . 248
Paradies der 3000 Seen
  Masuren (Mazury) 252
»... Im Rücken der Geschichte« Die Menschen Masurens 254
Abseits des Touristenrummels
  Der unbekannte Nordosten 260
Wolf, Wisent und ein Atomkraftwerk
  von Adam Wajrak 263

Tips und Informationen

Allgemeines 265
Anreise 265
Auskünfte 266
Autofahren 266
Baden 266
Botschaften 267
Camping 267
Feiertage 267
Festivals/Feste 267
Fischfang/Jagd 267
Fotografieren 268
Frauen unterwegs 268
Gefahren/Ärgernisse 268
Geld/Geldwechsel 268

Homosexualität	269
Karten/Stadtpläne	269
Klima	269
Kulturaustausch	269
Literatur	269
Märkte	270
Medizinische Versorgung	270
Messen	270
Museen	270
Öffnungszeiten	271
Polizei/Notrufe	271
Post	271
Radfahren	271
Reisen im Land	271
Restaurants	272
Sexualität	272
Souvenirs	273
Sport	273
Sprachkurse	273
Stadtrundfahrten	273
Stadtverkehr	274
Strom	274
Studenten/Jugend	274
Telefonieren	274
Toiletten	275
Trampen	275
Trinkgelder	275
Unterhaltung	275
Unterkunft	276
Wandern	276
Zeit	276
Zeitungen	276
Zigaretten	277
Zollbestimmungen	277
Die wichtigsten polnischen Ausdrücke	278
Namensregister	280
Ortsregister	283

Vorwort

Polen: Chopin und Autodiebe, die allmächtige katholische Kirche und »Solidarność«, die verlorene Heimat, von der die Oma zu erzählen weiß und die vier kräftigen Polen, die zusammengedrängt in einem »Fiat Polski« jedes Jahr auf's Neue zur Weinlese nach Deutschland kommen ... – recht dürftig fallen die Assoziationen zu dem Nachbarland aus, mit dem Deutschland immerhin seine längste Grenze verbindet. Es fällt schwer, Polen, dieses Land voller Widersprüche zu verstehen: Polen, das einst so mächtige Reich, dessen angebliches zu Viel an Demokratie ihm einen kläglichen Niedergang bescherte; Polen: den ehemaligen kommunistischen Staat mit privatem Landbesitz und katholischen Staatsfeiertagen und schließlich die undurchsichtige, sich rasend schnell verändernde politische Szene des heutigen Polens.

Diese Gegensätze und Widersprüchlichkeiten werfen Fragen auf: Fragen, auf die dieses Buch Antworten zu geben versucht.

Auch die Konfrontation mit der eigenen, der deutschen Geschichte – von Veit Stoß bis Auschwitz – ist auf einer Reise nach Polen nicht zu vermeiden: Deutsche und Polen – friedliches Miteinander oder Erbfeindschaft?

Natürlich soll Ihnen dieser Reiseführer auch vom Reichtum des Landes zeigen: von den kunstgeschichtlichen Höhepunkten – Krakau, Danzig, die Marienburg – bis zu den unvergleichlichen Naturräumen wie z.B. dem einzigen Urwald Europas in Białowieża, den tausend Seen in Masuren oder der Wüstenlandschaft bei Łeba.

In mehrere Routen gegliedert, nimmt Sie dieses Reisebuch mit auf eine Rundreise durch Polen. Die drei großen Weichselstädte – Krakau, Warschau und Danzig – werden auf ausführlichen Stadtrundgängen vorgestellt. In Regionen mit besonders vielen hochkarätigen Kunstdenkmälern mußte eine Auswahl getroffen werden. Mancher Ort, der abseits der Routen liegt, mußte vernachlässigt werden. Die Beschreibung von auf den ersten Blick abstoßenden Städten wie beispielsweise Nowa Huta wird den Leser vielleicht zunächst erstaunen. Doch genau hier erfährt man mehr über Polen als in manchem malerischen Städtchen.

Wenn Sie durch dieses Buch Appetit bekommen haben und neugierig auf das Land geworden sind, sich auf die sprichwörtliche Gastfreundschaft seiner Bewohner einlassen wollen und das alles mit eigenen Augen, Ohren und Gaumen erleben möchten, dann wird es bald heißen: »Witamy w Polsce!«, herzlich willkommen in Polen!

Tomasz Torbus

Kurt in Warschau
Ein Abend voller Überaschungen

Als der Ingenieur Kurt P. aus H. die Einladung zu einem Kongreß in Krakau in der Hand hielt, erinnerte er sich plötzlich wieder an eine gewisse Kasia aus Warschau, die er vor Jahren auf einem Fest kennengelernt hatte. Kurt war noch nie zuvor in Polen gewesen. Vielleicht hätte Kasia etwas Zeit für ihn und er könnte schon einen Tag früher fahren. Die telefonische Kontaktaufnahme mit Kasia bedurfte einiger Geduld und zahlreicher Versuche bis die Verbindung endlich stand. Sie willigte nicht nur sofort in ein Treffen ein, sondern bestand darauf, daß der erstaunte Kurt bei ihr wohnen müsse. Die Bemerkung, er könne in einem Hotel übernachten, wurde von der neuen polnischen Freundin beinahe als Beleidigung aufgefaßt und sie beharrte darauf, ihn vom Bahnhof abzuholen.

Nach der fünfstündigen Bahnfahrt stieg Kurt wie verabredet am Hauptbahnhof, »Warszawa Centralna«, aus. Der erste Eindruck war schwer zu definieren. Kurt schien sich weder im Westen noch im Osten, so wie er ihn sich vorgestellt hatte, zu befinden. Er mußte an die Anekdote von den zwei Reisenden denken. Der eine fuhr von Moskau nach Paris, der andere in entgegengesetzter Richtung. Als beide irrtümlich in Warschau ausstiegen, glaubte jeder, am Ziel seiner Reise angekommen zu sein ...

Kasia wartete mit einem »Fiat Polski« auf Kurt. Ihr Mann habe vor Jahren beim Tulpenpflücken in Holland das nötige Geld für das Auto verdient, erklärte sie. Inzwischen sei ein Arbeitsaufenthalt im Ausland für ein derartiges Auto nicht mehr nötig. Durch die gestiegenen Monatslöhne – von 20 DM auf 200 DM, natürlich nur im Vergleich zur Westwährung und nicht gemessen an der Kaufkraft – sei der Traum vom eigenen Auto nach einigen Jahren harter Arbeit im eigenen Land realisierbar geworden. Das Straßenbild mit zahlreichen westlichen Autos vermittelte allerdings einen anderen Eindruck. Es gäbe allein in Warschau eine Millionen registrierter Autos, erfuhr der Gast.

In einer grauen Beton-Neubausiedlung angekommen, gingen Kurt und Kasia noch schnell in den Supermarkt. Es war 23 Uhr, doch Kasia belehrte den Gast, daß es kein Ladenschlußgesetz in Polen gäbe. Kurt staunte; die Regale boten ein Potpourri von EG-Produkten. Die scheinbar zahllosen Nullen hinter den Złoty-Preisen waren atemberaubend. Die Preise standen den westdeutschen in nichts nach. Noch klang in Kurts Ohr der durchschnittliche Monatslohn von 200 DM: Schokolade oder Kaffee mußten für eine polnische Durchschnittsfamilie größter Luxus sein.

Graue Betonsiedlungen prägen das Bild vieler Städte

Bei dem späteren Abendessen mit einem vor Lebensmitteln beinahe überquellenden Tisch klärte Kasia den Gast über viele der vermeintlichen Widersprüche auf, die er in den ersten zwei Stunden seines Polen-Aufenthalts bemerkt hatte. Etwa 60% aller Polen arbeiten inzwischen im privaten Sektor, in dem man umgerechnet einige Hundert Mark verdienen kann. Bei immer noch niedrigen Mietpreisen und preisgünstigen öffentlichen Verkehrsmitteln kann sich ein Durchschnittspole einige der Konsumgüter, mit denen der polnische Markt in letzter Zeit überschwemmt wird, erlauben. Schlechter geht es dem sogenannten »Bugdet-Sektor«, also den von der Staatskasse abhängigen Bürgern. Dazu zählt ein Großteil der Akademiker. Ganz schlimm ist es für die alten Menschen, die Rentner, die hauptsächlich auf die landeseigenen, scheinbar vom Aussterben bedrohten Grundprodukte, Brot, Bauernkäse, Gemüse ... angewiesen sind. Ihr Überleben wird nur durch einen besonderen familiären Zusammenhalt und durch die nachbarschaftliche Hilfe gewährleistet. Unter welchen Opfern der jüngeren Generation dies geschieht, erlebte Kurt bei seiner Gastgeberin. Auf 40 m² lebte hier eine ganze Großfamilie, ein riesiger Hund inbegriffen. Alle diese Menschen - Kasia, ihr Mann, die zwei Kinder, Oma und Opa übertrafen sich darin, dem Gast die unterschiedlichsten Köstlichkeiten anzubieten und ihn geradezu zu nötigen, doch noch ein Stückchen zu probieren. Mit großem Interesse hagelte es Fragen auf den Besucher aus dem Westen, das Spektrum der Wißbegierigen war groß, es wurde von privaten Dingen bis hin zu den großen Problemen der Weltpolitik nichts ausgelassen. Als sich die älteste Generation sowie die Kinder verabschiedeten, konnte Kurt all seine Fragen loswerden. Kasias Mann, Jacek, erahnte die Gedanken des Gastes und erklärte, daß dieses enge Beieinander der Familien zwar in vielen Situationen eine große Hilfe sei, letztendlich aber eher eine nervenaufreibende Notwendigkeit, die sich aus der akuten Wohnungsnot ergäbe. Eine Wohnung zu kaufen oder zu mieten wäre angesichts der utopischen Preise schier unmöglich. Auch die neuen Wohnungen, die die Genossenschaften bauen ließen und die wesentlich schöner seien als diese Plattenbauten voller schiefer Wände wären so teuer, daß sogar viele Neubauten leer stünden. Das Ehepaar mit den zwei Kindern versuchte jetzt, ein altes Dachgeschoß zu mieten und es zur Wohnung auszubauen. Für eine derartige Wohnung, ein sogenanntes Studio, bräuche man allerdings eine Bescheinigung über eine Künstlertätigkeit. Schon viermal hatte sich die Familie vergeblich darum bemüht.

Das Gespräch ging weiter, die Stunden flogen nur so dahin. Kurt erfuhr von den Schwierigkeiten, den Sohn Maciek in die Sommerferien zu schicken. Die Betriebsheime in der Tatra oder an der Ostsee, in denen schon Kasia und Jacek ihre Sommerferien verlebt hatten, haben entweder pleite gemacht oder sind unverschämt teuer geworden. Die brennenden Fragen der Landespolitik wurden an diesem deutsch-polnischen Abend nur kurz angesprochen, nachdem Jacek mit einer entnervten Geste den Fernseher ausgeschaltet hatte. Dann kam das Thema auf irgendein neues Theaterspektakel, streifte kurz die katastrophalen Telefonverbindungen, die verhindert hätten, daß ein gewisser Zbyszek um Mitternacht noch dazueingeladen worden wäre. Schließlich wurde allerseits Bedauern bekundet, daß Kurt schon am nächsten Tag wieder fahren müßte. Es gäbe noch so viel zu erzählen, außerdem habe ein neues chinesisches Restaurant aufgemacht, in das man den neuen Freund einladen wolle. Als man sich schließlich zurückzog, wurde es langsam hell und die Vögel zwitscherten. Kurz überlegte Kurt, wo die Vögel in dieser Betonwüste einen Baum gefunden hätten ...

Leider müsse man jetzt doch schlafen gehen, denn Jaceks Job in einer privaten Firma wäre schon ganz »westlich«, erzählte Kasias Mann, d.h. er dürfe nicht verschlafen. Ganz anders dagegen im Museum, in dem sie arbeitete. Während der Arbeitszeit könne sie zum Glück einiges an Behördengängen oder Einkäufen erledigen. Als Kurt wenig später im Ehebett von Kasia und Jacek lag, das man ihm selbstverständlich geräumt hatte, schwirrten ihm noch all diese Teilinformationen im Kopf, gepaart mit dem berühmten Glas Wodka. Wie bei einem unvollständigen Puzzle wollte sich aus den verschiedenen Eindrücken und Teilinformationen in Kurts Kopf noch kein verständliches Bild von diesem Land zusammenfügen, das so faszinierend und verwirrend zugleich war.

Herr Kowalski von nebenan
Gedanken zur polnischen Mentalität

Vielleicht sollte man sich gar nicht darauf einlassen, über die polnische Mentalität zu schreiben. Zu schnell kann man in Klischees, diffuse, subjektive Äußerungen und Halbwahrheiten abgleiten, begibt sich auf ein heikles Terrain – kurzum ein undankbares Unterfangen. Und dennoch: die Frage nach der polnischen Mentalität bleibt; in Deutschland, wo man vielen Polen begegnet, und vor allem auf einer Reise durch Polen. Fahren Sie in dieses Land, so werden Sie ungewohnte, sympathische, vielleicht störende, überraschende Verhaltensweisen beobachten, andere Bräuche und Sitten kennenlernen. Also, gibt es die polnische Mentalität? Läßt sie sich definieren? Gibt es tatsächlich den typischen Polen, dessen Charaktereigenschaften sich zusammenfassen lassen? Verhält sich ein Pole in bestimmten Lebenssituationen anders als z.b. ein Deutscher oder ein Italiener? Was verbindet schließlich den Nachbarn Kowalski, der im Hafen arbeitet und bei dem es so oft viel zu laut zugeht, mit dem polnischen Intellektuellen, dem Schriftsteller, den man vor Jahren kennengelernt hat?

Wenn man die Ethnologie mit ihrer sogenannten »Culture and Personality-Schule« nicht ernsthaft in Frage stellt, kann man von der Tatsache ausgehen, daß jede Nation kollektive Verhaltensmuster zeigt.

Auch wenn der jetzige polnische Botschafter Janusz Reiter die Behauptung aufstellt, einen typischen Polen gäbe es nicht mehr, so lohnt es doch, die Charaktermerkmale unter die Lupe zu nehmen, die die Kowalskis von den Müllers, Schmidts und Meyers unterscheiden.

Es kommt auf den Standpunkt des Betrachters an. Danach sind die Polen entweder individualistisch und mit einem guten Urteilsvermögen ausgestattet oder aber anarchistisch, immer anderer Meinung als die anderen und ungeheuer von sich selbst eingenommen. Ein Blick in die polnische Geschichte hilft weiter. 400 Jahre lang konnte sich der polnische Adel, *Szlachta*, der immerhin 10% der Gesamtbevölkerung und unter den Polen sogar an die 16% ausmachte (also jeder sechste Pole war adlig), rühmen, die »Goldene Freiheit« mit einem Wahlkönigtum und der Gleichheit aller adligen Polen untereinander genossen zu haben. Wo gab es in dem neuzeitlichen Europa eine Parallele dazu? Wenn die polnische Regierungsform, möglicherweise das Land vor einer Staatstyrannei bewahrte, so zeigte sich bald dessen ganze Schwäche, an der der polnische Staat im 18. Jahrhundert zugrunde ging. Der König war machtlos, da oberste Maximen das »liberum veto«, »liberum conspiro« und »liberum defaecatio« waren, kurz gesagt, jeder tun und lassen konnte, was er wollte: Parlamentsbeschlüsse für nichtig erklären, sich gegen die Monarchie verschwören oder auch seine Gegner mit bisweilen fiktiven Vorwürfen gerichtlich angreifen oder verleumden. Schließlich wurde der beinahe unregierbar gewordene Staat – dessen Bürger sich für die freiesten der Welt hielten – schlicht unter den Nachbarn aufgeteilt. James Michener findet in seinem etwas klischeehaften Roman »Masurka« die treffende Charakterisierung: »Persönliche Freiheit war das Herzblut der Polen, aber die tragische Ironie bestand darin, daß sie nicht imstande waren, jene Regierungsform zu entwickeln, durch die ihnen diese Freiheit bewahrt geblieben wäre.«

Heute noch fühlt sich ein außenstehender Beobachter der politischen Szene Polens, in der jeder alles besser zu wissen scheint, gelegentlich unangenehm an die Anarchie der polnischen Adelsrepublik erinnert.

Auch das allgemeine Ethos der polnischen Kultur, die Rangordnung bestimmter Werte, findet eine historische Erklärung. Sie geht zurück auf die Adels- und Ritterkultur und nicht wie in Deutschland oder Böhmen auf das Bürgertum, das in Polen nur schwach vertreten war. So erklärt sich vielleicht ein gewisser Mangel an bürgerlichen Tugenden wie Pünktlichkeit und Tüchtigkeit. Bewundert wird nicht derjenige, der es durch harte Arbeit zu etwas gebracht hat, sondern der, der durch einen genialen Einfall zu Erfolg gekommen ist.

Ein weiteres Charakteristikum, das man gemeinhin mit Polen verbindet, ist die grenzenlose Gastfreundschaft. Auch sie ist in Zusammenhang mit der Adelstradition zu sehen. »Verpfände dein Hab und Gut, aber biete deinem Gast alles, was du kannst« sagt ein polnisches Sprichwort. Auch in den düstersten Zeiten der wirtschaftlichen Misere, z.B. nach 1981, erlebten Reisende volle Tische und große Opferbereitschaft, zu der die Polen schon immer bereit waren. Auch heute gehen Parties, die dem ausländischen Gast zu Ehren veranstaltet werden, bis tief in die Nacht hinein und enden nicht selten in einem exzessiven Trinkgelage. Auch beim Feiern zeigt sich eine Art polnischer Maßlosigkeit. So heißt es: Diese Maßlosigkeit läßt Freiheit zu Anarchie, lockere Sitten zu Sittenlosigkeit und Gastlichkeit zu Trunk- und Freßsucht verkommen.

Im 19. Jahrhundert wird Polen – aus polnischer Sicht natürlich – zum Nabel der Welt. Polnische Emigranten in Paris entwickeln angesichts der Teilungen und der blutig niedergeschlagenen Aufstände die Theorie des Messianismus. Polen sei der Christus unter den Völkern. Das Land muß leiden, damit andere Völker ihre Freiheit wiedererlangen können. Daraus entwickelte sich eine für andere Nationen oft unverständliche Fixierung auf das Nationale. Diese Grundhaltung verdeutlicht ein in Polen kursierender Witz: Vertreter aller Nationen sollten einen Aufsatz zum Thema »Der Elefant« schreiben. Der Franzose schrieb »über das erotische Leben des Elefanten«, der Engländer über »den Elefanten in unseren Kolonien«, der

Gibt es den typischen Polen?

Der Handkuß gehört immer noch zum guten Ton

Deutsche »der Elefant an sich und für sich«; schließlich schriebe der Pole: »Der Elefant und der Freiheitskampf der Polen«.

Künstler und Schriftsteller wurden ermahnt, die Kunst in den Dienst des Volkes zu stellen. Sie träumten, wie z.B. der Maler Matejko, häufig davon, für ihr Volk heldenhaft auf einer Barrikade zu sterben. Das Martyrium wurde beinahe zum Ziel an sich: je aussichtsloser der Kampf, desto besser. Der Spruch, die Polen würden mit Diamanten schießen, bezieht sich auf die intellektuelle Elite, die in den vorderen Reihen kämpfend den Traum eines freien Polens mit ihrem Leben bezahlte. Der Warschauer Aufstand 1944 ist als Höhepunkt dieser Tradition anzusehen. Die Ereignisse von 1980/81 dagegen scheinen zu beweisen, daß diese Tradition des romantischen Kampfes ungeachtet der eigenen Verluste einer größeren Realitätsbezogenheit gewichen ist. Lebendig ist dagegen wie eh und je der Patriotismus, den Heinrich Heine in zeitlose Worte faßte:

»Nicht aus dem Boden selbst, nur aus dem Kampfe um Selbständigkeit, aus historischen Erinnerungen und aus dem Unglück ist bei den Polen die Vaterlandsliebe entsprossen. Und sie flammt jetzt noch immer so glühend wie in den Tagen Kościuszkos, vielleicht noch glühender.«

In den Zeiten der Teilungen waren alle Regierungen zugleich mehr oder weniger auch Besatzungsmächte. Das tiefe Mißtrauen der Polen gegenüber jeglicher Obrigkeit ist vermutlich auf diese historischen Erfahrungen zurückzuführen. Bis heute gilt die scharfe Unterscheidung zwischen dem

»wir«, also den normalen Sterblichen unten, und dem »sie«, den Regierenden oben, denen von vornherein böse Absichten unterstellt werden.

Der Pole ist ein »homo historicus«. Die Geschichte seines Landes kennt er bis ins Detail. Bei normalen Unterhaltungen jongliert er mit diesem Wissen, als hätten die Ereignisse erst gestern stattgefunden. Er spricht nicht von der Geschichte Polens sondern von seiner Geschichte. Vermutlich erklärt sich dieses erstaunliche historische Bewußtsein und die damit verbundene Kenntnis der eigenen Geschichte mit dem Verhalten der Regierenden, die oftmals Informationen für sich behielten, Fakten verdrehten oder gänzlich manipulierten. Der Pole trägt alle bedeutenden Persönlichkeiten seines Landes im Herzen und wird sie gegen jegliche Kritik verteidigen. »Selbst ein historischer Schurke wie Feliks Dzierżyński (bekannt in der Schreibweise Dserschinski, Anm. des Verf.), der den berüchtigten sowjetischen Geheimdienst aufbaute, ist immer noch ein Pole und damit ein überdurchnittlicher Schurke«, schrieb Peter Gatter in seinem Buch »Der rot-weiße Traum«.

Die letzten 40 Jahre sind der polnischen Gesellschaft – nebenbei bemerkt auch allen anderen Nationen des Ostblocks – offensichtlich nicht gut bekommen. Die fast schon sprichwörtliche Verschlagenheit der Polen, das »Kombinieren« (poln. kombinować), um überhaupt über die Runden zu kommen, hat sich in den letzten Jahrzehnten weiter verbreitet. Die Vorbilder für diese Korruptheit und Verlogenheit fanden sich ganz oben: in dem Parteiapparat, dessen Parolen von Friede, Wohlstand und Gerechtigkeit auf perverse Weise oftmals das Gegenteil bedeuteten.

Der in Polen schon immer existierende Alkoholismus nahm in den letzten Jahrzehnten immens zu. Die Flasche Wodka, ein Produkt, das es immer und immer zu erschwinglichen Preisen gegeben hat, half das Grau des Realsozialismus zu vergessen. Ein anderer Fluchtort war die Familie. Drei Generationen, zusammengepfercht in einer kleinen Wohnung, gaben sich psychischen und physischen Halt. Einen Generationskonflikt, wie er aus westlichen Systemen nur zu gut bekannt ist, konnte man sich nicht leisten.

Eine große Hilfe in aller wirtschaftlichen Not und Tristesse des Alltagslebens war und ist, wie eh und je, der besondere Sinn für Humor, mit dem die Polen – sarkastisch, mit Selbstironie und oft surrealistisch – die Unvollkommenheiten des eigenen Landes und seiner Bewohner kommentieren.

Gehen Sie auf Parties, Feiern und Familientreffen mit Unmengen an Essen und Alkohol, einem stets hohen Lärmpegel und oft nächtelangen hitzigen Diskussionen. So lernen Sie dieses Land und seine Menschen am besten kennen. Setzen Sie sich einfach dazu, alles andere wird sich von selbst ergeben. Man wird Ihnen gern und interessiert zuhören. Sie werden vielleicht verwirrt feststellen, daß es zu einem Thema oft mehr Meinungen als Anwesende gibt – auch das ist typisch polnisch. Als Gast sind Sie sowieso immer der Wichtigste. Ein jahrhundertealtes Sprichwort faßt dies am besten zusammen: »Gast im Haus, Gott zu Haus«.

Charmeur oder Macho
Mann-Frau-Verhältnis heute

Meine Damen, hat man(n) Ihnen schon einmal die Hand geküßt? Nein? Dann erschrecken Sie bitte nicht, wenn Ihnen dies in Polen zum ersten Mal passiert! Der polnische Mann, egal welchen Alters, ist in der Regel ein Kavalier alter Schule – zumindest für unsere Verhältnisse. Eine Frau alleine in ihren Mantel schlüpfen zu lassen, gilt als absolut unhöflich! Sie gehen als Frau mit einem Polen in ein Lokal und möchten die Rechnung begleichen? – Undenkbar. Ist der polnische Mann demzufolge ein Charmeur, wie ihn sich jede Frau erträumt, oder verbirgt sich hinter den zuvorkommenden Gesten ein eingefahrenes Rollenverständnis, ist der Pole gar ein Macho?

Die Frage ist nicht eindeutig zu beantworten, zumal sie von den polnischen Frauen bislang kaum gestellt wurde. Im sozialistischen Polen konnte sich, wie in den übrigen Ostblockländern, keine Emanzipationsbewegung herausbilden, die das Rollenverständnis der Geschlechter in Frage gestellt hätte. Eine derartige Diskussion, die Denkanstöße geben und Widerstände zur Folge haben könnte, war unerwünscht. In der Theorie waren sowieso alle Menschen gleich und gleichberechtigt.

In Bezug auf die berufliche Stellung der Frauen war die Gleichstellung von Mann und Frau in Polen tatsächlich weiter fortgeschritten als in der Bundesrepublik. Die Frauen nahmen und nehmen am Berufsleben teil, was allerdings oft weniger aus ideellen, denn aus materiellen Gründen geschieht. Die reine »Hausfrau und Mutter« gibt es kaum. Der Staat bietet Kinderkrippen und Kindergärten an, je nach Einkommen der Eltern werden die Kinder auch von privaten Tagesmüttern betreut. In diesem System ist der Anteil von Frauen in qualifizierten Berufen deutlich höher als in der alten Bundesrepublik, wenn er auch nicht bei 50% liegt. Junge Frauen müssen bisher nicht um ihre Chancen beim Berufseinstieg bangen, nur weil der Arbeitgeber kein »Schwangerschaftsrisiko« eingehen will (es ist zu hoffen, daß diese Errrungenschaften nicht im Trubel der Marktwirtschaft untergehen!). Im Berufsleben hatten die Polinnen also bislang wenig Grund, um Gleichberechtigung zu kämpfen.

Wie aber sieht es im privaten Bereich aus? – Hier kann man wohl behaupten, daß die Rollenverteilung noch ausgeprägter ist als hierzulande. Die Doppelbelastung Beruf-Haushalt bleibt in der Regel an den Frauen hängen. Der polnische Mann verirrt sich selten in die Küche, er fühlt sich eher für die »technischen Dinge«, wie Reparaturen und fürs Auto zuständig. Im privaten Bereich wirkt sich der Einfluß der katholischen Kirche aus, die am

Hochzeit auf dem Land: Die Rolle von Mann und Frau ist durch Tradition festgelegt

traditionellen Frau- und Mutterbild festhält. Dieser Einfluß macht sich natürlich ebenso in der Kindererziehung bemerkbar, so daß das Rollengefüge zunächst weiter erhalten bleibt. Der starke politische Einfluß der Kirche macht es den Polinnen auch schwer, ihre Interessen in der Abtreibungsdiskussion zu vertreten, die das Land schon seit dem Beginn des Demokratisierungsprozesses beschäftigt. Die Kirche verlangt, ein vollständiges Abtreibungsverbot einzuführen, das keine Ausnahmen zuläßt. Die im Januar 1993 vom Sejm gebilligte Gesetzesvorlage sieht zwar die soziale Indikation für einen Schwangerschaftsabbruch vor; das Gesetz ist aber trotzdem eines der strengsten in Europa. Auch nach der Demokratisierung Polens hat sich noch keine starke Gruppierung formiert, die die Interessen der Frauen wirksam vertreten könnte. Zwar gibt es in den Großstädten einige Frauengruppen, doch ihr Zulauf ist gering. Die Pol(inn)en haben auf Grund der wirtschaftlichen Umwälzungen der letzten Jahre, die für viele auch Existenzsorgen mit sich bringen, im Moment andere Probleme. Doch die gesamte Gesellschaft befindet sich im Umbruch. Alte Werte werden in Frage gestellt, auch gegen den massiven Einfluß der Kirche auf alle Lebensbereiche regt sich Widerspruch. So ist es sicher nur eine Frage der Zeit, wann das tradierte Rollenverständnis zur Diskussion gestellt wird.

Auch ohne Emanzipationsbewegung hat Polen jedoch seit Juli 1992 in Hanna Suchocka eine Premierministerin – gab es dagegen in den westlichen »Hochburgen« der Frauenbewegung je einen weiblichen Präsidenten oder eine Bundeskanzlerin?

Ist der polnische Mann also ein Macho? Die Polinnen haben die Diskussion noch nicht eröffnet – und ein Handkuß oder eine Einladung zum Abendessen im Restaurant ist doch etwas Schönes, oder?

Beate Störtkuhl

Von den Bikini-Leuten zu den Yuppies
Die polnische Nachkriegsjugend

Die Jugend Polens stellte sich, wie übrigens junge Menschen auf der ganzen Welt, schon immer bewußt in Opposition zu den Regierenden und lehnte die gültigen gesellschaftlichen Normen ab. Diese allgemeine Aussage trifft natürlich nicht auf die Mitläufer zu, die sich im Verband der Polnischen Jugend (ZMP) trafen. Ihre Bezugsperson dort war der Jugendaktivist, ein junger Mann, der sich aktiv am Aufbau des Kommunismus beteiligt, Volkslieder singt und sich »fortschrittlich benimmt«. Die Mehrheit der Jugendlichen stand dieser ihr aufgezwungenen Organisation gleichgültig oder sogar ablehnend gegenüber. Wer seiner Oppositionshaltung auch äußerlich Ausdruck verleihen wollte, versuchte die westlichen Kulturmodelle der 50er Jahre in Kleidung, Frisur usw. nachzuahmen. Dem Beispiel der britischen »teddy boys« folgend, tauchte in Polen die sogenannte Bikini-Jugend auf. Der Name »Bikini-Jugend«, polnisch Bikiniarze, wie sie sich selbst nannten, war eine ironische Anspielung auf die amerikanischen Atomversuche auf dem gleichnamigen Südseeatoll. Sie reagierten damit auf die als laut und künstlich empfundenen Propagandaaktionen, in denen z.b. »die Werktätigen von Szczecin spontan ihrer Solidarität mit den vertriebenen Polynesiern Ausdruck gaben«. Die »Bikiniarze« kleideten sich bunt, trugen grelle breite Krawatten und hörten die verbotene Jazzmusik. Die zunächst viel Aufsehen erregende Bewegung starb nach der Stalinzeit eines natürlichen Todes: ihre Gebärden und die Art sich zu kleiden fanden eine allgemeine gesellschaftliche Akzeptanz.

Dann kamen die 60er Jahre und mit ihnen die »Beatlemania«. Neue Bands mit langhaarigen Sängern kopierten das westliche Vorbild. Die Regierenden antworteten darauf mit der Parole: »Die polnische Jugend singt polnische Lieder!« Die Zensur erlaubte nur selten westliche Musik im Radio oder bei Lifeauftritten. So erinnert der polnische »big beat« der 60er im nachhinein eher an eine infantile Sammlung von Poesiesprüchen über Blümchen und Freundschaft, die von braven Kindern geschrieben wurde. Dieser unschuldige polnische Ableger der Hippie-Bewegung sah sich nicht nur mit dem Staatsapparat konfrontiert sondern hatte auch gleichaltrige Feinde: die sogenannten »Git-Leute«. Diese »gitowcy« waren in etwa den westlichen Rokkern vergleichbar und sorgten in der zweiten Hälfte der 70er Jahre für großes Aufsehen. Sie waren untereinander nach einem den Gefängnissen entnommenen Rangsystem hierarchisch gegliedert. Tätowierte Punkte, oft in den Augenwinkeln, zeigten die jeweilige Stellung in diesem System an.

Jugendliche sehen in der Gewalt eine Alternative zur wirtschaftlichen Misere

Die Mitglieder sprachen einen für Außenstehende unverständlichen Jargon. Ihr militantes Auftreten führte dazu, daß in den Schulen auf seiten der Lehrer wie der Schüler die Angst umging.

Ende der 70er Jahre kam die Punkbewegung auf. Sie gedieh wie kaum eine andere Subkultur vor ihr, so sehr identifizierte sich die Jugend mit Parolen wie »no future«.... Und das in einem Staat, der sich für den Lebenssinn jedes einzelnen verantwortlich erklärte. Diese Subkultur, die sich naturgemäß gegen jegliche etablierte Macht auflehnte, näherte sich 1980 der politischen Opposition. Allerdings ergaben soziologische Untersuchungen auf dem Rockfestival in Jarocin, – bis heute bietet das Festival alljährlich im Juli Gelegenheit, die polnischen Subkulturen live zu erleben – daß diese No-Future-Jugend kaum an der Auseinandersetzung zwischen dem Machtapparat und der »Solidarność« interessiert war. Von der Zensur kaum beachtet – diese hatte damals bekanntlich andere Sorgen – entwickelte sich die Punk-, New-Wave- und Rockideologie mit ihren unzähligen Bands zu einem nicht mehr wegzudenkenden Lebensstil eines Großteils der Jugend. Die öffentlichen Medien eroberte diese Musik erst nach dem Kriegsrecht, ein Paradoxon, das mit der Leere erklärt wurde, nachdem fast alle namhaften Sänger und Schauspieler zum Boykott der staatlichen Radio- und Fernsehsender aufgerufen hatten. Nicht bewiesen, aber sehr überzeugend ist eine Theorie, derzufolge die Machthaber die Jugend bewußt aus der Politik heraushalten wollten. Eine Generation, die phantasievoll gekleidet, Pop- und Rockkonzerte bevölkerte, dort kiffte und sich austobte, war der Junta genehmer als die vermeintlichen Terroristen oder Untergrundaktivisten. Daß dieses auf Dauer nicht ganz gelang, belegen die Texte der »Dezerters« (Deserteure). Anfang der 80er Jahre sang diese Rockband noch: »Ich will allein sein ... haut ab«, am Ende der Dekade klang es schon anders: »Wir brauchen den Wechsel, sonst kommt der Tag der Rebellion.«

Als vielen klar wurde, daß Singen allein keinen Wechsel bringen würde, starb die Bewegung langsam. Aber das endgültige Ende der Punk- und Rockgeneration brachte erst der erträumte und ersungene Machtwechsel.

In der neuen Wirklichkeit des kapitalistischen Systems, so schien es, würde sich das Modell einer Yuppiegeneration schnell durchsetzen. Nachdem der Protest seinen Sinn verloren hatte, war der junge unternehmungslustige Mann gefragt, der hinter dem Geld und der Karriere her ist. Aber nicht alle entsprachen den neuen Anforderungen. Viele, die schon über die ersten Schwierigkeiten der beginnenden Marktwirtschaft stolperten, verfielen in Apathie. Manche sahen in der nackten Gewalt die einzige Alternative zu der zunehmenden wirtschaftlichen Misere. Ideen von der »reinen Nation«, eine Mischung deutscher Vorbilder und eigener Hirngespinste, versammelten die polnischen Skins um ihren ideologischen Anführer Bolesław Tejkowski, ein eher lächerlich wirkender Ultranationalist, der inzwischen steckbrieflich gesucht wird. Die polnischen Nazis, die weniger als 1.000 Mitglieder zählen, können sich im Gegensatz zu den Neonazis in der ehemaligen DDR keiner sozialen Akzeptanz erfreuen. Man könnte sie mit ihrem lallenden Durcheinander von Hakenkreuzen und dem »urpolnischen Wrocław« als reine Kuriosität abtun, wenn nicht das erste Opfer der Gewalt, ein deutscher LKW-Fahrer, der im September 1992 von polnischen Skins in Nowa Huta ermordet wurde, zu beklagen wäre.

Es ist noch zu früh, um voraussagen zu können, welche Subkultur die 90er Jahre prägen wird. Wird der Typ des aggressiven Xenophoben an Popularität gewinnen? Oder wird sich eher der energische, hart arbeitende junge Mensch durchsetzen, durch dessen Arbeit sich das Land endlich aus seiner wirtschaftlichen und moralischen Apathie befreien wird?

Wojciech Staszewski (übersetzt von Tomasz Torbus)

Von der kommunistischen zur klerikalen Ideologisierung?
Das Schulsystem

Einst war Polen ein seltsamer totalitärer Staat, in dem beinahe jeder Gymnasiast George Orwells Roman »1984« kannte, in der Schule aber niemand dieses Buch erwähnen durfte. Heute ist Polen ein Land, in dem fast jeder junge Mensch über die unterschiedlichen Verhütungsmethoden Bescheid weiß, in der Schule aber nicht darüber gesprochen wird.

In einem kommunistischen System sah es die Schule nicht als ihre Aufgabe an, der Jugend die Realität zu erklären, damit sie in ihr leben und sie mitgestalten könnte. Ihre Aufgabe bestand vielmehr darin, dem Kind und Jugendlichen eine ganz bestimmte Art von Weltsicht zu vermitteln. So gab der Geschichtsunterricht ein verzerrtes Bild der Historie wieder: es fiel kein Wort über den Hitler-Stalin-Pakt von 1939 und die darauf erfolgte Teilung Polens, kein Wort über Katyn, wo stalinistische NKWD Tausende von polnischen Offizieren ermordet hatte. Auch die Jalta-Konferenz und ihre

Der Dorfpfarrer gehört inzwischen wie selbstverständlich zum Bild einer Schulklasse

Folgen für Polen wurden verfälscht dargestellt. Fast unmöglich war es für einen Schüler zu erfahren, wie die Menschen in dem legendären Westen tatsächlich lebten, wie die Marktwirtschaft oder das parlamentarische System dort funktionierten. Er lernte lediglich, daß eine gut organisierte Gesellschaft eine Partei braucht, welche die Interessen aller Bürger zu vertreten versteht. Plakativ hieß es, der Kapitalismus mit seiner Armut und Arbeitslosigkeit sei dem Sozialismus unterlegen. Es hat den Anschein, daß die Angst vor der militärischen und sozialen Bedrohung durch den Westen bewußt geschürt wurde: sowohl im Geschichtsunterricht als auch in besonderen Fächern, die pathetisch »Erziehungsstunde des Bürgers« oder »Propedeutikum zur Gesellschaftslehre« hießen. Die Schullektüre, das Fernsehen und das Kino suchten sich gegenseitig mit möglichst vielen Kriegsthemen zu überbieten. Diese Überbetonung ganz bestimmter Themen ging mit einer völligen Mißachtung anderer einher. Manche Namen, so etwa die der Emigranten, existierten einfach nicht. So erinnerte man sich in der polnischen Schule erst dann an den Lyriker Czesław Miłosz, als er den Nobelpreis erhielt; der weltbekannte Schriftsteller Witold Gombrowicz wurde im Unterricht nicht einmal eines Nebensatzes gewürdigt.

Jugendliche auf einem Rockkonzert

Erst in den 80er Jahren, im Zusammenhang mit der allgemeinen Krise des Systems, wurde dieses Schulmodell brüchig. Es entstand der sogenannte Zweite Umlauf (Drugi Obieg), in dem Bücher und Zeitungen frei von der »Obhut« des Zensors erscheinen konnten. Die häufig von der Kirche zur Verfügung gestellten Säle, in denen die jungen Leute zum ersten Mal keine verlogene Version der Geschichte hören mußten und in denen über uralte Bücher diskutiert werden konnte, die es vorher offiziell überhaupt nicht gegeben hatte, waren brechend voll.

Nach der Wende hielten allmählich die Themen, über die vorher nur in privat organisierten Veranstaltungen diskutiert werden konnte, Einzug in das offizielle Lehrprogramm der Schulen. Schon 1990 kehrte der Religionsunterricht in die Schulen zurück. Zwar betonte das Bildungsministerium die Freiwilligkeit der Teilnahme am Religionsunterricht, konnte sie aber nicht ganz durchsetzen. Vor allem in kleineren Orten wurde der soziale Druck in kürzester Zeit so stark, daß sich selbst nicht-gläubige Eltern dazu veranlaßt fühlten, ihre Kinder zur Religionsstunde zu schicken. Der sprichwörtlich gewordene Dorfpfarrer, der inzwischen in vielen Schulen wie selbstverständlich im Lehrerkollegium sitzt, sorgt häufig dafür, daß sein Unterricht genau in der Mitte des Tages stattfindet. Angesichts des großen Mangels an Lehrern, die als Ersatz für den Religionsunterricht Ethik lehren sollten, zog es mancher Vater schon um des lieben Friedens willen vor, das Kind an der Religionsstunde teilnehmen zu lassen, ehe es in den freien 45 Minuten bei den Nachbarn mit einem Fußball die Scheiben einwarf. Die Entscheidung für die Einführung des Religionsunterrichts wurde schon 1990 vor das Verfassungsgericht gebracht. Die Klage wurde aber abgewiesen. 1992 entschied der Bildungsminister, daß die Note des Religionsunterrichts mit auf dem Jahreszeugnis stehen solle. Die Nicht-Teilnahme sei durch einen Strich zu kennzeichnen. Das Ergebnis war eine neue Klage vor dem Verfassungsgericht. Die Offensive der Kirche drückt sich nicht nur bei der Einführung der Religionsstunde aus. Als Pflichtlektüre des Literaturunterrichts wurden nun auch Auszüge aus der Bibel eingeführt.

Im Gegensatz dazu gehört Sexualkunde nicht zum Lehrplan. Ein Lehrbuch zu diesem Thema wurde schon 1988 vorbereitet, aber nach einer Intervention des Episkopats wieder aus den Schulen entfernt. Für 1993 ist eine große Schulreform in Vorbereitung, nach der das Lehrprogramm drastisch geändert werden soll: anstatt reines Lexikonwissen zu vermitteln, soll nun die Fähigkeit zur Problemlösung, das Problemdenken gefördert werden. Allerdings hält man es nicht für notwendig – so die offizielle Information aus den Kreisen, die diese Reform vorbereiten – auch nur die grundlegendsten Informationen über Schwangerschaftsverhütung in das Schulprogramm aufzunehmen. Glücklicherweise ist die Jugend in Polen längst daran gewöhnt, ihr Wissen außerhalb der Schule zu erwerben.

Wojciech Staszewski (übersetzt von Tomasz Torbus)

Aristokraten, Neureiche und die Opfer des neuen Systems
Eine Gesellschaft ändert sich

Auf dem Friedhof von Wilanów bei Warschau erinnern prächtige Grabdenkmäler an die berühmtesten Geschlechter Polens. Hier haben die Grafen Potocki, Radziwiłł und Tyszkiewicz einst ihre Toten bestatten lassen. Wilanów war zudem der Hausfriedhof der Familie Branicki, der letzten Hausherren im erlesenen Barock-Palast des Königs Jan III. Sobieski, der ganz in der Nähe liegt. Der Zahn der Zeit hat an den kunstvoll geschnittenen Grabinschriften genagt. Der kommunistische Staat, der nach 1945 die Aufsicht über die Ruhestätte übernommen hatte, ließ die Nachkommen der Adelsfamilien nur ganz schlicht bestatten.

Die Kommunisten haben die polnischen Maganten brutal verfolgt. Ihre Residenzen, einst Zentren des kulturellen Lebens und der nationalen Tradition, wurden enteignet. Sämtliche »Vertreter des Großbürgertums und des Adels« wurden zur »Umerziehung« in die Sowjetunion deportiert. Hunderte kehrten nicht aus der Verbannung zurück.

Auch die Familie Branicki ging durch die Hölle des sowjetischen Lagers. Doch sie kamen mit dem Leben davon. Sie kehrten 1947 nach Polen zurück und bezogen mit weiteren Verwandten eine Zwei-Zimmer-Wohnung in Krakau. Allen Familienmitgliedern war es verboten, sich dem ehemaligen Besitz in Wilanów auf mehr als 300 Meter zu nähern. Anna Branicka-Wolska, die jüngere Tochter, schlich manchmal nachts dorthin, um die Stätte ihrer Kindheit zu sehen.

In der Volksrepublik Polen lebten die Nachkommen der Aristokraten in einer Art innerer Verbannung. Von ihrem Reichtum hatten die meisten nicht einmal das Tafelsilber retten können. Sie wurden beim Studium und am Arbeitsplatz diskriminiert. »Mich hat immer meine Geburtsurkunde verraten«, erzählt Anna Branicka-Wolska. »Darin steht, daß ich die Tochter des Grafen Branicki bin.« Nur mit großer Mühe gelang es ihr, die Eltern in der Familienkirche in Wilanów bestatten zu lassen.

Als das Kartenhaus des Kommunismus 1989 zusammenbrach, schlug die Stunde der alten adligen Familien. Von den 196 Grafengeschlechtern haben 86 die Diktatur überlebt. Sie haben sich zu einem Verband der Großgrundbesitzer zusammengeschlossen und fordern zumindest einen Teil ihres illegal enteigneten Erbes zurück. Anna Branicka-Wolska, seit der ersten Stunde aktives Mitglied der »Solidarność«, appellierte an den Präsidenten Lech

Roman K. baut Fabriken... und kann sich über das neue System nicht beklagen

Wałęsa. Dieser stimmte zwar spontan der Rückgabe von Wilanów zu, mußte sich jedoch belehren lassen, daß es noch kein Restitutionsgesetz gäbe.

Die Rückgabe des Adelseigentums stellt den demokratischen Staat vor enorme Probleme. Von den 21.000 Herrenhäusern und Schlössern, die nach dem Krieg in Polen gezählt wurden, sind noch 900 realtiv gut erhalten. Sie dienen als Museen und Verwaltungsgebäude, Kinderheime und Kurhäuser. Ihre Rückerstattung würde den Fiskus etwa 11 Milliarden Dollar kosten, errechnete der Privatisierungsminister Janusz Lewandowski. Die Adligen wissen, daß eine Restitution nur in Ausnahmefällen möglich wäre. Sie wollen auch nicht die Bauern enteignen, an die ihr Grundbesitz nach dem Krieg verteilt wurde, ihnen geht es vielmehr um die Anerkennung ihres Besitztitels.

Trotz der ungeklärten Rechtslage konnten einige Rückgabeforderungen auf lokaler Ebene durchgesetzt werden: Stanisław Lubomirski erhielt die Gemeinde Kruszyna in Erbpacht zurück – dafür hat er sich verpflichtet, das Familienpalais zu restaurieren. Auch Marcin Zamoyski, der Sproß einer der mächtigsten polnischen Adelsfamilien, ist nach Zamość, der Stadt seiner Vorfahren zurückgekehrt: als ihr erster gewählter Bürgermeister.

Während der alte Adel auf das Parlament vertraut, das an einem Restitutionsgesetz arbeitet, nutzen andere die neuen wirtschaftlichen Freiheiten, um wieder zu Geld zu kommen. Der amerikanische Traum vom Schuhputzer, der Millionär wird, ist nirgends so schnell zu verwirklichen wie in Polen. Schon in den siebziger Jahren gab es in der Volksrepublik reiche Leute, die ein Vermögen mit Treibhäusern und Gärtnereien gemacht hatten. Doch damals traute sich kaum jemand, seinen Wohlstand zu zeigen, aus Angst vor der Willkür und dem Neid der allmächtigen Staatsbürokraten.

Zu den Opfern der neuen Marktwirtschaft gehören die Rentner

Der neue Reichtum hat andere Quellen: Einige der reichsten Unternehmer haben ihr Startkapital im Ausland verdient und dann in Polen gemehrt. Dazu zählt Zbigniew Niemczycki, der Präsident von Curtis International, der mehrere Jahre in den USA gearbeitet hat. In seinem Werk in Mława bei Warschau läßt er nun in Lizenz Farbfernseher herstellen. Außerdem baut er einen Bürokomplex in Warschau und eine luxuriöse Wohnanlage. Krzysztof Sochacki lebte mehrere Jahre in Österreich bevor er in Polen mit der Herstellung von Computerteilen und Damenröcken begann. Heute beschäftigt er 500 Menschen. Seine Frau, Ewa Sochacki, gibt die anspruchsvolle Architekturzeitschrift, »Dom i wnętrze«, heraus. Eine außergewöhnliche Karriere machte auch Sobiesław Zasada, einst erfolgreicher Rallyefahrer für Porsche und Mercedes. Heute ist Zasada offizieller Vertreter von Mercedes in Polen und will dort Mercedes-Lastwagen montieren lassen.

Die neuen Reichen protzen gerne mir ihrem Vermögen. Als Anna Wieman, Tochter des Holzkönigs Jerzy Wieman, der mit Holzvertäfelungen und Parkettfußböden reich geworden ist, heiratete, fuhr sie in einer weißlakkierten Hochzeitskutsche durch die Innenstadt von Warschau, begleitet von sechs Reiterinnen in schwarzen Kostümen. Imponiergehabe bewegte 1989 den Senator Henryk Stokłosa, vermögender Landwirt und Schweinezüchter, 100 Millionen Złoty – immerhin damals etwa 20.000 DM – für die von dem Ex-Präsidenten Ronald Reagan in den USA gegründete Bibliothek zu spenden.

Als Kulturmäzen versuchte sich auch Wiktor Kubiak, Chef des BATAX-Konzerns. Kubiak investierte in die Inszenierung des Musicals »Metro« acht Millionen Dollar. In Warschau gab die Truppe bis Ende 1992 mehr als 500 Vorstellungen vor ausverkauftem Haus. Doch ein Versuch, mit »Metro« im Sommer 1992 den Broadway zu erobern, scheiterte kläglich. Nach vernichtender Kritik und nur fünf Aufführungen wurde das Musical abgesetzt.

Die Zahl der vermögenden Polen steigt. In Warschau entstehen neue Geschäfte, neue Restaurants werden eröffnet. Die Geld-Prominenz trifft sich zum Abendessen bei »Fukier« am Altstadtmarkt. Dort werden Gerichte im Stil der Nouvelle Cuisine und erlesene spanische Weine aus der Rioja serviert.

Die Statistik zeigt, daß die Ausgaben der Polen für Konsumgüter 1992 um 17% gestiegen sind. Die Zahl der Autos, der Videogeräte und anderer Güter, die als Luxusgegenstände bezeichnet werden, steigt. Zugleich weist aber die Statistik auf eine Zunahme des Elends hin. Das Einkommen der Hälfte der polnischen Haushalte liegt unterhalb des Existenzminimums. Ganze Landstriche und Berufsgruppen sind von der neuen Armut betroffen. In Mielec droht 8.000 Arbeitnehmern die Arbeitslosigkeit, weil das Motoren- und Flugzeugwerk nach dem Zusammenbruch des sowjetischen Marktes seine veralteten Produkte nicht mehr verkaufen kann. Łódź, das Zentrum der polnischen Industrie, steht vor dem Kollaps, weil die uralten Fabriken nicht gegen die billige Ware aus Fernost konkurrieren können. In Łódź ist jeder vierte Arbeitnehmer ohne Arbeit, die Kriminalität nimmt zu.

Die Zahl der Obdachlosen hat in Polen bereits 200.000 überschritten. Selbst die Bergarbeiter des oberschlesischen Steinkohleriviers, einst gehätschelte Kinder des Regimes, mußten bereits erhebliche Einkommeneinbußen hinnehmen. Da mehr als die Hälfte der Bergwerke unrentabel arbeitet, werden einige schließen müssen. Zu den Opfern der Marktwirtschaft zählen auch die Schaupieler der einst staatlich subventionierten Theater. Mehrere Bühnen haben schon geschlossen, nur wenige Stücke werden neu inszeniert. »Theaterspielen ist heute ein kostspieliges Hobby«, klagt Ewa Serwa, zuletzt beim Nationaltheater in Warschau engagiert. Für eine vierstündige Probe erhält sie 42.000 Złoty, umgerechnet nicht einmal 5 DM. Dem Kindermädchen zahlt Ewa Serwa aber 20.000 Złoty die Stunde. Um wenigstens gelegentlich spielen zu können, eröffnete sie einen Kosmetiksalon, mit dem sie ihren Unterhalt verdient. Andere Schauspieler arbeiten als Autoverkäufer, als Kellner oder im Einzelhandel.

Besonders schwer hat die kapitalistische Schocktherapie nach der Wende zur Demokratie die Rentner getroffen. Für sie richtete Arbeitsminister Jacek Kuroń SOS-Fonds ein, aus denen Suppenküchen finanziert werden. Auf sie wird in den nächsten Jahren noch sehr viel Arbeit zukommen.

Andrzej Rybak

Die organisierte Kriminalität
Soziale Probleme der neuen Republik

Die demokratische Wende 1989 und die Öffnung der Grenzen für Reiseverkehr und Handel haben in Polen zu einem sprunghaften Anstieg der Kriminalität geführt. Während 1988 noch 475.273 Straftaten registriert wurden, stieg die Zahl zwei Jahre später auf 883.346. Die Polizei kann der Lage kaum noch Herr werden, denn nach dem Niedergang des kommunistischen Überwachungsstaates haben mehrere tausend Beamte den diskreditierten Dienst quittiert. 1992 waren allein in Warschau 2.500 Stellen im Polizeiapparat nicht besetzt. Die Ausrüstung der Beamten ist veraltet, es fehlt an Streifenwagen, an Computern und modernen Kommunikationsmitteln. Die Aufklärungsquote liegt bei 40%. Besonders stark hat neben Einbruchsdelikten die Zahl der Autodiebstähle zugenommen. In Warschau werden im Durschnitt 50 Personenwagen täglich geklaut und einige hundert aufgebrochen. Zwei Drittel der gestohlenen Autos werden nie mehr gefunden – sie verschwinden hinter der östlichen Grenze in den Nachfolgestaaten der Sowjetunion. Das profitable Geschäft wird von organisierten polnisch-russischen Banden kontrolliert. Seit dem Fall der Mauer haben sie auch Westeuropa und vor allem Deutschland mit einem effizienten Organisationsnetz überzogen – innerhalb von Minuten fälschen die Ganoven Zulassungen, Fahrgestell- und Motorennummern. Zuerst fanden die deutschen Autos ihre Abnehmer in Polen. Inzwischen – dank der Tätigkeit einiger privater Detektive – sind sie dort nicht mehr vor dem Zugriff der West-Versicherungen sicher. Dagegen ist der Markt im Osten schier unermeßlich.

Die polnische Polizei hat immer öfter mit Verbrechern aus den östlichen Nachbarstaaten zu tun. Von den Händlern aus den GUS-Staaten, die auf »Russen«-Märkten in polnischen Städten ihre Waren verkaufen, erpressen die Ost-Mafiosi Schutzgelder. Sie schmuggeln große Mengen Wodka, rauben auf polnischen Straßen Reisebusse und die aus Deutschland heimkehrenden Offiziere aus. Auch ein Teil der Prostitution ist bereits unter Kontrolle von GUS-Kriminellen. In vielen Warschauer Hotels und Nachtlokalen haben blondierte Russinnen mit Dumping-Preisen die polnische Konkurrenz ausgebootet.

Polen entwickelt sich auch zu einer Drehscheibe für den Drogenhandel. Polnische Kuriere schmuggeln Heroin, Haschisch und Marihuana aus den GUS-Staaten nach Westeuropa. In polnischen Drogenküchen werden Heroinderivate und Stimulatoren hergestellt. Reißenden Absatz findet im Westen das sogenannte »polnische Kompott«, eine billige Ersatzdroge, die in

Der hohe Alkoholkonsum gehört zu den »alten« sozialen Problemen

einem einfachen Verfahren aus Mohnstroh gewonnen wird. Die höchsten Gewinnmargen lassen sich heute aber mit Amphetamin erzielen – nach einigen Schätzungen gibt es in Polen bereits 500 illegale Amphetamin-Labors.

Der Kampf mit der Drogenkriminalität bereitet der Polizei große Probleme, denn der Besitz von Drogen allein ist nicht strafbar. Ein restriktives Drogengesetz muß noch vom Parlament gebilligt werden. Bis dahin nutzen Dealer die Freiheit: Im Dezember 1992 mußten die Kriminalbeamten selbst einen Händler freilassen, der sieben Kilo Amphetamin als Reisegepäck im Zug mitführte.

Andrzej Rybak

Die Macht der Tradition
oder warum man am Ostermontag
nicht auf die Straße gehen sollte

Am sogenannten »śmigus-dyngus«, dem Ostermontag, müssen sich Damen vor unfreiwilligen Duschen hüten. An diesem Tag ist es Kollegen, Verehrern, Ehemännern, Söhnen ... erlaubt, die Frauen durch einen mehr oder weniger intensiven Wasserstrahl zu erschrecken. Dabei hilft es meist gar nichts, sich zu Hause zu verstecken, wie die Überschrift glauben machen könnte. Es kann einer Frau nämlich passieren, daß sie schon morgens mit einem Eimer Wasser unsanft aus dem Bett geholt wird. Der Phantasie der Herren sind dabei keine Grenzen gesetzt. Die netteste Variante ist, seine Angebetete mit Parfum zu benetzen. Die Herkunft dieses Brauches liegt im klatschnassen Dunkeln verborgen.

In der katholischen Kirche sind Bräuche und Traditionen eng mit den kirchlichen Festtagen verknüpft. Einige dieser Bräuche sind auch bei uns bekannt.

Die Adventszeit ist die Zeit der Vorbereitung und Vorfreude auf Weihnachten. Am 6. Dezember kommt auch in Polen der Nikolaus mit Süßigkeiten und kleinen Geschenken zu den Kindern. Nicht üblich ist in Polen das Aufstellen eines Adventskranzes. Der Weihnachtskaufrausch des Westens hat Polen glücklicherweise noch nicht erreicht, die Geschenke fallen noch bescheidener aus.

Eine besondere Attraktion hat Krakau in den letzten zwei Wochen vor dem Fest zu bieten: es werden die berühmten Krakauer Krippen, »Szopki«, ausgestellt. Die farbenprächtigen Gebilde aus Pappmachée und Glanzpapier sind bis zu zwei Meter hoch. Ihre Gestalter lassen sich von den Krakauer Architekturdenkmälern inspirieren, besonders beliebte Motive sind die Marienkirche und der Wawel. Die schönste Krippe wird prämiert.

Weihnachten ist in Polen wie bei uns ein Familienfest. Der bunt geschmückte Christbaum und die Krippe gehören dazu. Der Heilige Abend gilt als Fastentag, daher kommt zum feierlichen Abendessen kein Fleisch auf den Tisch. Dafür besteht das Mahl traditionell aus 12 Gerichten, die aber je nach Region variieren. Als Vorspeise gibt es eine Pilz- oder eine Rote-Rüben-Suppe. Dieser Weihnachts-Barszcz wird allerdings nicht wie sonst auf der Basis einer Fleischbrühe gekocht, sondern mit einer Gemüsebrühe zubereitet. Zum Hauptgericht ißt man Karpfen blau oder gebacken. Zu den traditionellen Heilig-Abend-Gerichten gehören auch Trockenobstkompott und Mohnklöße. Der Eßtisch ist festlich gedeckt, dabei bereitet

Prozession am Ostersonntag in Pietrowice Wielkie in Oberschlesien.

man einen zusätzlichen Platz für einen »einsamen Wanderer« vor, der unverhofft um Einlaß bitten könnte. In manchen Familien darf man während des Abendessens nicht aufstehen, weil dies bedeuten würde, daß man das ganze folgende Jahr über beim Essen gestört wird und aufstehen muß. Ebenso wird man das ganze Jahr Geld haben, wenn man sich am Heiligen Abend Geld unter den Teller legt. Vor dem Essen teilt die Familie geweihte Oblaten miteinander und wünscht sich Frieden. Erst nach dem Essen und dem Singen von Weihnachtsliedern dürfen die Geschenke ausgepackt werden. Der Besuch der Christmette um Mitternacht beschließt den Heiligen Abend.

Auch rund um Ostern leben in Polen viele Bräuche fort. Die Karwoche wird am Palmsonntag mit einer Prozession und der Weihe der »Palmzweige« aus Weiden- oder Buchsbaumzweigen eingeleitet. In der Karwoche werden die von Region zu Region unterschiedlich gestalteten, kunstvollen Ostereier bemalt, beklebt oder gefärbt und mit eingeritzten Mustern versehen. Am Karfreitag wird in den Kirchen wie in Süddeutschland oder Österreich das Grab Christi aufgebaut. Am Nachmittag des Ostersamstags lassen die Gläubigen die Osterspeisen Eier, Brot, Wurst und Salz weihen, die am nächsten Morgen nach dem Auferstehungsgottesdienst zum großen Osterfrühstück aufgetischt werden. Am Ostersonntag gibt es in manchen Orten (z.B. Kalwaria Zebrzydowska) Passionsspiele; am Ostermontag erfolgt dann das oben beschriebene Ritual des »śmigus-dyngus«.

Einer der wichtigsten Feiertage Polens ist Mariä Himmelfahrt am 15. August. An diesem Tag wird das Patrozinium des Klosters Jasna Góra in Częstochowa gefeiert. Zum Fest der »Königin Polens« strömen Pilgerscharen aus dem ganzen Land in die Stadt. Auch wenn man der Institution

Das tanzende Pferd »Lajkonik«, erinnert alljährlich an die Tatareneinfälle

Kirche kritisch gegenübersteht, ist der Anblick der großen Pilgerzüge eindrucksvoll: vorwiegend junge Menschen wandern Etappen oft hunderte von Kilometern von ihren Heimatorten bis nach Częstochowa, singend und Gitarre spielend, als wären sie unterwegs zu einem Open-Air-Festival. Die Gottesdienste in Częstochowa finden dann auch wirklich unter freiem Himmel statt, weil der Klosterbezirk die Menschenmenge nicht fassen kann.

Ein Tag der Familie ist in Polen auch der 1. November, Allerheiligen. An diesem Tag reist man von weit her zu den Gräbern der Angehörigen. Die Gräber werden liebevoll geschmückt, die Friedhöfe verwandeln sich durch die vielen Kerzen in ein Lichtermeer.

In manchen polnischen Städten feiert man auch Feste zum Gedenken an historische Ereignisse. Das farbenprächtigste Schauspiel bietet sich alljährlich acht Tage nach Fronleichnam in Krakau, wenn der Lajkonik, das tanzende Pferd, in die Stadt einzieht. Das Spektakel geht zurück auf das Jahr 1287, als die Tataren Krakau belagerten. Der Legende nach gelang es den tapferen Flößern aus Zwierzyniec vor den Toren der Stadt den Khan zu töten und dadurch die Belagerer in die Flucht zu schlagen. Um den Erfolg zu feiern, verkleidete sich der Vorsteher der Flößer als Tartar und zog mit einem hölzernen Pferd in die Stadt Krakau ein, euphorisch begrüßt von Bürgern und Stadtvätern. Dieser Einzug und die anschließenden Freudenfeiern werden nachgespielt. Das malerische Kostüm des Lajkonik mit dem Pferderumpf wurde dem Entwurf des polnischen Jugendstilkünstlers Stanisław Wyspiański nachgearbeitet.

Beate Störtkuhl

Nicht allein Wodka
Über die Eß- und Trinkgewohnheiten der Polen

Polens Küche hat im Laufe der Geschichte litauische (»Pierogi«/-Piroggen), italienische und französische Anregungen aufgenommen. In ihrer Deftigkeit zeigt sie starke Verwandtschaft mit der deutschen Küche, bevor diese dem Kalorien- und Cholesterinwahn zum Opfer fiel. Viele Polenreisende älteren Jahrgangs zeigen sich ganz begeistert, weil sie sich an »früher« erinnert fühlen. Sprichwörtlich ist die polnische Gastfreundschaft – es gibt keine Einladung, bei der nicht für das leibliche Wohl gesorgt ist. Selbst zur Zeit des Kriegsrechts, als in den Läden gähnende Leere herrschte, wurde man von seinen Gastgebern verwöhnt.

Schon das polnische Frühstück ist üppig. Käse und Wurst gehören selbstverständlich dazu, oft gibt es auch heiße Würste. Rühreier sind üblich, auch Tomaten und Radieschen. Das polnische (Sauerteig-)Brot ist ausgesprochen schmackhaft, man erhält aber auch Vollkornbrot. Sehr empfehlenswert ist der weiße Schichtkäse sowie »twaróg«, ein körniger Quark.

Das Mittagessen wird in den Familien, bedingt durch die Arbeits- und Schulzeiten, erst zwischen 14 und 16 Uhr eingenommen. Auch in den Lokalen wird meist bis 16 Uhr serviert. Zu einem polnischen Mittagessen gehört unbedingt eine Suppe. Eine Spezialität ist die Rote-Rüben-Suppe »Barszcz«. Man trinkt sie klar, meist aber wird dazu ein Pastetchen (»Barszcz z pasztecikiem«) oder eine Krokette mit Fleischfüllung (»Barszcz z krokietem«) gereicht. Im »Barszcz z uszkami« findet man Teigtaschen mit Fleischfüllung. Achtung! Der Rote-Rüben-Geschmack ist für manche Leute beim ersten Mal gewöhnungsbedürftig. Typisch polnisch ist auch der »Żurek«, eine Suppe auf Sauerteigbasis mit Speck- und Wurstwürfeln sowie Kartoffeln. Als Vorspeise sind außerdem hausgemachte Sülzen und Räucherfisch beliebt. Das Hauptgericht besteht meist aus Fleisch und Kartoffeln. Die polnischen Kartoffeln schmecken hervorragend, vielleicht deshalb, weil die Bauern nicht so viel Geld für Kunstdünger haben. Reis oder Nudeln als Beilage bekommt man selten. Zum Hauptgericht gehört immer ein Salat oder Gemüse oder Rohkost (beispielsweise Krautsalat). Zwei Nationalgerichte Polens – »Bigos« und »Flaki« – werden überall, von den billigsten Garküchen bis zu den erlesendsten Lokalen serviert. »Bigos« ist das altpolnische Jagdgericht, je öfter aufgewärmt und wieder erkaltet – bis zu einer Woche – desto besser. »Flaki« dagegen ist eine Version der süddeutschen Kutteln. Freilich nicht jedermanns Geschmack, werden »Flaki« in einer sehr pikanten Suppe zubereitet. Zum Nachtisch gibt es Kuchen oder Eis, wobei der Kuchen in jedem Fall vorzuziehen ist. In den Kuchenrezepten lebt die K.u.K.-Zeit weiter, nicht nur in Krakau!

Neben den traditionellen polnischen Gerichten kommen jetzt fremde Küchen mehr und mehr in Mode. Besonders beliebt ist Pizza, die oft auch im Straßenverkauf angeboten wird.

Es gibt keine Einladung, bei der für das leibliche Wohl nicht ausreichend gesorgt ist

Was trinkt man in Polen? Viel Tee und Kaffee zum Frühstück, zwischendurch, zum Abschluß des Essens. Tee wird auch zum Abendbrot getrunken. Das Kaffeepulver (oft auch Teeblätter) wird dabei üblicherweise direkt ins Glas gegeben und aufgebrüht. Natürlich gibt es in Cafés auch Filterkaffee, doch ist die sogenannte »kawa po turecku« mit Satz wohl der gefilterten »kawa z ekspresu« geschmacklich vorzuziehen. Zum Mittagessen trinkt man zu Hause oft Kompott, ansonsten die üblichen Getränke. Coca-Cola und Pepsi konkurrieren im Moment um die polnischen Marktanteile.

Bier gehört zweifellos zu den polnischen Nationalgetränken. Nachdem es in der Zeit des Kriegsrechts kaum möglich war, Bier zu kaufen, ist jetzt die Auswahl groß. In den Restaurants gibt es fast überall ausländisches Bier, aus Deutschland oder aus Böhmen. Doch sollte man auf jeden Fall das polnische Bier probieren. Die bekanntesten und besten Brauereien sind die von Żywiec und Okocim.

Die Weinkultur ist dagegen bisher noch wenig entwickelt. In Polen wird zwar um Zielona Góra (Grünberg) ein wenig Wein angebaut, doch er soll so sauer sein, daß es eine Strafe ist, ihn zu trinken. Man wird ihn auch nicht im Geschäft finden. Aus den damaligen sozialistischen »Bruderländern« Bulgarien, Jugoslawien und aus Georgien wurde schon früher Wein importiert. Jetzt werden im Lokal auch französische und italienische Weine angeboten, allerdings muß man stets damit rechnen, lauwarmen Weißwein zu bekommen. Der Krimsekt, den die Polen zu festlichen Anlässen sehr schätzen, wird dagegen stilgerecht serviert.

Last not least kommen wir zum berühmten polnischen Wodka (poln. wódka). Das »Wässerchen« (so die Übersetzung) ist Freude und Leid des Landes zugleich. Alkoholismus ist ein großes Problem in Polen, und die meisten Alkoholiker stillen ihre Sucht mit Wodka. Auch Verkaufsbeschränkungen und -verbote konnten dabei keine Abhilfe schaffen: man brennt sich seinen Schnaps. Wodka war bis vor kurzem sogar eine Art Zahlungsmittel: im sozialistischen Polen entsprach der Schwarzmarktkurs des US-$ dem Preis einer Flasche (guten) Wodkas im Geschäft. Wodka gehört zu jeder Feier. Die Trinksprüche werden in Polen so mit Schnaps begossen wie in Bayern mit Bier ... sto lat (Hundert Jahre)! Die besten Schnapssorten werden aus Korn gebrannt: »Wódka Wyborowa«, »Żytnia«, »Żubrówka«. Die Żubrówka-Flasche fällt dadurch auf, daß ein Grashalm in ihr schwimmt. Der Legende nach verleiht dieser Grashalm, auf den ein Wisent (im Nordosten Polens, in der Puszcza Białowieska, gibt es noch Wisente!) gepinkelt hat, dem Schnaps erst den einmaligen Geschmack. Eine polnische Besonderheit ist auch der hochprozentige »Koscher-Wodka«, nach jüdischem Rezept gebrannt. Milder und sehr beliebt ist der »Jastrzębiak«, ein Vogelbeerschnaps. – Na zdrowie!

Beate Störtkuhl

Wo sich der Westen mit dem Osten traf
Bemerkungen zur polnischen Kunstgeschichte

Fragt man einen kunstinteressierten Laien, der – sagen wir – die Dresdner Gemäldegalerie, den Louvre und die Uffizien in Florenz kennt, womit er die polnische bildende Kunst assoziiert, wird ein langes Schweigen die Antwort sein. Allenfalls fällt ihm die Marienburg ein..., die ist aber kaum polnisch zu nennen, oder Daniel Chodowiecki... ach, er war eher Deutscher als Pole. Vielleicht fällt ihm noch Krakau ein. Doch, davon hat er schon etwas gehört, unser kunstinteressierter Laie.

Hat das Land tatsächlich so wenig bedeutende Kunstdenkmäler in Malerei, Architektur und Skulptur zu bieten oder hat sich bisher nur keiner die Mühe gemacht, sich mit der polnischen Kunst zu befassen. Wenn ja, warum ist das so? Was unterscheidet Polen in dieser Hinsicht von Frankreich, Italien oder auch Rußland?

Die Sigismundkapelle in Krakau, schönster Renaissancebau nördlich der Alpen?

Polen ist einerseits zu weit und andererseits doch nicht weit genug entfernt von den europäischen Zentren der Kunst. Die Hauptströmungen der westeuropäischen Kunst – mit Ausnahme der glanzvollen Zeit der polnischen Renaissance – haben jeweils mit einiger Verspätung und mitunter wie aus zweiter Hand die Weichsel erreicht. Polen liegt aber auch nicht weit genug entfernt, um dem heutigen Touristen die Exotik der goldenen Zwiebeltürme oder der Ikonenwände Rußlands bieten zu können.

Dennoch gibt es zahllose qualitativ hochwertige, faszinierende Kunstdenkmäler im polnischen Raum. Hervorzuheben ist vor allem ihre Vielfalt. Die reine Florentiner Renaissance wurde beispielsweise am Hofe der Jagiellonen-Könige von der gleichen Dynastie gefördert, deren Vertreter noch hundert Jahre zuvor eine Byzanz verpflichtete Kunst (so in der Lubliner Burgkapelle) vorgezogen hatten. Alle diese Mäzene waren bemüht, die großen Künstler ihrer Zeit nach Polen zu holen. Manches Mal hatten sie dabei mehr Glück – wie im Falle des Veit Stoß, manches Mal weniger, wie beispielsweise mit Hans Dürer, der die Wände des Waweler Schlosses in Krakau mit Fresken bemalte. Sein Bruder Albrecht hätte der königlichen Stadt mehr Ruhm eingebracht. Die Künstlerwanderungen waren aber auch wechselseitig. Der spätere König Friedrich I. »kaufte« 1694 den vielleicht größten deutschen Bildhauer des Barock, Andreas Schlüter (1660-1714) erst, nachdem der gebürtige Danziger in Warschau von sich reden gemacht hatte.

Bis ins 18. Jahrhundert waren unter den in Polen arbeitenden Künstlern nur wenige Polen. Man bevorzugte Italiener, Deutsche, Franzosen oder Holländer. Der »polnische Praxiteles«, Jan Michałowicz aus Urzędow (1530?-1583) war eher die Ausnahme. Doch gerade diese nationale Vielfalt unter den Künstlern macht Polen zu einer interessanten und faszinierenden Kunstlandschaft.

Der turbulenten Geschichte des Landes ist es zu verdanken, daß ein heutiger Polen-Reisender zudem in den Genuß der habsburgisch-böhmischen Architektur (in Schlesien) oder der norddeutschen Backsteingotik (in Pommern) kommt.

Aber nicht nur die alten Baudenkmäler begeistern in Polen; vor allem in der Malerei entstanden in den letzten 200 Jahren herausragende Werke. Dazu zählt vielleicht nicht Jan Matejko (1838-1893), obwohl gerade er für einen kunstfremden Polen als der größte Maler schlechthin gilt. Die Bedeutung Matejkos, Autor großer Historienbilder á la Makart oder Piloty, lag in der gesellschaftlichen Rolle, die er während der Teilungszeit spielte. Ob »Preußische Huldigung« oder »König Bathory bei Pleskau«, seine Gemälde gaben der erniedrigten Nation Hoffnung. Der Blick auf die Bilder lehrte von alten Zeiten, in denen die Besatzer Polens vor dem mächtigen Reich auf den Knien lagen. Die polnische Malerei des 19. und 20. Jahrhunderts verfügte durchaus über Talente – Piotr Michałowski, Jacek Malczewski, Tadeusz Makowski oder Władysław Strzemiński –, die Matejko weit in

Jacek Malczewski: Selbstbildnis in Harnisch, 1914 (Nationalmuseum Warschau)

dem Schatten stellen. Allerdings harren sie noch ihrer Entdeckung durch den europäischen Westen.

Doch der Blick der deutschen Touristen und Kunstliebhaber geht nach Frankreich und Italien und nicht zu dem Nachbarn im Osten. Dazu kommt, daß von polnischer Seite bisher wenig unternommen wurde, um die Westeuropäer auf die polnische Kunst neugierig zu machen. Zeitweilig waren es auch die politischen Umstände, die jede Werbung unmöglich machten. Während der Teilungen fehlte der Staat, der als Mäzen hätte dienen können. Der kommunistische Staat nach 1945 stand aus ideologischen Gründen der Promotion der Kulturschätze indifferent bzw. ablehnend gegenüber. Auch 1980-1981, oder 1989, als der Westen interessiert, voller Anteilnahme nach Polen schaute, wurde von staatlicher Seite vieles versäumt. Das Ergebnis ist eindeutig: man kennt Gericault, nicht aber Michałowski, Smetana, nicht Moniuszko, Mucha, nicht Wyspiański, Corinth, nicht Malczewski, Prag, nicht Krakau..., obwohl die polnischen Beispiele ihrem berühmten Pendant qualitativ gewiß ebenbürtig sind.

1000 Jahre Kunst im Überblick

10.-11. Jh. – Aus Stein gemauerte Rundkirchen (z.b. die teilweise erhaltene Rotunde auf dem Wawel in Krakau); die ersten ottonischen Kathedralen (die in Fundamenten erhaltenen Vorgängerbauten der Posener und der Krakauer Kathedrale)
12. Jh. – Romanische Kathedralen in Posen, Gnesen und Krakau und Kamień Pomorski (Cammin in Pommern); eine Reihe von Kloster-, Stifts-, bzw. Pfarrkirchen (Czerwińsk, Tum bei Łęczyca, Opatów, St. Andreas in Krakau); erste erhaltene Beispiele der Bauplastik (Bronzetüren in Gnesen, das Portal in der Maria-Magdalena-Kirche in Breslau, die skulptierten Säulen in Strzelno)
13. Jh. – Zisterzienserklöster aus der Übergangszeit zur Gotik in Kleinpolen (Sulejów, Wąchock) und in Schlesien (Trzebnica/Trebnitz, Henryków/Heinrichau), die ersten Backsteinbauten in den nach dem Mongolensturm von 1241 neugegründeten Städten (Dominikanerkirchen in Sandomierz, Posen und Krakau; die Franziskanerkirche in Krakau); ab ca. 1260 Bauten auf dem Gebiet des Deutschordensstaates (Burgen in Toruń/Thorn, das Hochschloß von Malbork/Marienburg)
14.-15. Jh. – Große Kathedralen (Krakau, Posen, Gnesen und Breslau); von Kasimir dem Großen gestiftete zweischiffige Hallen, z.B. in Wiślica; sakrale Architektur aus Back- und Werkstein in Krakau (Marienkirche); Burgen und Stadtbefestigungen (Krakau, Chęciny); städtische Architektur: Rathäuser, Universität (Krakau); eine rege Bautätigkeit in dem Deutschordensstaat (v.a. in Marienburg, Danzig, Thorn, Frombork/Frauenburg, Lidzbark Warmiński/Heilsberg, Pelplin); schlesische Backsteinarchitektur (Maria am Sand in Breslau); in Pommern die Tätigkeit des Backsteinarchitekten Hinrich Brunsberg (Stargard, Stettin); Blüte der Sepulkralskulptur (Grabmäler im Waweldom sowie in Schlesien, z.B. von Heinrich IV. Probus, Nationalmuseum in Breslau), unter zahlreichen Flügelaltären zeichnet sich der Marienaltar in Krakau von Veit Stoß aus, Holzskulptur (»Löwenmadonnen« in Schlesien und Preußen, »Schreinmadonnen« in Preußen, Pelplin, Diözesanmuseum), »Schöne Madonnen« in Preußen und Kleinpolen (z.B. Madonna von Krużlowa, Krakau Nationalmuseum); Tafel- und Wandmalerei, darunter auch die russisch-orthodoxen (eigentl. ruthenischen) Fresken im Waweldom, Sandomierz und Lublin
16. Jh. – Die italienischen Architekten am Hof der beiden letzten Jagiellonen-Könige, Bartolomeo Berrecci, Francesco Fiorentino, führen die Renaissance ein (ab 1500 Umbau des Waweler Schlosses, Sigismundkapelle 1519-1533 – Vorbild für ca. 150 Kapellen im ganzen Land); Umbau der Krakauer Tuchhallen mit einer Attika (eine das Dach verdeckende, dekorativ gekrönte Stützmauer), die zum Charakteristikum der polnischen Renaissance wird; Adelsschlösser (Pieskowa Skała, Niepołomice; auch in Schlesien: Brzeg/Brieg), Rathäuser (Posen); ab ca. 1550 Einzug des Manierismus (das Rathaus in Chełmno/Kulm, Schlösser in Baranów, Książ Wielki, Wiśnicz, Patrizierhäuser in Kazimierz, Kirche in Grodzisk Wielkopolski/Grätz, Kapelle in Bejce); Zamość wird als Idealstadt angelegt; Einfluß der niederländischen Renaissancearchitektur bzw. des Manierismus in Danzig (das Zeughaus, Stadttore, Anthonis van Opbergen); seit dem Ende des 15. Jhs. erste erhaltene Holzkirchen (Dębno, Boguszyce, Haczów); Renaissance- und manieristische Grabmäler (Waweldom in Krakau, Posener

Dom, Jan Michałowicz aus Urzędow); Tafel- und Wandmalerei (u.a. Mogiła bei Krakau, Stanisław Samostrzelnik)

17. Jh.-1764 – Bis ca. 1650 weiterhin manieristische Schloß- (Krasiczyn, Ujazd-Krzyżtopór) und Kirchenbauten (v.a. in der Region von Lublin); die Jesuiten führen den Barockstil ein (ab 1584 Nieśwież, heute Weißrußland, ab 1605 die Jesuitenkirche in Krakau); bis ca. 1650 der schlichte »Wasa-Stil« (Warschauer Schloß, Bischofsschloß in Kielce), später Hochbarock mit italienischen (Wilanów), bzw. holländischen Einflüssen (Krasiński Palais Warschau, St. Annenkirche Krakau, Tilman van Gameren); ab ca. 1700 spätbarocke bzw Rokoko-Architektur u.a. mit sächsischen Einflüssen (Warschau Visitantinnenkirche, Białystok); ländliche Architektur (Landhäuser des Kleinadels); in Schlesien protestantische Friedenskirchen (Świdnica/Schweidnitz, Jawor/Jauer) und katholische Klosteranlagen (Krzeszów/Grüssau, Lubiąż/Leubus, Legnickie Pole/Wahlstatt, Kilian Ignaz Dientzenhofer); Tafelmalerei, auf Blech gemalte Sargporträts (Nationalmuseum Posen, Wilanów); illusionistische Freskenmalerei. In Schlesien Fresken von Cosman Damian Asam (Legnickie Pole/Wahlstatt) sowie von Michael Willmann (Lubiąż/Leubus, St. Josephkirche in Krzeszów/Grüssau)

Ca. 1764-ca. 1830 – König Stanisław August Poniatowski (1764-1795) führt den Klassizismus ein (Łazienki-Schloß und das »Weiße Häuschen« in Warschau); rege Bautätigkeit nach 1815 (Corazzis Oper und Bauten auf dem Bankplatz in Warschau); romantische Gartenarchitektur (Puławy, Arkadia); Auftragsskulpturen für Warschau (Kopernikus- und Poniatowski-Denkmal) von Thorvaldsen; Maler am Königshof: Marcello Bacciarelli und Bernardo Bellotto gen. Canaletto, später romantische Malerei eines Piotr Michałowski

Ca. 1830-1918 – bis ca. 1905 Neostile in der Architektur (Adam Idźkowski; Auftragswerke von Karl Friedrich Schinkel: Krzeszowice bei Krakau, Antonin bei Posen und Kamieniec Ząbkowicki/Kamenz in Schlesien); später Jugendstil (Krakau, Lodsch) und die Suche nach einem Nationalstil (»Zakopane«-Stil in Zakopane); Skulptur (Chopindenkmal in Warschau); realistische Malerei (Henryk Rodakowski, Aleksander Gierymski), Historienmalerei (Jan Matejko), Impressionismus (Władysław Podkowiński); später symbolische und postimpressionistische Malerei von Stanisław Wyspiański, Jacek Malczewski u.a. (Nationalmuseen in Warschau und Krakau).

1918-1939 – Moderne Architektur (Gebäude des Hauptgerichts; Nationalmuseum Warschau); in Schlesien »Breslauer Moderne« (Max Berg, Erich Mendelsohn, Hans Poelzig); realistische Skulptur (Xawery Dunikowski), z.T. von der sowjetisch-revolutionären Kunst beeinflußte Avantgarde in der Malerei (Katarzyna Kobro, Władysław Strzemiński); Malerei von Stanisław Ignacy Witkiewicz (Witkacy)

Nach 1945 – Der Sozialistische Realismus (Kulturpalast, MDM-Siedlung in Warschau, Nowa Huta) in der Architektur wurde 1956 durch die moderne Plattenbauarchitektur ersetzt, erst in den 70er und 80er Jahren interessantere Bauten (Kirche in Nowa Huta); moderne Malerei (Władysław Hasior, Jerzy Nowosielski, Roman Opałka), Webkunst (Magdalena Abakanowicz) und Plakatkunst (Henryk Tomaszewski, Franciszek Starowieyski u.a.).

Rekonstruktion oder Neubau?
Denkmalschutz

Die Frage, ob alte Städte nach ihrer totalen Zerstörung originalgetreu wiederaufgebaut werden sollen, ist keineswegs überholt. Davon zeugt die gegenwärtige Diskussion über den Wiederaufbau der Dresdner Frauenkirche oder des Berliner Schlosses. In diesem Zusammenhang fällt dann gleich das Stichwort Warschau. Aber dieser Vergleich stimmt nicht ganz. Zum einen, da große Teile des Interieurs des Warschauer Schlosses gerettet wurden, während von dem einmaligen skulpturenen Ensemble des Berliner Schlosses nichts übrig geblieben ist, nachdem die Ruine von den kommunistischen Machthabern in die Luft gesprengt worden war. Zum anderen hat der Wiederaufbau Warschaus für die Polen eine ganz andere Bedeutung als der Wiederaufbau in Deutschland, wo es lediglich darum geht, die Folgen des Krieges zu beseitigen. Die Rekonstruktion des historischen Warschaus war Ausdruck des nationalen Selbstbewußtseins, ein Symbol dafür, daß diese Nation trotz der beabsichtigten Vernichtung immer noch existierte. Allerdings gab es in Polen nach 1945 durchaus eine kontroverse Debatte darüber, was aus den Ruinen der 1000jährigen Städte wie Warschau, Posen oder

So sah Gdańsk/Danzig 1945 aus

Stolzer Blick und rasierter Kopf: Das Sargporträt

Wenn Sie manchmal in einer polnischen Kirche auf die Seitenwände schauen, werden Sie dort sonderbare trapezförmige Blechbilder entdecken, von denen Sie große naturalistische Gesichter mit starrem Blick und weit aufgerissenen Augen anschauen, z.B. in der Posener Kathedrale (sowie in den Museen von Wilanów oder Posen). Ein Vergleich mit den römisch-ägyptischen Faiyum-Mumienporträts drängt sich auf, auch wenn zwischen diesen beiden künstlerischen Phänomenen über 1000 Jahre liegen. Die ersten dieser sogenannten Sargporträts sind aus dem Jahr 1588 bekannt. Bis zum Ende der polnischen Staatlichkeit 1795 bestand in Adelskreisen die Sitte, am Sargende das Bild des Verstorbenen zu befestigen und bis zu dessen feierlicher Bestattung dort zu lassen. Der Sarg stand so oft monatelang, damit die Trauergäste auch aus den entlegensten Ecken des Landes, das immerhin territorial das größte Europas war, anreisen konnten. Mit Apothekenwasser wurde der Verblichene in einem akzeptablen Zustand gehalten. Während der Zeremonie, die Tage dauern konnte, ritt der sogenannte »Archimimus«, der Zeremonienheld, der wie der Verstorbene gekleidet war, in die Kirche ein und »starb« vor dem Sarg stellvertretend. Gleich danach wurden unter Trommelschlägen und Klagegeschrei die Attribute der irdischen Macht und Würde des Dahingeschiedenen, Streitkolben, Siegel und wenn der Tote der lezte Sproß der Familie war, auch die Wappenschilder, zerstört. Danach folgte ein geradezu exzessiv opulenter Leichenschmaus.

Diese sozialgeschichtliche wie künstlerische Erscheinung, die ein rein polnisches Phänomen ist, war eng mit der Ideologie des sogenannten Sarmatismus verbunden. Der Adel Polens verstand sich als Nachkomme des persischen Stammes der Sarmaten, und als solcher hatte er mit den Normalsterblichen nichts gemein, weder mit den Nachbarvölkern noch mit den Bauern oder der Stadtbevölkerung seines eigenen Landes. Der Sarmatismus ist die Ursache oder das Ergebnis – darüber läßt sich streiten – der fehlenden Bindungen an Westeuropa. Das Land, das noch im 16. Jahrhundert über seine Universitäten, Kunst oder Literatur fest mit dem Westen verbunden war, versank im 17. Jahrhundert in eine Mischung aus Exotik, Provinzialität und in eine wenig gerechtfertigte Selbstzufriedenheit als »Goldene Republik« und »Paradies des Adels«.

Standesbewußt schaut einer jener Adligen von von seinem Sargdeckel auf uns herab: in türkischer Tracht, oftmals mit hoch ausrasiertem Kopf und buschigem Schnurrbart, der bis heute ein Attribut vieler Polen geblieben ist.

Danzig werden sollte. Die sogenannten Fortschrittlichen verlangten neue Städte, die die neue soziale Ordnung widerspiegeln sollten. Die Reste der alten Städte sollten eingeebnet werden. Ein kurioser Entwurf sah sogar die Ruinen der Warschauer Altstadt als ein einziges Denkmal vor, umgeben von einer Autobahn mit Aussichtsplätzen. Es siegte – mit großer Stimmenmehrheit – die Überzeugung, daß nur der Wiederaufbau der wichtigsten Städte in ihrem alten Bild der Nation einen Halt geben könne. Der Wiederaufbau Warschaus verlieh den Polen das Gefühl der historischen Kontinuität, was angesichts des gerade erst erlebten Traumas des Krieges, der Erfahrung eines neuen politischen Systems und der Westverschiebung des Staates nicht gerade irrelevant war. Die Parole »das ganze Volk baut seine Hauptstadt wieder auf« verwischte alle ideologischen Unterschiede. Kommunisten wie ihre Gegner waren gleichermaßen für den Wiederaufbau Warschaus. 1952 stand die Warschauer Altstadt wieder, beinahe schöner als vor dem Krieg. Nur das Königliche Schloß mußte bis 1970 auf seine Stunde warten. Parteisekretär Władysław Gomułka hielt es für »ideologisch unerwünscht«. Später folgte die Rekonstruktion Danzigs, das freilich in der Propaganda zu einer schon immer polnischen Stadt hochstilisiert wurde. Etliche andere Städte wurden in den kommenden Jahren restauriert. Allerdings gab es in manchen Fällen heftige Diskussionen, als auch noch in den 60er und 70er Jahren Denkmäler wie z.b. das Stettiner Schloß oder das Ujazdów-Schloß in Warschau zwar nach alten Vorlagen, aber vollständig neu, wiederaufgebaut wurden.

Jan Zachwatowicz war der Gründer der »Polnischen Restauratorenschule«, wobei er selbst diese Bezeichnung ablehnte. Zachwatowicz berief sich auf den Österreicher Alois Riedl, der sich Anfang des Jahrhunderts gegen jegliche Eingriffe in die originale Bausubstanz aussprach, also gegen Modellbauten wie die deutsche Wartburg oder das französische Carcassonne. Wenn in Warschau trotzdem ganze Straßenzüge in ihrem vermeintlichen Zustand von etwa 1780 rekonstruiert wurden – als Vorlage dienten die Bilder des Italieners Bernardo Bellotto genannt Canaletto (1720-1780) –, war dies für Zachwatowicz die Ausnahme der Regel, die nur für eine geschichtliche Notsituation gelten dürfe.

Den späteren Ruhm der polnischen Restauratoren begründete eher die Methode der originalgetreuen Restaurierung, deren Voraussetzung eine eingehende historische und bautechnische Inventarisierung ist. 1950 wurden die »Werkstätten für Denkmalpflege« (»PKZ«) gegründet, die sich unter dem ehrgeizigen Direktor Tadeusz Polak zu einem eigenen Industriezweig mit unzähligen Filialen entwickelten. In eigenen Steinmetz-, Schlosserei-, Schmiede-, Tischler- und Metallwerkstätten ließen sich baukünstlerische Details, Gips- und Stuckteile, schmiedeeiserne Gitter und Ballustraden, Zimmermanns- und Schnitzereiarbeiten, also etwa Balken- oder Kassettendecken, Wandverkleidungen und Parketts ebenso wie Tür- und Fensterbeschlä-

So sieht die rekonstruierte Stadt heute aus

ge restaurieren, rekonstruieren oder gar völlig neu anfertigen. Zu den »PKZ« gehört sogar eine eigene Möbelfabrik in Henryków (Heinrichau in Schlesien) sowie eine Ziegelei für historische Dachziegel oder Kachelöfen in Kadyny (Kadinnen bei Elbing). Für Nachwuchs sorgt die in ganz Europa hochgeschätzte Ausbildung zum Restaurator an der Thorner Universität, sowie an den Technischen Hochschulen Krakaus und Warschaus. Die Arbeit polnischer Restauratoren wird hoch geschätzt und an so manchem deutschen, französischen oder spanischen Museum arbeitet ein polnischer Restaurator.

Der Export der polnischen Kunstfertigkeit brachte den »PKZ« Ruhm und Geld gleichermaßen. Polnische Restauratoren arbeiten fast überall auf der Welt: von Angkor Vat in Kambodscha, für dessen Restaurierung die UNESCO 10 Millionen Dollar bereitstellen will, über St. Petersburg, Tallinn bis zum Hatschepsut-Tempel in Ägypten. Auch in Deutschland wurden polnische Restauratoren oft beauftragt: die wiedererstandene Pracht des Münchner Isartores oder des Sitzes des Bundespräsidenten in Brühl geht genauso auf das polnische Know-How zurück wie das Schloß Sanssouci in Potsdam oder der Stadtkern Quedlinburgs. So lautet denn auch ein häufiger Vorwurf, die polnischen »PKZ«-Restauratoren würden lieber im Ausland arbeiten, während gleichzeitig unschätzbare Baudenkmäler in Polen zugrundegingen. So sind von den 22.000 Landschlössern, die man 1945 zählte, heute nur noch etwa 1.000 erhalten, die nicht einer hoffnungslos heruntergekommenen Ruine gleichen. Allerdings kann dies kaum den Werkstätten für Denkmalpflege angelastet werden. Als reine Auftragsgesellschaft brauchen sie einen Mäzen, auch wenn dieser in Vietnam ist und für die Bezahlung die Konservierung der Partisanengräber in Cu Chi fordert.

Zum Beispiel das Plakat
Moderne Kunst

Als Jan Lenica 1966 auf der ersten Internationalen Plakatbiennale in Warschau den Grand Prix für seinen »Woyzeck« bekam, war es für viele die fast selbstverständliche Ehrung eines der Hauptvertreter der weltberühmten »Polnischen Plakatschule«.

In den 50er Jahren begann eine Gruppe junger Künstler, die sich bewußt von dem Gebrauchsplakat der Vorkriegszeit distanzierten, Plakate zu entwerfen. Spätestens 1962 werteten diese polnischen Maler oder Graphiker das Plakat weltweit zu einer selbständigen Kunstdisziplin auf. Das Plakat behielt zwar seine ursprüngliche Funktion als Träger und Vermittler einer Information, wurde nun aber darüber hinaus zu einem mehrschichtigen, symbolischen Kunstwerk. So das bereits erwähnte Plakat von Jan Lenica zu einer »Woyzeck«-Inszenierung. Durch eine klare Linienführung und den Einsatz weniger Farben wird alles Nebensächliche beseitigt und verstärkt sich die innere Dramaturgie.

Unter dem Begriff »Polnische Schule« werden nicht Künstler zusammengefaßt, die dem gleichen Stil verpflichtet sind, sondern vielmehr Künstler, die eine vergleichbare, nicht kommerzielle Auffassung von dem Medium Plakat haben. Diese Verfügbarkeit des Plakates ohne jede kommerzielle Absicht konnte vermutlich nur in der spezifisch polnischen Atmosphäre entstehen, in einem System, in dem es keine wirtschaftlichen Zwänge gab und die systembedingte Ideologisierung des Kunstwerks gleichzeitig relativ leicht zu umgehen war. Lenica beschreibt diese Schule: »Das polnische Plakat ist vielseitig, heterogen, es ist ein Sammelbecken von unterschiedlichen Temperamenten und Individualitäten. Das polnische Plakat wurde deshalb nicht maniriert, es nimmt immer neue Formen an und sucht ständig nach anderen Lösungen. Gemeinsamkeiten sind zwar vorhanden, man sollte sie allerdings nicht in Äußerlichkeiten suchen. Sie liegen tiefer. Das polnische Plakat ist romantisch. Dieser Charakterzug ist in einer breiten Skala von Schattierungen vorhanden – lyrischen, grotesken, heldenhaften«.

Bedeutende Vertreter der »polnischen Plakatschule« sind Henryk Tomaszewski, Maciej Urbaniec, Jan Młodożeniec, Waldemar Świerzy, Franciszek Starowieyski u.v.a. Besonders bekannt waren die Zirkusplakate von Tomaszewski und Urbaniec: großflächige Kompositionen mit starken Farbkontrasten und einem subtilen Witz. Unvergeßlich skurril wirken dagegen die surrealistischen Werke von Franek Starowieyski, dem »polnischen Salvador Dalí«, dessen handwerklich perfekte graphische Form mit einer schockieren-

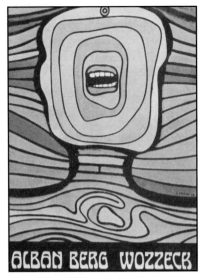 

»Polnischen Plakatschule«: Jan Lenicas »Woyzeck« und Antikriegsplakat »Nein«

den Aussage von »Eros und Thanatos« (Liebe und Tod) konstrastiert. Viele Antikriegsplakate machten Schule, das berühmteste stammt von Tadeusz Trepkowski aus dem Jahr 1952. Dieses Plakat entstand nicht im Atelier. Der Künstler schnitt in ein großes aufgespanntes Stück Stoff ein Loch in der Gestalt einer Bombe, durch das man auf die Ruinen des zerstörten Warschau blickte.

Eine wichtige Rolle spielten schon immer die politischen Plakate oder die Plakate, die soziale Probleme wie Alkoholismus und Drogensucht anprangerten.

1968 wurde das Plakatmuseum in Wilanów gegründet, in dem diese Werke gesammelt, kunsthistorisch aufgearbeitet und dokumentiert werden. Frankreich, Finnland und die Bundesrepublik Deutschland folgten dem polnischen Vorbild, so wurde 1970 in Essen ein Plakatmuseum eröffnet. Die polnische Plakatkunst verlor in den 80er Jahren durch Tod und Emigration einige ihrer besten Vertreter. Sie bekam außerdem ernstzunehmende Konkurrenz. So erlangte die finnische und japanische Plakatkunst, die modernste Computerprogramme und Techniken einsetzt, Weltruhm. Ob dies das Ende der polnischen Plakatkunst ist, bleibt abzuwarten. Die politischen Plakate der Wende 1989 stehen mit ihrem Witz und ihrer Aussagekraft immerhin noch in bester polnischer Tradition.

Zeitlose Trauer
Polnische Volkskunst

Christus, den geneigten Kopf in die Hand gestützt, zeigt einen Gesichtsausdruck zeitloser Trauer. So sieht die klassische polnische Holzskulptur aus. Polnische Volkskünstler schnitzten diesen »Christus im Elend« (Chrystus Frasobliwy), auch »Christi letzte Rast« genannt, unzählige Male, als ob diese so menschliche Gottesdarstellung ihr eigenes mühevolles Leben versinnbildlichen sollte.

»Christi letzte Rast« ist ein Lieblingsmotiv der polnischen Holzschnitzer

Oft war es die eigene Not dieser Künstler, die sie auszudrücken suchten: Einsamkeit, Fremdheit, Krankheit. Szczepan Mucha (1908-1983), einer der Volkskünstler, vermied jeden Kontakt zu den Dorfbewohnern und umgab sein Haus mit einem hohen Zaun aus phantastischen, archetypischen Gestalten, die ihn wohl vor der feindlichen Welt draußen schützen sollten.

Władysław Chajec (geb. 1919) unternahm in seinem Leben nur zwei Reisen, eine Wallfahrt nach Tschenstochau und eine Fahrt nach Auschwitz. Das dort Gesehene erschütterte ihn derartig, daß er seither nur noch ein Motiv darstellte: Hitler, der zur Strafe in ein Ungeheuer verwandelt wird.

Teofil Ociepka (1892-1978), einer der berühmtesten naiven Maler des Landes, kämpfte im Ersten Weltkrieg auf dem Balkan. Die Kriegserlebnisse, gepaart mit der üppigen Phantasie Ociepkas und der Lektüre von Groschenheftchen sowie pseudowissenschaftlicher Literatur, ließen den Künstler knallbunte, surrealistische Bilder malen. So zeigt er z.b. sagenhafte Tiere eines fremden Planeten, als ob er durch die bunten Tiere dem grauen Alltag und dem allgegenwärtigen Schmutz seiner oberschlesischen Heimat entfliehen wollte.

Der größte der nichtprofessionellen Maler Polens ist nur unter seinem Vornamen bekannt: Nikifor (1895-1968). Jahrzehntelang gehörte Nikifor untrennbar zu dem kleinen Kurort Krynica in den Karpaten. Als taubstummer Bettler versuchte er, zumeist ohne großen Erfolg, seine Aquarelle zu verkaufen, die er in die alten Schulhefte der Dorfkinder gemalt hatte. Ohne die Regeln der Perspektive zu beachten, benutzte er intuitiv die von der Ikonenmalerei bekannte Bedeutungsperspektive, d.h. die wichtigsten Personen werden am größten dargestellt, auch wenn sie im Hintergrund stehen. Sich selbst zeigt Nikifor in seinen Gemälden als Erzbischof ebenso wie als Professor auf dem Katheder. Nikifor signierte seine Bilder häufig mit Matejko, in Polen Synonym für einen großen Maler, als ob er damit sein armseliges Leben nobilitieren wollte. Ab 1959 hatte es Nikifor nicht mehr nötig, zu betteln. Auf einer Ausstellung in Paris, die ein polnischer Kunstkritiker initiiert hatte, wurde Nikifor als einer der größten naiven Maler Europas entdeckt, dem Zöllner Rousseau ebenbürtig.

Die polnische Volkskunst umfaßt nicht nur Skulptur und Malerei. Ebenso zählt dazu die charakteristische Holzarchitektur – Kirchen, Kretschame (Gaststätten), Speicher und Hütten –, die man, kunstvoll verziert, vor allem im nordöstlichen Masowien (Kurpie), in Oberschlesien, um die Hohe Tatra und im östlichen Kleinpolen findet. Die wichtigsten der insgesamt 30 polnischen Freilichtmuseen, in denen die schönsten Beispiele der Holzarchitektur auf engstem Raum versammelt sind, befinden sich in Sanok, Nowy Sącz, Zubrzyca Murowana, Opole-Bierkowice (Oppeln), Nowogród und Olsztynek (Hohenstein).

Am Anfang der Volkskunst standen die Krippenfiguren, Kinderspielzeug, Marterl oder skulptierte Bienenstöcke. Die Bauern hängten in ihren Stuben

Der berühmteste naive Maler Polens, Nikifor, stellte sich gern als Bischof dar.

gern eine lange Reihe von Bildern auf und so waren die einfachen und sehr einprägsamen Bilder der »Volksmaler« ausgesprochen beliebt. Auch die Hinterglasbilder, die seit Ende des 18. Jahrhunderts in Schlesien und in der Hohen Tatra immer in der Nähe einer Glashütte hergestellt wurden, fanden große Verbreitung. Für die Bauern, die sich Gemälde nicht leisten konnten, gab es auch noch die billigeren Holzschnitte. Die Holzschnittkünstler wanderten von einem Dorf zum anderen mit Holzmatrizen und druckten dem Käufer die Bilder direkt auf das Papier.

Die bunt bemalten Aussteuertruhen, auf denen viele Volkskünstler ihr Können zeigten, suchten ursprünglich die Renaissancemöbel des Adels zu imitieren. Aus einem ähnlichen Umfeld kommen auch die berühmten Scherenschnitte aus Łowicz. Die feinen Papiergebilde in Form von Vögeln oder Blumen dienten als Ersatz für die unerschwinglichen Spitzen, mit denen der Adel seine Häuser schmückte.

Zur polnischen Volkskunst gehören schließlich auch die buntbemalten Ostereier, die Ledererzeugnisse der Goralen, die kaschubischen Töpferwaren und die wunderschönen Volkstrachten, die die Bewohner noch heute etwa in Łowicz, in Kurpie oder in der Podhale bei Zakopane sonntags beim Kirchgang tragen. Wenn Sie nicht gerade das Glück haben, diese Produkte der Volkskunst auf einem der vielen Jahrmärkte zu sehen, müssen Sie mit den »Cepelia«-Geschäften, die es in jeder Großstadt gibt, und den Museen vorliebnehmen. Die ethnographischen Museen in Warschau und Krakau sind vermutlich die besten, das Regionalmuseum von Nowy Sącz verfügt über eine Anzahl von Nikifor Bilder. Vielleicht gelingt es Ihnen, die etwa 7.000 Skulpturen und Bilder zu sehen, die die wertvolle Sammlung von Ludwig Zimmerer umfaßt. Er kam 1956 als Journalist der »Welt« nach Warschau, war später Korrespondent der ARD und des NDR und blieb sein Leben lang in Polen. Die Kunstwerke, die im Laufe der Jahre jede freie Fläche seines Hauses füllten, drückten die tiefe Verbundenheit zu seiner Wahlheimat aus. Das Schicksal der einzigartigen Sammlung ist seit seinem Tod 1987 ungewiß; es ist nur zu hoffen, daß sie ungeteilt erhalten bleibt und der Öffentlichkeit zugänglich gemacht wird.

Auf dem Weg zum deutschen Leser
Polnische Literatur

Der deutsche Gelehrte Lorenz Mitzler von Koloff, Herausgeber der ersten wissenschaftlichen Zeitschrift in Polen, der »Warschauer Bibliothek«, schrieb 1755: »Es ist schade, daß so wenig Ausländer der polnischen Sprache mächtig sind und sich keinen Begriff von den polnischen Musen machen können. Die meisten stecken in dem Vorurteil, daß ein polnisches Gedicht nicht so schön wie ein französisches oder deutsches sein könnte (...) so versichere ich als einer, der der polnischen Sprache mächtig geworden ist, daß man im Polnischen so schön wie im Französischen oder Deutschen schreiben kann.« Bevor Sie die Sprache des östlichen Nachbarn erlernen: Beinahe alle wichtigen Werke der polnischen Literatur können Sie in Übersetzungen kennenlernen, die oft nur kurz nach der Herausgabe des Originals erschienen sind.

Fast alle deutschen Leser kennen einen polnischen Roman, obwohl nicht alle diesen Roman mit der polnischen Literatur verbinden. Es ist »Quo Vadis« von Henryk Sienkiewicz (1846-1916), der 1896 auf Polnisch veröffentlicht, schon ab 1898 in zahlreichen deutschen Übersetzungen vorlag. Die Auflagen erreichten eine Höhe, die im Vergleich mit den populärsten Werken deutscher Schriftsteller durchaus bestehen kann. Im Jahre 1905 wurde »Quo Vadis« mit dem Nobelpreis ausgezeichnet. Für die Polen ist Sienkiewicz aber vor allem der Autor der Trilogie: »Ogniem i mieczem« (1884, »Mit Feuer und Schwert«, zahlr. Übers. seit 1887), »Potop« (1886, »Die Sintflut«, sechs Übers. seit 1900) und »Pan Wołodyjowski« (1888, »Der kleine Ritter«/»Herr Wołodyjowski«, drei Übers. seit 1902). Diese Romane in der Art Walter Scotts von den siegreichen Kriegen gegen die Kosaken, Schweden und Türken sollten die Polen an ihre glanzvolle Vergangenheit erinnern und damit helfen, die Zeit der politischen Rückschläge zu überstehen. Zur patriotischen Pflichtlektüre der Polen gehört ebenfalls Sienkiewicz' Roman »Krzyżacy« (1900, »Die Kreuzritter«), der sich auf den Krieg zwischen Polen und dem Deutschen Ritterorden in den Jahren 1409-1411 bezieht. Der Vollständigkeit halber muß hier gesagt werden, daß die Literaturkritiker nicht Sienkiewicz sondern Bolesław Prus mit seinem in Deutschland wenig bekannten Roman »Lalka« (1890, »Die Puppe«, Übers. 1954) für den größten polnischen Repräsentanten der realistischen Literatur der zweiten Hälfte des 19. Jahrhunderts halten.

Für den bedeutendsten polnischen Schriftsteller aller Zeiten halten die Polen Adam Mickiewicz (1798-1855, Emigrant seit 1829), und ebenso für

Jan Kochanowski (1530-1584); Adam Mickiewicz (1798-1855)

den bekanntesten Repräsentanten der Romantik, also der Epoche, die bis zum heutigen Tag die polnische Kultur am stärksten geprägt hat. Neben Mickiewicz gehörten Juliusz Słowacki (1809-1849, Emigrant seit 1831) und Zygmunt Graf Krasiński (1812-1859) zu den drei großen »Propheten« der Romantik. Ihre gesellschaftliche Stellung als nationale Führer stand in Verbindung mit dem neuen Konzept der Literatur als Ersatz für die nicht mehr bestehenden Institutionen des öffentlichen Lebens und in der Notwendigkeit, die Literatur als Mittel im Kampf um die Unabhängigkeit zu nutzen. Mickiewicz' »Pan Tadeusz« (1834, »Herr Thaddäus«, sechs Übers. 1836-1977) gehört zur Pflichtlektüre nationaler Meisterwerke. Aus diesem Poem in zwölf Teilen sind die allgemeingültigen Vorstellungen des polnischen Nationalcharakters entstanden. In »Pan Tadeusz« wird das Bild einer Landschaft, die man für typisch polnisch hält, entworfen. Die Welt in diesem Werk ist geschaffen als eine raffinierte Kombination wirklicher Elemente der Vergangenheit, der Gegenwart und solcher, die Mickiewicz für die Zukunft entwarf, in einer außergewöhnlichen Verbindung verschiedener literarischer Gattungen. Die Handlung greift Romanmotive auf, den Streit der Nachbarn um den Besitz eines Schlosses und die konspirativen Tätigkeiten des Hauptdarstellers, der den Aufstand gegen Rußland in Litauen vor Beginn des Napoleon-Feldzuges im Jahre 1812 vorbereitet.

Zum Pflichtrepertoire des Theaters gehört ein Dramenzyklus von Mickiewicz »Dziady« (1823-1824, »Die Totenfeier«, Übers. 1833, 1887). Der wichtigste Dritte Teil hat den Prozeß gegen die polnischen Studenten in Wilna 1823-24 zum Inhalt, in dem einer der Angeklagten der Dichter selbst

Cyprian Kamil Norwid (1821-1883); Henryk Sienkiewicz (1846-1916)

war. Diese Ereignisse stehen in dem Drama nicht nur stellvertretend für die russischen Greueltaten gegen das polnische Volk, sonders sind auch als Beispiel des historischen Kampfes der Willkürherrschaft mit der Freiheit, des Guten mit dem Bösen zu verstehen.

Das Werk Cyprian Kamil Norwids (1821-1883, Emigrant seit 1842) – von Literaturkritikern für den bedeutendsten polnischen Dichter des 19. Jahrhunderts gehalten – überwand die Romantik, obwohl er andererseits ohne sie nicht denkbar wäre. Er gilt als Begründer der polnischen intellektuellen Poesie, einer Dichtung, die auf sich selbst gestellt war als eine bewußte Organisation der Sprache (der Zyklus »Vademecum«, 1866, von Rolf Fieguth 1981 übersetzt).

Obwohl das 19. Jahrhundert der politischen Situation zum Trotz die bedeutendsten Texte der polnischen Kultur hervorbrachte, geht die lebendige Tradition der gegenwärtigen polnischen Literatur viel weiter zurück. Einen ersten Höhepunkt erreichte sie in der Renaissance. Ihr wichtigster Vertreter war Jan Kochanowski (1530-1584), Autor der »Pieśni«, Lieder in der Art von Horaz und Petrarca, der »Fraszki«, Scherzgedichte und der »Treny«, ergreifende Klagegelieder, die er nach dem Tod seiner Tochter Urszula schrieb. Außerdem schrieb Kochanowski die erste polnische Tragödie »Odprawa Posłów Greckich« (1578, »Die Abweisung der griechischen Abgesandten«). Sein Werk beeinflußt bis heute die polnische Poesie, gehört zur Pflichtlektüre in den Schulen und ist die Quelle zahlreicher geflügelter Worte (Anthologie: »Jan Kochanowski – Ausgewählte Dichtungen«, Leipzig 1980).

Bruno Schulz (1892-1942); Stanisław Ignacy Witkiewicz, »Witkacy« (1885-1939)

Die Literatur des 20. Jahrhunderts eröffnet in Polen die Generation des »Jungen Polens« (auch Neoromantiker oder Modernisten genannt), so u.a. Władysław Reymont (1867-1925). Den Nobelpreis erhielt Reymont für seine Tetralogie »Chłopi« (1904-1909, »Die Bauern«, zahlr. Übers. ab 1912), eine Erzählung über die menschliche Existenz auf dem Dorf in ihrer Abhängigkeit von Natur und Zeitrhythmus. Einer seiner berühmtesten Romane ist »Ziemia obiecana« (1899, »Das Gelobte Land«, Übers. 1916, 1984), ein Panorama von Lodsch und die Geschichte des gemeinsamen Geschäftsunternehmens eines Polen, eines Deutschen und eines Juden.

Zu Beginn des 20. Jahrhunderts wirkte auch Stanisław Wyspiański (1869-1907), ein Bühnendichter und Theaterreformer. Sein wichtigstes Drama »Wesele« (1901, »Die Hochzeit«, Übers. 1977, 1992) gilt als eine der wesentlichen dichterischen Aussagen zum Thema Polen schlechthin.

Lebhaftes und dauerhaftes Interesse in der Welt erweckt das Werk von Stanisław Ignacy Witkiewicz, der unter dem Pseudonym Witkacy (1885-1939) schrieb. Dieser Denker, Maler und Wegbereiter des Theaters des Absurden (»Stücke«, Ostberlin 1982, »Verrückte Lokomotive«, 1985 Suhrkamp) wurde in zig Sprachen übersetzt. Witkacy war ebenfalls ein Autor avantgardistischer Romane, bespielsweise »Pożegnanie jesieni (1927, »Abschied vom Herbst«, Übers. 1991) oder »Nienasycenie« (1930, »Unersättlichkeit«, Übers. 1966).

Weltweite Resonanz fand das künstlerische Werk von Bruno Schulz (1892-1942), des Schriftstellers und Graphikers, der im Ghetto Drohobycz ermordet wurde (die vollständige Ausgabe seiner Werke zusammen mit

L. Czesław Miłosz (* 1911); Witold Gombrowicz (1904-1969)

dem Album seiner Zeichnungen und Graphiken hat der Hanser Verlag 1992 herausgegeben).

In einer vollständigen Ausgabe wurde in Deutschland das Werk eines weiteren polnischen Autors des 20. Jahrhunderts veröffentlicht. Witold Gombrowicz (1904-1969, seit 1939 Emigrant) zählt zu den größten Dichtern, Romanschriftstellern und Autoren von Bühnenstücken der Postmoderne. Gleichzeitig war er ein Kritiker der modernen Kultur, ein dem Existentialismus nahestehender Denker, Skeptiker und Anarchist. In seinen Worten dominiert die Parodie und ein zur Meisterschaft entwickelter Humor (»Gesammelte Werke«, 12 Bde., Hg. Rolf Fieguth und Fritz Arnold, 1983-1992, Hanser Verlag).

Nach der Anzahl ihrer Ausgaben in Deutschland zu schließen, fanden zwei Autoren eine außergewöhnliche Anerkennung. Einer von ihnen ist Stanisław Lem (geb. 1921), ein Klassiker der Science Fiction-Literatur, ein Philosoph und Literaturtheoretiker. Die Liste der übersetzten Werke des Autors von »Solaris« ist schier endlos. Er brach mit der typischen Darstellungsweise der SF-Prosa zugunsten der Groteske und der Stilisierung und artikulierte sich in einer streng wissenschaftlichen und philosophischen Terminologie.

Ebenso geschätzt ist Sławomir Mrożek (geb. 1930, Emigrant seit 1963), ein Dramatiker und Prosaschriftsteller. Sein Werk, in der Tradition der Groteske geschrieben, operiert mit kabarettistischer Komik und parodiert herkömmliche Sprachstile (»Stücke«, 3 Bände, 1963-1970, Hanser Verlag; »Gesammelte Werke«, 4 Bände, 1980-1981, Piper Verlag). Seine Dramen

»Tango«, »Der Truthanh« und »Die Emigranten« stehen auf dem Spielplan vieler deutscher Bühnen.

Bei Übersetzern und Literaturwissenschaftlern besteht ein gleichbleibendes Interesse für die Werke der polnischen Lyriker. Der bekannteste unter ihnen, Czesław Miłosz (geb. 1911, Emigrant seit 1951), kam zu internationalem Ruhm als Autor von »Zniewolony Umysł« (1952, »Verführtes Denken«, Übers. 1953 u.a.), einer gleichnishaften Erzählung über das Schicksal einiger polnischer Schriftsteller unter der Herrschaft der Kommunisten, in der die Mechanismen der Manipulation und Täuschung analysiert werden, die zum Verrat am Wort führen. Der 1980 mit dem Nobelpreis ausgezeichnete Autor vieler Gedichte und Poeme (»Gedichte 1933-1981«, Übers. 1982) sucht eine Synthese der menschlichen Erfahrung im inneren Dialog und Wortstreit, in dem er aus vielen literarischen Traditionen schöpft. Gleichzeitig bricht er mit der strengen Ordnung des Genre und bedient sich natürlicher Redewendungen der gesprochenen Sprache. Auch die Gedichte von Bolesław Leśmian (1878-1937), Tadeusz Różewicz (geb. 1921) und Zbigniew Herbert (geb. 1924) wurden übersetzt. Von dem Reichtum und der Vielfalt der gegenwärtigen polnischen Poesie geben verschiedene Anthologien eine Vorstellung, wie z.B. die von Karl Dedecius, dem prominentesten Vermittler polnischer Literatur in Deutschland und dem Begründer des »Polen-Instituts« in Darmstadt, herausgegebenen Bände »Polnische Poesie des 20. Jahrhunderts« (1982) und »Ein Jahrhundert geht zu Ende. Polnische Gedichte der letzten Jahre« (1984).

Einer gewissen Popularität unter den deutschen Lesern erfreuen sich auch die Bücher vieler polnischer Prosaautoren. Unter ihnen scheint nach Jerzy Andrzejewski (1909-1983), Jarosław Iwaszkiewicz (1894-1980) und Marek Hłasko (1934-1969) in den letzten Jahren Andrzej Szczypiorski (geb. 1924) der am meisten gelesene Autor zu sein.

Die Botschaft der Bücher, wie Karl Dedecius die polnisch-deutschen literarischen Wechselbeziehungen definierte, dauert an. »Bücher polnischer Autoren«, schrieb Marcel Reich-Ranicki 1963, »werden (...) meist gelobt, mitunter überschwenglich gerühmt. Aber sie werden wenig verkauft. Man begegnet dieser Literatur oft mit Sympathie und mit Interesse. Aber man liest sie kaum.« Doch gibt die Zahl der Übersetzungen und die Höhe der Auflagen polnischer Bücher in letzter Zeit Anlaß zu der Hoffnung, daß der exklusive Leserkreis polnischer Literatur sich jetzt ausweitet.

Waldemar Klemm

Wer kennt Henryk Mikołaj Górecki?
Polnische Musik ist mehr als Chopin

Die ganze Welt kennt einen polnischen Komponisten: Frédéric Chopin. Aber – muß ergänzt werden – damit ist die große Mehrheit auch schon am Ende ihres Wissens. Nur die Musikfreunde können darüber hinaus Krzysztof Penderecki oder Witold Lutosławski nennen, sie kennen auch den Begriff »polnische Musikschule«. Vor allem in den USA sind außerdem die polnischen Jazzmusiker und -musikerinnen berühmt: Adam Makowicz, Michał Urbaniak, Urszula Dudziak, Zbigniew Namysłowski u.a. Alte polnische Musik, etwa aus der Renaissance oder dem Barock, ist weniger bekannt, nicht aus Mangel an Qualität. Es fehlen vielmehr gute Aufnahmen und die heute alles entscheidende Werbung.

Frédéric Chopin (1810-1849) gebührt zweifellos zurecht der Ruf, der Größte zu sein. Zum einem wegen seiner musikalischen Genialität, zum anderen weil Chopin im übertragenen Sinne zum kulturellen Botschafter Polens wurde, gerade zu einem Zeitpunkt, als dieser Staat von der Karte Europas ausradiert wurde. Ein berühmtes Plakat zum Chopin-Wettbewerb in Warschau aus den 50er Jahren zeigt inmitten einer polnischen Flachlandschaft, gesäumt von Trauer- und Kopfweiden, ein Klavier – die wohl elementarste Assoziation eines Polen zum Klang einer Masurka. Aber auch andere Stimmungen und Stile vermittelt Chopins Musik: die düsteren Töne der Nokturnen oder der Balladen stehen neben den leichten Pariser Klängen seiner Walzer. Immerhin verbrachte Chopin sein halbes Leben in Paris. Sodann ist da der Komponist als Bahnbrecher; Chopins letzte Nokturnen sind wie eine Vorahnung des Impressionismus in der Musik.

Diesen impressionistischen Stil griff Karol Szymanowski (1882-1937) auf, der als zweitgrößter polnischer Komponist bekannt ist. Seine Anfänge liegen in der Neuromantik. Erst spät findet er zu seiner eigenen Version des Impressionismus und kurz vor seinem Tod zu einem eigenen Stil, in dem er nationale Elemente verarbeitet. In seiner IV. Symphonie oder dem Ballett »Harnasie« stützt er sich, anders als Chopin, der sich an der Volksmusik Zentralpolens orientierte, auf die Musik der Goralen aus den Karpaten.

Stanisław Moniuszko (1819-1872), der Schöpfer der polnischen Nationaloper, z.B. »Halka« und »Straszny Dwór« (»Das Gespensterschloß«), der oft mit Bedrzich Smetana verglichen wird, ist leider sehr wenig bekannt. 1992 wurde zum ersten Mal ein Internationaler Moniuszko-Wettbewerb in Warschau abgehalten; eine Chance diesem verkannten Komponisten weltweit zu Ruhm zu verhelfen. Zwei weitere Musiker des 19. und Anfang des

Urszula Dudziak und Michał Urbaniak, zwei Namen, die jeder Jazzfan kennt

20. Jahrhunderts sollen hier noch erwähnt werden: Mieczysław Karłowicz (1876-1909), der sich in den symphonischen Dichtungen realisierte, sowie Ignacy Jan Paderewski (1860-1941), ein v.a. in den USA gefeierter Pianist und Komponist. Er beging »Verrat« an der Musik und wurde Politiker. Die Selbstverständlichkeit, mit der Polen nach über einhundert Jahren der Nicht-Existenz im Bewußtsein Frankreichs, Englands und der USA wiedererstehen konnte, geht nicht zuletzt auf Paderewskis musikalischen Ruhm zurück. 1919 wurde er zum zweiten Premierminister der neuen Republik Polen gewählt.

International bekannt wird die polnische Musik erneut nach 1956, als die Zügel der Zensur gelockert wurden. Krzysztof Penderecki (geb. 1933) taucht 1957 wie ein Stern am Himmel aus dem Nichts auf. Auf einem anonym abgehaltenen Wettbewerb für Komponisten gewinnt er die drei Hauptpreise. Der weltweite Ruhm Pendereckis geht auf seine unkonventionellen Methoden zurück, mit den Instrumenten umzugehen: neu sind die Töne, neu ist die Art, sie hervorzubringen, anders ist sogar die Partitur. In seinen Musikstücken, zu deren Aufführung große Orchester notwendig sind, greift er religiöse Themen auf, so seine »Lukas-Passion«, »Dies irae«, »Utrenia« – eine Provokation für den militant-atheistischen Staat. Die Werke von Witold Lutosławski (geb. 1913) – eine Synthese aus Moderne und Klassik – sind so charakteristisch, daß sie ihm sofort zuzuordnen sind. Strenge, beinahe mathematisch errechnete Kompositionen entstehen seit den 50er Jahren, allerdings zunächst nur für die Schublade. Der Staat erlaubt Lutosławski nur, sich mit der Volksmusik zu beschäftigen. Erst nach 1960 wird er ent-

Chopin und Penderecki, Meister der Klassik und der modernen Musik

deckt und erfreut sich weltweit großer Popularität. Auf einmalige Art versteht er, die Strenge der Form mit großen Gefühlen zu verbinden und schafft bewegende Musikstücke (»Trauermusik in memoriam Bela Bartók«).

Ein erst später Ruhm ist auch dem dritten Vertreter der »polnischen Musikschule« zuteil geworden, Henryk Mikołaj Górecki (geb. 1933). 1992 gehörte die Dritte Symphonie von Górecki in Großbritannien und den USA zu den meistverkauften Platten klassischer Musik überhaupt. 1993 sind die melancholischen Klänge dieser Symphonie auch in Deutschland auf dem Vormarsch.

Einen würdigen Rahmen für die neue polnische Musik bietet das alljährlich im September in Warschau stattfindende Festival »Warschauer Herbst« (»Warszawska Jesień«). Für die Freunde der Jazzmusik bietet sich jeden Oktober das Warschauer »Jazz Jamboree Festival« an. Der große Chopin-Wettbewerb findet allerdings nur alle fünf Jahre statt – das nächste Mal 1995. Die gotischen Kirchen und Barocksäle der Universität in Breslau bieten jedes Jahr im September den herrlichen Rahmen für das Festival alter Chormusik, »Wratislavia Cantans«. Musiker aus aller Welt kommen dann auf der Suche nach neuen Inspirationen nach Breslau. So entdeckte vor kurzem das berühmte »Hillyard Ensemble« Bartłomiej Pękiel (gest. 1670), den barocken Kapellmeister des Krakauer Waweldoms und Schöpfer wundervoller Oratorien und Messen. Die polnische Musik bietet also viel mehr als nur Chopin und es gibt sicherlich noch weitere verborgene Schätze zu entdecken.

Dorota Szwarcman (übersetzt von Tomasz Torbus)

Avantgarde und Klassiker
Das polnische Theater

Was charakterisiert das polnische Theater? Es ist bunt und vielfältig. Es bietet ein breitgefächertes Angebot, das von der polnischen Klassik des 19. Jahrhunderts über das naturalistische Drama bis zu den Groteskenvorstellungen des 20. Jahrhunderts reicht. Auch im Theater waren die Polen schon immer für Anregungen aus dem Westen offen. Aber auch nach Osten auf das große russische Drama des 19. Jahrhunderts richtete sich ihr Interesse. Von aufwendig inszenierten Theatervorstellungen mit einer großen Schauspieler- und Statistentruppe bis zu Kammerstücken mit nur einem einzigen Schauspieler – ein Genre, das in keinem anderen europäischen Land so häufig aufgeführt wird, – findet sich hier alles. Immerhin gibt es Theater in Polen schon seit 500 Jahren. Am Hof des Warschauer Ujazdów-Schlosses wurde 1578 das erste neuzeitliche polnische Drama uraufgeführt (»Die Abweisung der griechischen Gesandten« von Jan Kochanowski).

Nicht nur das klassische Drama und die Komödie bestimmen das Repertoire polnischer Bühnen, in neuester Zeit ist das Musical hinzugekommen. Auf einer Musicalbühne begannen mehrere Schauspieler ihre Karriere, die erst sehr viel später im Film einem breiten Publikum bekannt wurden, wie z.B. Krystyna Janda, Daniel Olbryski oder Wojciech Pszoniak.

Fast alle großen Regisseure Polens begannen ihre Karriere mit Inszenierungen des klassischen nationalen Dramas, also mit den Dramen der drei großen Romantiker Adam Mickiewicz, Juliusz Słowacki und Zygmunt Krasiński. Das nationale Drama war darüber hinaus Seismograph politischer Stimmungen. So hat beispielsweise das Spielverbot von Mickiewicz' Stück »Die Totenfeier« unter dem absurden Vorwurf antisozialistische und antirussische Tendenzen zu fördern, mit zum Ausbruch der Studentenrevolte von 1968 beigetragen. Das klassische polnische Theater stellt metaphorisch das Schicksal des Landes dar und bietet seinen Interpreten reichhaltig Inszenierungsmöglichkeiten.

Gehen Sie selbst ins Theater, am besten in Warschau, wo Sie unter 23 Bühnen wählen können. Den besten Ruf genießen gegenwärtig das »Teatr Powszechny« und das »Teatr Współczesny«. Eine Besonderheit von hohem Niveau stellt das »Jüdische Theater«, das »Teatr Żydowski«, dar. Dort wird auf Jiddisch gespielt. Die Zuhörer können die Simultanübersetzung per Kopfhörer verfolgen. Die vielleicht solideste und zugleich konventionellste Theaterbühne Polens ist das »Alte Theater« (»Teatr Stary«) in Krakau. Andrzej Wajdas Inszenierungen der Romane von Dostojewski brachten

»Wielopole, Wielopole« von Kantor, bekanntes experimentelles Theater

dem Theater weit über die Grenzen Polens hinaus großen Ruhm ein. Hervorragende Schauspieler wie Stuhr, Radziwiłowicz und Nowicki trugen das Ihre dazu bei.

Aber nicht nur die Theatertradition wird in Polen gepflegt, man ist auch auf der Suche nach neuen, experimentellen Ausdrucksmöglichkeiten des Theaters. Weltberühmt machte Jerzy Grotowski (geb.1933), der heute in den USA lebt, die polnische Avantgarde mit seinem Breslauer »Armutstheater« (»Teatr Ubogi«), in dem die Ausdrucksfähigkeit des Körpers im Mittelpunkt stand und zur Perfektion gebracht wurde.

Der zweite Große des modernen Theaters ist Tadeusz Kantor (1915-1991) aus Krakau mit seinem »Cricot« Theater. In dem sogenannten »Todestheater« beschwört er seine Kindheit in diesem geschundenen Teil Europas. Mit steigender Spannung ziehen Puppen am Publikum vorbei, die stellvertretend für den verstorbenen Nächsten jedes einzelnen stehen, historische Bilder, Gegenstände, begleitet von Tonfetzen. Stücke wie »Die tote Klasse« (»Zmarła klasa«), »Wielopole, Wielopole« oder »Die Künstler sollen krepieren!« (»Niech sczszną artyści«) waren eher als Verwirklichungen einer Vision denn als Bühnenstück zu bezeichnen – für die internationale Theaterwelt bedeutsam waren sie allemal.

Die Avantgarde ist aber nicht tot. In Gardzienice, einem kleinen Dorf bei Lublin, befindet sich das Theater von Włodzimierz Staniewski, das in einem 14 Jahre andauernden Kampf entstanden ist. Es schöpft aus der Kultur des Dorfes, die jedoch nicht in einem rein folkloristischen Sinne verstanden sein will. »Das Theater der Erde« (»Teatr Ziemi«), auch »Etno-Oratorium« genannt, sucht nach einer Antwort auf die Frage nach der Quelle bäuerlicher Stärke, Kontinuität und der Symbiose mit der Natur. Die Musik hinterlegt dieses Spektakel nicht nur, sondern ist vielmehr der Rhythmus, dem das Stück untergeordnet ist. Assoziationen zu mittelalterlichen Mysterienspielen liegen nahe.

Noch schwieriger zu beschreiben ist die »Szena Plastyczna« von Leszek Mądzik in der Katholischen Universität (KUL) Lublin. Die nur halbstündigen Aufführungen mit wenigen Schauspielern führen ein kleines Publikum in Bereiche des zutiefst Menschlichen: Sehnsucht, Leid, Einsamkeit und Tod. Das Publikum wird ganz von einer fremden Vision eingenommen. Meisterhaft wird hier das Handwerk beherrscht: in einem unwirklichen Zeitlupentempo bewegen sich haarlose Gestalten, Figuren, Masken, von sphärischen Klängen unterlegt, Stoffe, Kästen... Auch das Licht ist Teil der Vision, ab- und aufblendend, einmal bunt, im nächsten Augenblick wieder schwarz. Es wird eine Welt geschaffen, die von halbdunklen träumerischen Phantasmen bis zu überweltlicher Leuchtkraft reicht. Dazu kommt die Tonkulisse. Was man auch immer davon hält, diese Vorstellung wird einen auf keinen Fall unberührt lassen.

Obwohl beim jährlichen Theatertreffen (»Warszawskie Spotkania Teatralne«), dem Festival der besten Vorstellungen des Jahres, das Anstehen nach Eintrittskarten zu einer Tagesunternehmung mit Schlafsack und Isomatte wird, haben die anspruchsvollen, nicht-professionellen Bühnen Polens mit großen finanziellen Schwierigkeiten zu kämpfen.

So gibt es jetzt auch komerzielles Theater, das um die Gunst des Publikums nicht zu kämpfen braucht, z.B. das Musical »Metro« (Regie: Janusz Józefowicz) in dem Warschauer »Dramatyczny«-Theater. Die Mißerfolge, die das Stück auf dem Broadway zu verzeichnen hatte, halten hunderte von polnischen Fans jedoch nicht davon ab, jeden Abend dabei zu sein. Die technisch ausgesprochen aufwendige Inszenierung mit spektakulären Licht- und Lasereffekten in Verbindung mit einer eher banalen Geschichte ist symptomatisch für das neue Polen als eine seichte Nachahmung des Westens. Die schauspielerische Leistung und die Choreographie machen das Stück aber trotzdem sehenswert und niemand wird sich langweilen.

Zurück zu den anspruchsvollen Bühnen: sie versuchen zu überleben. Die immer bescheidener ausfallenden staatlichen Zuschüsse zwingen die Bühnen zum Sparen und führen in die Versuchung, mit leichter Unterhaltungsware die Theaterkasse zu füllen. Glücklicherweise kommt dies in guten Theatern selten vor. Man versucht eher diese für die polnische Kultur allgemein schweren Zeiten zu überdauern, in der Hoffnung, daß es irgendwie und irgendwann einmal besser sein wird.

Elżbieta Kisielewska (übersetzt von Tomasz Torbus)

Von Wajda bis Kieślowski
Kino international

Das polnische Kino gibt es selbstverständlich nicht erst seit dem »Tauwetter« von 1956, dann aber erst wird es international bekannt. Drei Absolventen der Filmhochschule in Łódź (Lodsch), Andrzej Munk, Jerzy Kawalerowicz und Andrzej Wajda, begründeten den Ruf der später als »Polnische Filmschule« bekannten Richtung. Wajdas Film »Asche und Diamant« (»Popiół i diament«, 1958) nach dem gleichnamigen Buch von Tadeusz Konwicki veranschaulicht beispielhaft, wie weit sich dieser Film von den noch kurz zuvor herrschenden stalinistischen Dogmen bereits entfernt hatte. Der Protagonist des Films, Maciek Chełmiński, von dem »polnischen James Dean« Zbyszek Cybulski gespielt, ist ein ehemaliger Heimatarmist, der dem Aufbau des Sozialismus nicht nur skeptisch gegenübersteht, sondern sogar versucht, gegen ihn anzukämpfen. Er irrt »natürlich« und wird, damit die Geschichte ihren vorprogrammierten Gang gehen kann, am Ende des Films getötet. Allein die Wahl einer solchen Person, die die Tragik einer ganzen Generation verkörpert, zum Protagonisten war höchst ungewöhnlich. Eine wahre Revolution bedeutete es, ihn als einen Mann zu charakterisieren, der sich der Sympathie der Zuschauer sicher sein konnte.

Auch Andrzej Munk rechnet in seinen Filmen mit so manchen Gesellschaftsmythen und nationalen Heiligtümern ab. So wird beispielsweise in »Eroica« (1958) oder in dem »Schielenden Glück« (»Zezowate szczęście«, 1961) der in der NS-Besetzungszeit geleistete Widerstand ohne das zuvor obligatorische Pathos gezeigt, mit den Augen derjenigen, die oft durch Zufall zum Helden wurden, bzw. nur ungewollt zu solchen stilisiert wurden.

Setzte sich die polnische Filmschule also aus lauter Oppositionellen und Dissidenten zusammen? Sicher nicht. Da der Staat das Filmmonopol besaß, konnten die Filmemacher nur verschlüsselt ihren Unmut über die nicht akzeptierte Realität äußern. In den Anspielungen auf die mißliche Lage liegt der Schlüssel zum Verständnis der Literatur der polnischen Nachkriegsgeschichte, der Theaterstücke und erst recht des Kinos, des Mediums, mit dem das größte Publikum angesprochen wird. Eine kritische Andeutung mußte so verpackt sein, daß der allmächtige Zensor sie nicht begriff und sie so seiner Schere entgehen konnte. Das kundige Publikum dagegen erkannte die Bezüge sofort. Gerade die verschlüsselte Kritik machte die Popularität eines Filmes aus. Der typische Kinogänger suchte in den Filmen aufmerksam nach den vom Zensor veranlaßten Schnitten und erklärte die Schlußszene, die gewöhnlich das im Film thematisierte Problem verniedlich-

»Der Mann aus Marmor« von Wajda: die betrogene Arbeiterklasse im »Arbeiterstaat«

te, als Kompromiß des Künstlers an seinen Mäzen, den Staat. Ein gutes Beispiel dafür, wie ein Film die sozialistische Realität in einer Metapher wiedergibt, ist der 1977 gedrehte Film »Wie soll man leben?« (»Jak żyć?«) von Marcel Łoziński. Ein Sommerlager für Jungvermählte steht hier stellvertretend für das ganze Land. Die jungen Paare sollen an einem Wettbewerb, der mit einem hohen Preis dotiert ist, teilnehmen. Um die verschiedenen Disziplinen zu gewinnen, entwickelt sich ein regelrechtes Denunziantentum. Die Provokation wird zum Alltag, anders Handelnde bzw. Paare, die lieber allein sein wollen, werden zu Sündenböcken. Am Ende kommt es sogar zu einer Hexenjagd. In der Schlußszene warten die stolzen Gewinner auf den großen Preis... nur leider wird die versprochene Waschmaschine gar nicht geliefert. Obwohl in dem Film kein einziges politisches Statement fällt, durfte er nach langem Hin und Her nur in einem Warschauer Kino während der »Solidarność«-Zeit 1981 gezeigt werden. Noch schlimmer ist es dem Vorbild Łozińskis, der legendären »Seereise« (»Rejs«) von Marek Piwowski ergangen. 1970 gedreht, kam der Film erst vier Jahre später und entscheidend verändert ins Kino. Das Ausflugsschiff, ein Mikrokosmos Polens, durfte – wie in der Schlußszene bereits gedreht – nicht sinken.

Die 60er Jahre werden von den Filmen Roman Polańskis, des Absolventen der Lodscher Filmschule, bestimmt. 1958 drehte Polański seinen berühmten Kurzfilm »Zwei Menschen und ein Schrank« (»Dwaj ludzie z szafą«). In einer surrealistischen Parabel des menschlichen Lebens tauchen zwei Personen mit einem schweren Schrank aus der See auf, gehen in eine Stadt und verschwinden in der Schlußszene wieder im Meer. Der letzte in Polen hergestellte Film Polańskis, »Das Messer im Wasser« (»Nóż w wodzie«, 1962), ist ein erotischer Psycho-Thriller. Ein Funktionärsehepaar nimmt auf ihrem privaten Segelboot einen Tramper mit, um ihm zu imponieren und um sich die eigene Langeweile zu vertreiben. Zwischen den beiden Männern entwickelt sich eine enorme Rivalität. Neu ist hier, daß alle Personen ausgesprochen unsympathisch dargestellt werden, es gibt keine positive Figur. Der Film nimmt mit seiner unheimlichen Atmosphäre, die durch die hervorragende Jazzmusik von Krzysztof Komeda noch verstärkt wird, die späteren Horrorfilme Polańskis voraus. Der von dem damaligen Ersten Parteisekretär Władysław Gomułka als »belanglos« bezeichnete Film war der letzte, den Polański in Polen drehte. In der Emigration suchten auch andere Regisseure ihre künstlerische Erfüllung, neben Jerzy Skolimowski auch die Meister des Zeichentrickfilms Walerian Borowczyk und der für seinen »Tango« mit dem Oscar ausgezeichnete Zbigniew Rybczyński.

Ab 1977 kommt es zu der zweiten fruchtbaren Periode im Filmschaffen Polens. In der späten »Gierek-Phase« (1970-1980), als sich in weiten Bevölkerungsteilen Unzufriedenheit breitmacht, übernimmt das sogenannte »Kino der moralischen Unruhe« (»Kino niepokoju moralnego«) die Rolle des Kritikers, der die gesellschaftlichen und politischen Mißstände schonungslos aufzeigt. Den Anfang machte Andrzej Wajda 1976 mit dem wahrscheinlich mutigsten Film dieser Art, »Der Mann aus Marmor« (»Człowiek z marmuru«. Nur ein Regisseur, der auch schon vorher einen Namen hatte, konnte eine derartige Abrechnung mit dem System wagen. Es ist die Geschichte Birkuts, eines Arbeiters aus Nowa Huta, der zum »Helden der Arbeit« stilisiert wird. Sein Erkenntnisprozeß setzt ein, als er bei einem öffentlichen Maurerwettbewerb – es gilt 1000% der Arbeitsnorm zu erreichen – von einem Kollegen mutwillig verletzt wird. Er kann diesen Haß genausowenig verstehen wie das Verschwinden seines Freundes in dem Gebäude des Sicherheitsdienstes. In tiefer Verzweiflung zerschmettert er volltrunken eine Scheibe der Polizeiwache. Als angeblicher Umstürzler des Systems und vermeintliches Mitglied einer Terroristengruppe wird er daraufhin verurteilt, nach 1956 freigelassen, rehabilitiert und wiederum, dieses Mal als Opfer des Stalinismus, gefeiert ... Eine junge Filmstudentin will in der 70er Jahren über ihn ihre Diplomarbeit drehen. Warum sie den Film letztendlich nicht drehen darf, wird erst in der Schlußszene klar. Sie trifft in einer Werft in Gdynia Birkuts Sohn und wird von diesem kurz darüber informiert, daß sein Vater tot sei. Das abrupte Ende – die vorgesehene Schlußszene durfte Wajda nicht drehen – war für jeden Polen verständlich. In der Werft von Gdynia kam es 1970 zu einem blutigen Massaker an den Arbeitern. Auch Birkut war unter den Opfern. Mit diesem Hinweis bekam der Film eine allgemeine Aussage: er zeigt die Geschichte der Arbeiterklasse in einem Staat der Arbeiter, in dem sie betrogen und ausgenutzt, am Ende keine andere Alternative sehen als gegen den Staat auf die Straße zu gehen. 1980 dreht Wajda den zweiten Teil des Filmes »Der Mann aus Eisen«, in dem Birkuts Sohn den Kampf in der »Solidarność« fortsetzt.

Die anderen Filme dieser Periode handeln oft von einem einsamen gerechten Kämpfer in einer bösen Welt der Bürokraten und korrupten Parteifunktionäre. Die folgende, freilich unvollständige Aufzählung dieser Filme gibt gleichzeitig einen Überblick über die wichtigsten Regisseure dieser Ära: »Der Rädelsführer« (»Wodzirej«, 1978) von Feliks Falk, »Die Provinzschauspieler« (»Aktorzy prowincjonalni«, 1978) von Agnieszka Holland, »Selbstverteidigung« (»Kung-Fu«, 1979) von Janusz Kijowski, »Pardon, wird hier geprügelt?« (»Przepraszam, czy tu biją«, 1976) von Marek Piwowski und schließlich »Die Tarnfarben« (»Barwy ochronne«, 1977) des schon vorher international bekannten Krzysztof Zanussi.

Das Kriegsrecht 1981 wirkte sich lähmend auf die Filmproduktion aus. Die Zensur wurde verstärkt, viele Künstler boykottierten alle staatlichen Produktionen, sie emigrierten oder arbeiteten als Taxifahrer. Der erschütternde Film »Das Verhör« (»Przesłuchanie« von Ryszard Bugajski über den stalinistischen Terror in Polen wurde noch vor dem Kriegsrecht gedreht. Die einzige Kopie, die der Zensur entging, konnte 1988 aus Polen herausgeschmuggelt und auf dem Filmfestival in Cannes gezeigt werden, worauf Krystyna Janda mit dem Grand Prix für die beste Hauptrolle ausgezeichnet wurde. Seit dem Kriegsrecht drehten viele polnische Regisseure im Ausland, man denke nur an Wajdas »Danton« (1983) mit Gerard Depardieu.

Ende der 80er Jahre ist Krzysztof Kieślowski in der Bundesrepublik Deutschland mit seinem Zyklus »Dekalog« bekannt geworden. In zehn jeweils einstündigen Filmen, die in deutscher Coproduktion entstanden, wird die Bedeutung der zehn christlichen Gebote in der modernen Gesellschaft untersucht. In Polen machte sich Kieślowski einen Namen als Regisseur hervorragender Dokumentarfilme (z.B. »Vom Standpunkt eines Nachtwächters«/»Z punktu widzenia nocnego portiera«/, 1977). Auch seine ersten Spielfilme hatten eine große Resonanz (»Der Filmamateur«/»Amator«, 1979, »Zufall«/»Przypadek«, 1982, »Ohne Ende«/»Bez końca«/, 1984). Zwei der Dekaloge wurden auf Spielfilmlänge erweitert, und so entstanden »Ein kurzer Film über die Liebe« (»Krótki film o miłości«, 1988) und »Ein kurzer Film über das Töten« (»Krótki film o zabijaniu«, 1987). Vor allem letzterer, ein leidenschaftliches Plädoyer gegen die Todesstrafe, wurde begeistert aufgenommen und bekam den ersten Europäischen Filmpreis bei der Berlinale 1988.

Es scheint zuweilen so, als ob mit dem Ende der staatlichen Aufsicht über die Filmindustrie auch das Ende des polnischen Kinos gekommen sei. Der verhaßte Zensor ist verschwunden, mit ihm aber auch die gesellschaftliche Funktion, die das polnische Kino fast 50 Jahre lang ausgeübt hatte. Bevor es auf den letzten Systemwechsel kritisch reagieren kann, wird sicherlich noch einige Zeit vergehen.

Überall leben Polen
Zweihundert Jahre Emigration

In Chicago wohnen mehr Polen als in Warschau. Die Nachkommen der polnischen Emigranten zählen dort ca. zwei Millionen. Mit Rücksicht auf die 6-8 Millionen potentiellen Wähler polnischer Abstammung, deren Polentum sich allerdings oftmals auf ihre Vorliebe für fette Krakauer Würste und den »Pilsudski«-Senf beschränkt, muß jeder US-amerikanische Präsident wenigstens einmal in seiner Amtszeit nach Polen reisen. So unterschiedlich der Zeitpunkt und die Motive für die Auswanderung nach Amerika waren, so unterschiedlich ist diese in den Vereinigten Staaten ansässige »Polonia«. Viele von ihnen waren Bauern, die auf der Suche nach Brot Ende des 19. Jahrhunderts aus Galizien auswanderten. Sie lebten oftmals in selbstgeschaffenen Ghettos und sprachen ihr Leben lang nur gebrochen englisch. Nur sehr wenigen war eine glanzvolle Karriere beschert, wie z.b. Zbigniew Brzeziński, der unter Carter zu einem der einflußreichsten Männer der USA wurde.

Die polnischen Emigranten in Großbritannien berufen sich gern auf einen Großen unter ihnen: Joseph Conrad. Als Józef Korzeniowski (1857-1924) erlebte er zusammen mit seinen patriotischen Eltern die sibirische Verbannung. Erst mit 21 Jahren heuerte er, auf der Suche nach der weiten Welt, auf einem englischen Schiff an. Mit 37 begann er zu schreiben, um einer der größten Roman-Schriftsteller zu werden. Romane wie »Lord Jim«, »Kern der Dunkelheit« (nach dem Coppola seinen Film »Apocalypse Now« drehte), »Die Schattenlinie« und andere gehören zur Weltliteratur. Sein klassisches Schriftenglisch stand in krassem Gegensatz zu seinem harten polnischen Akzent, den er sein Leben lang nicht verlor. Sein polnisches Erbe konnte auch der andere große Wahlengländer und Mitbegründer der englischen Ethnologie und Feldforschung, Bronisław Malinowski (1884-1942), nicht loswerden. Nachdem Malinowski jahrelang kaum Kontakte zu Polen hatte, wurde er 1942 zum ehrenamtlichen Vorsitzenden der amerikanischen »Polonia« gewählt. Diese Wahl bewegte ihn derartig, daß er noch in der gleichen Nacht an einem Herzinfarkt starb.

Wirklich bedeutsam als neue Heimstätte für das polnische Heer und die Exilregierung wurde London nach 1940. Nach der Potsdamer Konferenz 1945 um ihre politische Bedeutung gebracht, verkümmerte die Londoner Regierung im Laufe der Jahre immer stärker zu einer anachronistisch wirkenden Ansammlung altmodisch korrekt gekleideter Herren mit tadellosen Manieren. Eine rechtmäßige Fortführung dieser Regierung wurde erst 1990

Ohne polnische Arbeiter ist der Aufbau des Ruhrgebiets undenkbar

in Kraft gesetzt, als in einem feierlichen Akt die Machtinsignien an den seit der Vorkriegszeit erstmalig demokratisch gewählten Präsidenten Polens Lech Wałęsa übergeben wurden.

Die große polnische – wie einige meinen unerwiderte – Liebe zu Frankreich geht zum großen Teil auf das 19. Jahrhundert zurück. Die sogenannte Große Emigration zog nach der Niederschlagung des Novemberaufstandes 1831 nach Paris. Ihre berühmtesten Vertreter waren Adam Mickiewicz und Frédéric Chopin. Wenn auch die politischen Hoffnungen oftmals unerfüllt blieben – an das französische »Mourir pour Dantzig, non!« von 1939 erinnern sich noch viele mit Schaudern –, blieb Frankreich in den letzten 150 Jahren doch das Land, das polnische Künstler, Wissenschaftler und die politische Elite zu ihrer Wahlheimat erklärten. Als Feind Deutschlands war Frankreich automatisch Polens Verbündeter. Außerdem meinten die Polen, im französischen Lebensstil und einer gewissen »Laisser faire-Einstellung« Parallelen zu ihrem eigenen Charakter zu entdecken. Nach Paris gingen Maria Skłodowska (1867-1934), die der Nachwelt als Madame Curie bekannt ist, der Kubist Ludwik Markus, der sich Louis Marcoussis (1878-1941) nannte, und Alexandre F.J. Walewski Colonna (1810-1868), das uneheliche Kind von Napoleon Bonaparte und Maria Walewska, der in Polen aufwuchs und es in Frankreich zum Außenminister brachte. Auch Wilhelm Kostrowicki, bekannt als Guillaume Appollinaire (1880-1918) und Michel Poniatowski (geb. 1922), Staatsminister unter Giscard d'Estaing, stammten aus

Emigranten: Bronisław Malinowski, Vater der ethnologischen Feldforschung

Familien polnischer Emigranten. Einer der 600.000 in Frankreich lebenden Polen ist auch Roman Polański. In seinem Film »Der Mieter« zeichnet er ein allerdings eher düster-makaberes Bild eines in Paris lebenden polnischen Emigranten, der zum Schluß Selbstmord begeht.

Deutschland dagegen war nie ein Land, in das die polnische Elite gerne auswanderte, teils aus historischen Gründen, teils da die Polen hier nicht immer sonderlich willkommen waren. Es gab allerdings Ausnahmen. So fühlten sich die Maler des 19. Jahrhunderts, z.B. Józef Brandt (1841-1915) oder Aleksander Gierymski (1850-1901), in München recht wohl und fanden dort ein anregendes künstlerisches Umfeld. Aber vor allem waren es einfache polnische Arbeiter, die nach Deutschland gingen, hauptsächlich in das Ruhrgebiet, dessen Industrie ohne den gewaltigen Anteil an polnischen Arbeitskräften kaum so schnell hätte aufgebaut werden können. In Dortmund und Essen beispielsweise findet man sehr häufig die heimatnahe Namensendung »ski«. Die Situation änderte sich 1980-1981, als eine große Welle polnischer Emigranten – rund eine Million Menschen wanderte damals aus – zu etwa 50% die Bundesrepublik Deutschland ansteuerte. Am Anfang fanden diese polnischen Flüchtlinge eines realsozialistischen Systems wohlwollende Aufnahme. Ob als sogenannte Spätaussiedler (viele von ihnen fühlten sich innerlich sicher eher als Polen denn als Deutsche) durch das Asylrecht geschützt oder nicht, arbeiten und leben sie seit Jahren in der Bundesrepublik. Als Musiker, Restauratoren, Wissenschaftler, Schriftsteller und auch als Fußballspieler oder Pornostars wurde nur ein kleiner Prozentsatz von ihnen bekannt. Viel größer ist die Zahl der Geschäftsleute. Zweifelsohne finden sie nicht das erträumte Schlaraffenland vor, dennoch gewährt Deutschland einigen von ihnen das, was sie Erfolg nennen. Allein in Hamburg – so errechnete die polnische Zeitschrift »Wprost« 1992 – verfügen die dreizehn reichsten polnischen Geschäftsleute insgesamt über ein Kapital von 1,2 Milliarden DM.

Damit ist die Geschichte der polnischen Emigration freilich nicht beendet. Polen lebten und leben fast überall auf der Welt, so auch in Polonezköy bei Istanbul, wo sie 1850 siedelten und womöglich immer noch auf das warten, was sie dorthin verschlagen hat: auf den erträumten Krieg aller Nationen gegen Rußland. Polnische Emigranten entdeckten Gebirgsketten in Australien und Südamerika, der Ingenieur Ernest Malinowski (1808-1899) entwarf die höchste Eisenbahnlinie der Welt von Lima über die Anden, ein gewisser Maurycy Beniowski (1746-1786) brachte es sogar, nachdem er ein Schiff gekapert hatte und aus Sibirien geflüchtet war, bis zum Kaiser von Madagaskar. Die politischen Voraussetzungen dieser großen Weltwanderung gibt es nicht mehr. Seit dreihundert Jahren ist Polen zum ersten Mal demokratisch, unabhängig und ohne Bedrohung von außen. Dennoch gehen die Emigranten aus verschiedenen Gründen nicht wieder in ihre Heimat zurück. Viele haben nach anfänglichen Schwierigkeiten inzwischen Wurzeln geschlagen, ihre Kinder gehen in der Wahlheimat in die Schule. Viele haben auch Angst, in der alten Heimat als Versager ausgelacht zu werden und dem Vorwurf ausgesetzt zu sein, sie seien nicht da gewesen, als ein »anständiger Pole« die Kommune habe bekämpfen müssen. Und auch die wirtschaftlichen Vorteile in dem neuen Land sind nicht leicht aufzugeben. Schließlich ist eine Wohnung in Warschau heute doppelt so teuer wie in Brooklyn. Jede Emigration, alleine schon der Entschluß dazu, ist wie ein Riß im Herzen, bedeutet eine Bürde, die man sein Leben lang nicht mehr verliert. Jede Emigration ist in gewisser Weise eine Tragödie. Ein Alptraum, den jeder Emigrant irgendwann einmal hat, drückt diese Erfahrung aus: man träumt, man käme nach Polen zurück und ginge spazieren. Plötzlich wird man von der Panik gepackt, man könne nicht wieder in seine neue Heimat zurück... und wacht schweißgebadet auf.

Andrzej Jacyna beschreibt diesen Zwiespalt einfühlsam in seinem Essay »One-way Ticket« (1992 in der Zeitschrift »Polityka« erschienen). Der arme Kandidat für die Reemigration ahnt, daß er in seinen Gefühlen in der alten Heimat allein sein wird, unverstanden, womöglich belächelt. So kauft er kein Rückfahrticket nach Polen, sondern fährt mit der S-Bahn zu seinem Landsmann, um bei einer Flasche Wodka zu diskutieren. Über Polen natürlich.

Ein Held für eine Million Złoty
Exkurs zu den Großen der Nation

Aufgrund der galoppierenden Inflation von 1988-1989 verlassen Sie die Wechselstube mit einem dicken Bündel Banknoten, einige davon mit einer unüberschaubaren Anzahl von Nullen. Die Denominierung, also das Streichen der Nullen, ist zwar längst geplant, wird aber vermutlich noch einige Jahre auf sich warten lassen. Solange dies noch nicht der Fall ist, bieten die Banknoten eine hervorragende Gelegenheit, die nationalen Helden des Landes kennenzulernen. Die Wahl der »Banknotenhelden« zeugt auch von den Veränderungen, die das Land in den letzten vier Jahren erfahren hat. Je größer die Note, desto später ist sie gedruckt und desto geringer die Chance, daß der abgebildete Nationalheld eine Identifikationsfigur der Kommunisten war.

Natürlich lassen sich hier nicht alle Helden aufzählen. Nicht näher ausgeführt bleibt z.b. der 100-Złoty-Held Ludwik Waryński (1856-1889), ein Revolutionär, der sagte: »Es gibt eine Nation, die unglücklicher ist als die polnische Nation: das ist die Nation des Proletariats«; ebenso der 200-Złoty-Held, Jarosław Dąbrowski (1836-1871), der als letzter Führer der Pariser Kommune auf dem Friedhof Père Lachaise erschossen wurde. Es folgen der 2000-Złoty-Schein mit den ersten historischen Herrschern Polens, Mieszko I. (reg. 966-992) und dem König Boleslaw dem Tapferen (Chrobry; reg. 992-1025) und der 50.000-Złoty-Schein mit dem »ersten Kapitalisten« und dem Förderer der Industrialisierung des Landes, Stanisław Staszic (1755-1826). Desweiteren findet sich der Begründer der polnischen Nationaloper, Stanisław Moniuszko (100.000-Złoty-Schein; 1819-1872), sowie zwei Literatur-Nobelpreisträger: der mit seinem unsteten Wanderleben an Mark Twain erinnernde Władysław Reymont (500.000-Złoty-Schein; 1867-1925, »Die Bauern«), sowie der Verfasser des weltberühmten Romans »Quo Vadis«, Henryk Sienkiewicz (1.000.000-Złoty-Schein; 1846-1916). Zu den Personen, die ein Durchschnittspole zusätzlich zu seinen Leitfiguren rechnen würde, sollte man noch König Jan III. Sobieski (1629-1696), der die Türken 1683 bei Wien schlug, Adam Mickiewicz (1798-1855), den polnischen Dichter schlechthin, Marschall Józef Piłsudski (1867-1935) ... und den derzeitigen Papst Johannes Paul II. zählen.

Den General mit Kampfnamen »Walter«, Karol Świerczewski (1897-1947), verewigte Hemingway in seinem Roman »Wem die Stunde schlägt«. Nachdem Świerczewski als republikanischer General gegen Franco gekämpft hatte, organisierte er ab 1943 die polnischen Kampfverbände in der

Sowjetunion, die später zusammen mit der Roten Armee kämpften. Er wurde 1947 in Bieszczady, nach offizieller Verlautbarung von der UPA (»Ukrainische Aufständische Armee«), in einem Hinterhalt getötet. Man vermutete später, die Mörder hätten Verbindungen zum sowjetischen NKWD gehabt. Wie vor kurzem bekannt wurde, unterzeichnete Świerczewski die Todesurteile mehrerer nichtkommunistischer Untergrundkämpfer, der Heimatarmisten. In Warschau steht heute nur noch ein leerer Sockel; Świerczewskis Porträt prankt noch auf einer 50-Złoty-Note, für die man inzwischen allerdings nichts mehr bekommt.

Vom 500-Złoty-Schein blickt der polnische Nationalheld par excellence, Tadeusz Kościuszko (1746-1817). Er lebte 1775-1883 in den Vereinigten Staaten, wo er sich als General in den Unabhängigkeitskriegen verdient gemacht hatte. 1792 kämpfte Kościuszko gegen die Russen, später (1794) organisierte er den nach ihm benannten Aufstand. Kościuszko erkannte die tragende Rolle der Bauern im Nationalkampf und versprach ihnen die Befreiung von der Leibeigenschaft. Eine Truppe aus Bauern, die mit ihren erhobenen Sensen zum Kampf bereit waren, stand ihm zur Verfügung. Nach der Niederlage von Maciejowice geriet Kościuszko in russische Kriegsgefangenschaft, konnte seinen Lebensabend dann aber in Ruhe in der Schweiz verbringen. Nach Kościuszko wurden viele Städte in den USA sowie der höchste Berg Australiens benannt. Ein Australier wird Ihnen auf die Frage, woher der merkwürdige Name dieses Berges, Mount Kosciusko, kommt, mit aller Überzeugungskraft antworten, das sei ein Begriff der Aborigines.

Den 1000-Złoty-Schein ziert Nikolaus Kopernikus, alias Mikołaj Kopernik (1473-1543). Der geniale Astronom konnte als erster beweisen, daß das ptolemäische Weltsystem, demzufolge die Erde im Mittelpunkt der Welt steht, falsch ist. Da seine Aussage der Lehre der Bibel widersprach, wurde Kopernikus 1543 erstmals erschienenes Hauptwerk »De revolutionibus orbium coelestium« (»Über die Umdrehungen der Himmelskörper«) auf die Liste der vom Vatikan verbotenen Bücher gesetzt und erst 1822 wieder daraus gestrichen (s. S. 249). Seit dem 19. Jahrhundert entflammt immer wieder aufs Neue eine heftige Diskussion um die Frage, ob es sich bei Kopernikus, diesem Sohn eines Krakauer Kaufmanns, der später nach Thorn (Toruń) übersiedelte, um einen ethnischen Polen oder einen Deutschen handelt. Kopernikus schrieb Latein, zwei Briefe sind auf deutsch verfaßt. Er verbrachte den Großteil seines Lebens in den zu der polnischen Krone gehörenden Gebieten von Westpreußen und Ermland, in denen deutsch die vorherrschende Sprache war. In Deutschland ist Kopernikus jedoch nie längere Zeit gewesen. Als loyaler polnischer Staatsbürger half er mit, die Burg Allenstein zur Verteidigung gegen die Söldner des Deutschen Ordens vorzubereiten. »Er setzte die Erde in Bewegung, hielt die Sonne an und kommt aus dem Polen-Stamm« singen schon die Jüngsten in den Kindergärten Polens. So ist es klar, warum oftmals eine Diskussion über den Zweifel an seiner ethnischen Zugehörigkeit eher vermieden werden sollte. Sie wird als Angriff auf eines der größten polnischen Nationalheiligtümer gewertet.

Der weltberühmte Komponist Frédéric Chopin, bzw. Fryderyk Chopin (1810-1849) auf dem 5.000-Złoty-Schein ist die polnische Exportware Nummer eins. Auch wenn der Vater ein polonisierter Franzose war und Chopin die zweite Hälfte seines Lebens in Paris verbracht hat, ist seine Musik ohne Polen nicht denkbar. Als »Wunderkind« komponierte er seine ersten Polonaisen im zarten Alter von sechs Jahren, eines seiner berühmtesten Werke, die Revolutionsetüde Opus 61 allerdings erst 1831, als Reaktion auf die blutige Niederschlagung des polnischen Novemberaufstandes. In seinem gesamten Oeuvre klingt die polnische Volksmusik an, die Krakowiaks, Oberken und vor allem die berühmten Mazurken. »Was würde aus uns werden, wenn es dich nicht gäbe, Fryderyk!« faßt ein populäres Lied die Rolle Chopins als nationale Identifikationsfigur zusammen.

Hinter einem verspielten Blumenfries aus jugendstilhaft verschlungenen Ranken lächelt Stanisław Wyspiański (1869-1907) vom 10.000-Złoty-Schein. Das Genie der Jahrhundertwende war gleichzeitig Maler, Dichter, Dramaschriftsteller, Theaterreformer und gestaltete unvergeßliche Glasfenster. All dies mit beängstigender Eile, da er sich offensichtlich seiner knapp bemessenen Zeit bewußt war. Er starb 1907 im Alter von 38 Jahren. Japanische Holzschnitte, die Nabis und Paul Gauguin, mit dem Wyspiański in Paris ein Atelier und zeitweise eine javanesische Freundin teilte – letzterer verdankte er angeblich die tödliche Krankheit –, übten einen großen Einfluß auf seine Kunst aus. In dem Nationaldrama Wyspiańskis, »Die Hochzeit« (»Wesele«), rechnet er mit der unreifen polnischen Gesellschaft ab. Zu einem gemeinsamen Handeln nicht fähig, verwandeln sich die Menschen in Strohpuppen, die ihren gespenstischen Reigen über die Jahrhunderte immer wiederholen. Den meisten Polen ist Wyspiański aber nicht durch seine verschlüsselten, komplexen Dramen bekannt, sondern durch die leicht süßlichen, beinahe kitschigen Pastellzeichnungen seiner Kinder.

Den 20.000-Złoty-Schein ziert Madame Curie, eigentlich Maria Skłodowska (1867-1934). Sie stammt aus der Warschauer Altstadt und heiratete 1895 den französischen Physiker Pierre Curie, mit dem sie fortan in Paris lebte. 1898 entdeckten die beiden Forscher die radioaktiven Elemente Radium und Polonium, letzteres benannte Marie Curie nach ihrer Heimat. Zusammen mit Becquerel erhielt das Ehepaar 1903 den Nobelpreis für Physik und 1911 den Nobelpreis für Chemie für die Erforschung der Radioaktivität. Marie Curie gilt – nicht zuletzt durch den Lebensbericht, den ihre Tochter Eva schrieb – als leuchtendes Beispiel einer intelligenten, emanzipierten und selbstbewußten Frau.

Von Mieszko I. bis Lech Wałęsa
Die Geschichte Polens im Überblick

Die Zeit der Piasten
966 – Mieszko I. (960-992), Begründer der Piasten-Dynastie, gründet den polnischen Staat um Posen herum und tritt zum Christentum über.
1000 – Gründung des Erzbistums Gnesen (Gniezno).
1025 – Boleslaw I. der Tapfere (Chrobry) wird zum ersten König Polens gekrönt.
1138-1320 – Nach dem Tod von Boleslaw III. dem Schiefmund (Krzywousty) Zerfall des Staates in Teilfürstentümer und innere Machtkämpfe.
1333-1370 – König Kasimir III. der Große (Kazimierz Wielki) konsolidiert den Staat, dehnt ihn nach Osten hin aus (Lemberg/Lwów) und betreibt einen intensiven Landausbau (»Er fand das Land in Holz vor und hinterließ es in Stein«).

Die Zeit der Jagiellonen
1386 – Königin Hedwig von Anjou (Jadwiga Andewadeńska) heiratet den litauischen Großfürsten Jagiello, der nach ihrem Tod als Wladislaw II. Jagiello (lat. Ladislaus, poln. Władysław) zum Gründer des polnisch-litauischen Doppelreiches als kommende Großmacht mit dem größten Territorium Europas wird.
1410 – Schlacht bei Tannenberg/Grunwald: der Deutsche Orden erleidet seine erste vernichtende Niederlage gegen Polen-Litauen in einer der größten Schlachten des Mittelalters.
1466 – Zweiter Thorner Frieden: nach dem »Dreizehnjährigen Krieg« (auch »Städtekrieg« genannt) muß der geschwächte Deutsche Orden einen großen Teil seines Territoriums mit Marienburg an Polen abtreten.
1506-1572 – Das »Goldene Zeitalter«. Das polnisch-litauische multinationale Doppelreich erlebt unter den letzten Jagiellonen Sigismund I. dem Alten (Zygmunt Stary) und Sigismund II. August seine größte Machtfülle. Blüte von Handel, Kunst und Literatur. Entwicklung zur Adelsrepublik und Schwächung der königlichen Zentralmacht.
1569 – Union von Lublin: Polen und Litauen bilden »einen unteilbaren Leib«.

Die Zeit der Wahlkönige
1573 – Die erste freie Königswahl durch die Generalversammlung des Adels (10% der Bevölkerung des Landes).

Der zweitgrößte Staat Europas: Polen im 18. Jahrhundert

1648 – Der Kosakenaufstand in der Ukraine erschüttert die außenpolitische Machtstellung Polens. Durch das 1652 erstmals praktizierte »Liberum Veto« (Ungültigkeit eines Sejm-Beschlusses bei nur einer Gegenstimme) wird das Parlament weitgehend handlungsunfähig.

1655-1667 – Erster Nordischer Krieg gegen Schweden und Rußland. Danach muß Polen Gebietsverluste hinnehmen (Lettland, Smolensk, Kiew; Ostpreußen befreit sich vom polnischen Lehnsverhältnis). Ende der Vormachtstellung im Osten Europas.

1683 – König Jan III. Sobieski, Oberbefehlshaber der deutsch-österreichisch-polnischen Truppen, schlägt die Türken bei Wien

1697-1763 – Die Regierungszeit der Sachsenkönige August II. der Starke (Mocny) und August III. Polen wird unter russischer Vorherrschaft zum Spielball fremder Mächte.

1791 – Verfassung vom 3. Mai: Unter dem Schockerlebnis der Ersten Teilung (1772) verstärkt König Stanisław II. August Poniatowski seine Bemühungen um die Reform des Staates, die in der Verabschiedung der ersten geschriebenen Verfassung Europas gipfelten.

1793 – Zweite Teilung Polens: Rußland und Preußen gehen mit Militärgewalt gegen die Reformer vor und verleiben sich weitere Teile Polens ein.

1794-1795 – Der Aufstand von Tadeusz Kościuszko gegen Rußland und Preußen endet mit einer Niederlage; in der Dritten Teilung Polens wird auch das restliche Polen geteilt und verschwindet als unabhängiger Staat für 123 Jahre von der politischen Landkarte.

Die Zeit der Teilungen
1807-1813 – Das Herzogtum Warschau unter napoleonischer Herrschaft.
1815-1830 – Das sogenannte »Kongreß-Polen«: in Folge des Wiener Kongresses wird ein an Rußland angeschlossenes Königreich Polen gebildet.
1830-1831 – Der sogenannte »Novemberaufstand« gegen die russische Herrschaft wird niedergeschlagen. In der Folge Abkehr von einer relativ liberalen Politik Rußlands, Beginn der Russifizierung
1863-1864 – Der sogenannte »Januaraufstand« wird von Rußland blutig niedergeschlagen.
1864-1914 – Abkehr vom bewaffneten Widerstand und »kultureller Kampf« gegen die verstärkte Russifizierung und Germanisierung im russischen und preußischen, bzw. deutschen Teilungsbereich.
1867-1914 – Galizien im österreichischen Teilungsbereich genießt weitgehende politische und kulturelle Autonomie.

Allegorie auf Polens Erste Teilung: Katharina II., Joseph II., König Stanisław II. August Poniatowski und Friedrich II.

Der Mythos eines Diktators: Józef Piłsudski

Kaum eine Figur der polnischen Geschichte wird so sehr verehrt wie der 1867 in Litauen geborene Józef Piłsudski. An der Person Piłsudskis scheiden sich aber auch immer noch die Geister, da der »Kommandant« oder »Großvater« (Dziadek), wie man Piłsudski auch nennt, neben großen Verdiensten für den polnischen Staat auch düstere Seiten seines Charakters zeigte.

Piłsudski war in seiner Jugend Sozialist, stieg aber, wie er sich auszudrücken pflegte, aus dieser roten Straßenbahn bei der Haltestelle »Unabhängigkeit« aus. Vielleicht erklärt sein Abfall sowie die Scham darüber, daß die Kommunisten selbst noch seinen Staatsstreich 1926 unterstützt hatten, auch, warum das kommunistische Polen der Nachkriegszeit ihn später unbedingt vergessen wollte. Piłsudski verließ 1908 die Polnische Sozialistische Partei, der auch Rosa Luxemburg angehörte, und gründete die Revolutionäre Fraktion, die für die Unabhängigkeit Polens kämpfte. Im Ersten Weltkrieg setzte er seine ganze Hoffnung auf die Mittelmächte und setzte damit seine Popularität beim Volk aufs Spiel. Er handelte aus der Überzeugung heraus – die durch seine Herkunft und das unmittelbare Erlebnis der Verbannung in Sibirien noch bekräftigt worden war –, daß Rußland auf längere Sicht ein schlimmerer Feind Polens sei als

Deutschland. Als es 1917 zwischen Deutschland und Piłsudskis Militärverbänden zum Bruch kam, wurde Piłsudski auf der Festung Magdeburg inhaftiert. Wieder auf freiem Fuß, wurde er zum ersten sogenannten Vorläufigen Staatschef der Republik Polen ernannt, die er in einer Föderation zwischen Polen, Litauen und der Ukraine zu verwirklichen suchte. Daß er dabei scheiterte – Polen wurde weder ein nationaler Staat noch eine Bundesrepublik sondern nur eine unglückliche Mischung dieser beiden Staatskonzeptionen –, war vermutlich die größte Niederlage seines Lebens. 1920 gelang es Piłsudski, die Rote Armee kurz vor Warschau vernichtend zu schlagen. Dieser polnische Gegenangriff, der genau Mariä Himmelfahrt (15. August) erfolgte, wurde von Piłsudskis Feinden – und davon gab es genügend – später als »Wunder an der Weichsel« bezeichnet. Damit sollte angedeutet werden, daß für den Sieg die Macht des Himmels, das Können des französischen Generals Weygand oder sonst irgendjemand verantwortlich waren, auf keinen Fall jedoch der Marschall. Kurze Zeit später zog sich Piłsudski aus dem politischen Leben zurück.

Sein »Comeback« erfolgte im Mai 1926. In großer Sorge um sein Land, in dem eine Regierung die andere ablöste, und von dem polnischen Parlamentarismus nur angeekelt, putschte Piłsudski und setzte eine neue Regierung ein. Bis zu seinem Tod 1935 übte er als eine Art graue Eminenz entscheidenden Einfluß auf die Politik Polens aus. Er regierte autoritär, ließ schon mal die Abgeordneten einsperren oder der Opposition einen Schauprozeß machen. Seine sogenannte »moralische Diktatur« hatte allerdings kaum nationalistische Züge. Kein anderer polnischer Staatsmann hatte eine derart kritische Einstellung zur eigenen Nation wie er. Erst nach seinem Tode verschlechterte sich z.B. die Lage der nationalen Minderheiten in Polen. Piłsudski gab auch seinem Abscheu über Hitler offen Ausdruck und schlug den Franzosen 1933 einen Präventivkrieg gegen das neue Deutschland Hitlers vor. Als diese jedoch ablehnten, schloß er mit Hitler 1934 einen Nichtangriffspakt. Er war also eindeutig ein Realpolitiker. Als Piłsudski 1935 starb und neben den Königen im Waweldom von Krakau beigesetzt wurde, trauerten Millionen, von der Vorahnung geängstigt, daß es keinen Nachfolger von Rang geben würde und daß seine Epigonen die sich anbahnende nationale Katastrophe keinesfalls aufhalten könnten, sondern sie vielmehr auch noch beschleunigen würden.

Das markante Gesicht Piłsudskis mit dem langen Schnurrbart ist heute überall gegenwärtig. Darin drückt sich gewiß nicht nur ein Nachholbedarf aus, denn die Kommunisten hatten versucht, den Marschall totzuschweigen. Es scheint vielmehr, daß der Piłsudski-Mythos eine tiefere Wurzel in der polnischen Psyche hat. Als ob man einen neuen Piłsudski erwartete, der entschlossen alle diese – wie der Mann von der Straße meint – Pseudopolitiker, Betrüger, Verräter, Anhänger einer der unzähligen Parteien, kurzum alle Repräsentanten einer unfähigen Demokratie, zum Teufel jagen würde. Die Gefahren, die in einem solchen Traum liegen, erkennen nur wenige.

Die Zweite Republik Polen

11.11.1918 – Józef Piłsudski stellt sich an die Spitze der Republik Polen, die nach der Niederlage aller drei Teilungsmächte im Ersten Weltkrieg wiedererstehen kann.

1919-1920 – Krieg mit der Sowjetunion (Abwehr der Roten Armee vor Warschau, August 1920 in dem sogenannten »Wunder an der Weichsel«).
21.10.1921 – Teilung Oberschlesiens nach dem sogenannten Dritten Schlesischen Aufstand.
16.12.1922 – Der eine Woche zuvor gewählte Präsident Gabriel Narutowicz wird von einem nationalistischen Fanatiker erschossen. Die wirtschaftlichen Erfolge (Stabilisierung der Währung, Bau von Gdynia etc.) gehen zusammen mit häufig wechselnden Regierungen.
12.5.1926 – Der »Mai-Putsch« von Marschall Piłsudski, der danach ein autoritäres Regime einsetzt.
23.8.1939 – In dem Hitler-Stalin-Pakt wird die »vierte Teilung« Polens vereinbart.

Der Zweite Weltkrieg
1.9.1939 – Einmarsch der deutschen Wehrmacht in Polen.
17.9.1939 – Einmarsch der Roten Armee in Polen.
27.9.1939 – Nach einer fast dreiwöchigen Belagerung kapituliert Warschau, bis zum 5.10. erlischt jeglicher Widerstand der polnischen Armeeverbände. Gemäß den Abmachungen im Hitler-Stalin-Pakt wird Polen in eine deutsche und eine sowjetische Hälfte geteilt. Im südöstlichen Bereich des deutsch besetzten Teiles Errichtung des »Generalgouvernements« mit Sitz in Krakau. Dort sollten die Polen (nach Plänen von Heinrich Himmler) den Deutschen als Sklavenvolk dienen.

Der Warschauer Aufstand kapitulierte nach 63 Tagen vor der Waffen-SS

19.4.1943 – Beginn des Warschauer Ghetto-Aufstandes, der von der SS niedergeschlagen wird (300.000 Warschauer Juden werden während der Nazi-Zeit getötet).
1.8.1944 – Angesichts der nahenden Roten Armee beginnt die der Londoner Exilregierung untergeordnete Heimatarmee (Armia Krajowa) den Warschauer Aufstand, erhält jedoch keine sowjetische Hilfe. Der Aufstand wird bis zum 2.10. v.a. von der Waffen-SS niedergeschlagen (ca. 200.000 Tote, meist Zivilisten). Anschließend wird Warschau systematisch zerstört.

Die Volksrepublik Polen
2.8.1945 – Als ein Ergebnis der Potsdamer Konferenz wird die Westverschiebung Polens beschlossen. Polen verliert 20% seines Vorkriegsterritoriums und als Folge des Krieges über 6 Millionen seiner Staatsbürger.
1947/48 – Nach der Flucht des Oppositionspolitikers Stanisław Mikołajczyk und der Bildung der Vereinigten Polnischen Arbeiterpartei wird in Polen ein stalinistisches Regime gebildet.
1956 – Nach Unruhen in Posen übernimmt Władysław Gomułka die Parteiführung. Ende des Stalinismus in Polen. Die begonnene Zwangskollektivierung der Landwirtschaft wird rückgängig gemacht.
1968 – Studentenunruhen. Der Machtkampf innerhalb der kommunistischen Arbeiterpartei führt zu Maßnahmen des Geheimdienstes gegen Intellektuelle und Menschen jüdischer Abstammung.
Dezember 1970 – Nach blutig niedergeschlagenen Demonstrationen an der

1. Mai im kommunistischen Polen: festgefahrene Zeremonien

Ostseeküste tritt Gomułka zurück. Sein Nachfolger Edward Gierek bemüht sich mit westlicher Kredithilfe um eine wirtschaftliche Modernisierung des Landes. Nach anfänglichen Erfolgen gerät das Land in eine neue Krise, die im Juni 1976 zu Unruhen führt.
1976 – Entstehung der sogenannten Demokratischen Opposition u.a. des Komitees zur Verteidigung der Arbeiter (KOR).
31.8.1980 – Die Streiks von Werftarbeitern in Danzig führen zum »Danziger Abkommen«, in dem die Gründung der unabhängigen Gewerkschaft »Solidarność« von der Regierung gebilligt wird. In den nächsten Monaten treten fast 10 Millionen Arbeiter der von Lech Wałęsa geführtren »Solidarność« bei. Von Streiks begleitete Machtprobe zwischen der Regierung (Erster Parteisekretär wird nach Gierek Stanisław Kania und ab Oktober 1981 Wojciech Jaruzelski) und der »Solidarność«.
13.12.1981 – General Jaruzelski verhängt das Kriegsrecht über Polen und verbietet die »Solidarność«. In den folgenden Jahren durchlebt das Land eine tiefe wirtschaftliche und gesellschaftliche Depression.
1988 – Streiks im Mai und August.
Februar-April 1989 – Verhandlungen der Regierung mit der Opposition am »Runden Tisch«.
4.6.1989 – Nach den am »Runden Tisch« vereinbarten »35% demokratischen« Wahlen erringt die Fraktion der »Solidarność« alle demokratisch zu wählenden Sitze im Sejm und zieht ins Parlament ein.
24.8.1989 – Tadeusz Mazowiecki wird vom Sejm als erster nichtkommunistischer Ministerpräsident Polens in der Nachkriegszeit bestätigt.

Dritte Republik Polen
1.1.1990 – Nachdem die Staatsform »Volksrepublik« formell abgeschafft ist, billigt der Sejm Gesetzesvorlagen, damit die Wirtschaftsreform in Kraft treten kann. In Folge dieser nach dem Finanzminister Leszek Balcerowicz genannten Finanzreform wird die galoppierende Inflation gestoppt und die Konvertabilität des Złoty auf dem Binnenmarkt erreicht.
Oktober und Dezember 1990 – Präsidentenwahlen, nach denen der Gewerkschaftsführer Lech Wałęsa als Sieger den Platz von General Jaruzelski einnimmt; neue Regierung unter Jan Krzysztof Bielecki.
Dez. 1991 – Juni 1992 – Nach den Parlamentswahlen ziehen in den Sejm 29 Parteien ein. Bildung der neuen Regierung von Jan Olszewski. Nach seiner Absetzung, die durch eine Geheimakten-Affäre entscheidend beschleunigt wird, ein einmonatiges Zwischenspiel mit der Minderheitsregierung des postkommunistischen Bauernparteiführers Waldemar Pawlak.
Juli 1992 – Koalitionsregierung Hanna Suchocka (Demokratische Union).
Mai 1993. Mißtrauensvotum des Sejm gegen die Suchocka-Regierung führt zu seiner Auflösung durch den Präsidenten. Neuwahlen im September.

Christofer Herrmann/Tomasz Torbus

Die Verhaftung: 13. Dezember 1981

Kriegsrecht: der Staat setzte den Polizeiapparat gegen das Volk ein.

Vor Mitternacht, als ich mich mit Ewa über den tendenziösen Kommentar unterhielt, mit dem das Fernsehen meine Rede auf dem Kulturkongreß versehen hatte, ertönte kurz die Türklingel. Draußen standen zwei Zivilisten und ein Funktionär der Verkehrsmiliz. Sie fragten, ob sie eintreten dürfen. Das war sehr höflich. Sie verhielten sich leise und zurückhaltend. Ein junger Mann mit Bart in wasserdichter Jacke und Rollkragenpullover zeigte mir ein amtliches Papier, den Internierungsbefehl. Ich dachte, sie nähmen mich jetzt einfach fest, und ging, um mir warme lange Unterhosen anzuziehen. Einer der Zivilisten folgte mir diskret in die Wohnung. Der zweite teilte Ewa mit, die Sache werde sich schnell aufklären. Alles lief schweigend ab, fast ohne Worte, wie der Einbruch in einem eleganten Hotel.

Als sie mich zum Auto führten, sagte ich, ich hätte meine Zigaretten vergessen. Der Zivilist mit dem Bart antwortete, er gehe gern mit mir zurück. Noch einmal küßte ich Ewa. Dann gingen wir wieder auf dem Bürgersteig am Haus entlang, ich setzte meine Füße so, daß ich in meine Spuren von vorhin traf. Schon im Auto auf der Fahrt durch die schlafende, verschneite Stadt fragte ich den Zivilisten, was denn vorgefallen sei. »Seit Mitternacht haben wir Kriegszustand«, antwortete er. Ich blickte auf die Uhr. Drei Minuten vor zwölf. Ich sagte, da hätten sie sich sehr beeilt. Er sah auf seine Uhr und schüttelte den Kopf. »Ihre Uhr geht falsch«, sagte er mitleidig, »Und wir werden uns doch wohl nicht um die paar Minuten streiten.«

Andrzej Szczypiorski (Auszug aus: »Notiz zum Stand der Dinge«)

Tausend Jahre Feindschaft?
Das deutsch-polnische Verhältnis

Jeder polnische Jugendliche hat schon zur Genüge von den bösen Deutschen gehört; er hat das beliebte Buch »Kreuzritter« von Henryk Sienkiewicz über den Deutschen Orden gelesen, hat unzählige Kriegsfilme gesehen und schließlich von der Realität erfahren, in den Geschichten über den Großvater, den die Nationalsozialisten schon vor 50 Jahren erschossen haben und den der Enkel nie kennengelernt hat. Er kennt die Deutschen auch aus Erzählungen von dem schikanösen Zöllner der ehemaligen DDR oder aus Presseberichten über die glatzköpfigen Steinewerfer, die so alt sind wie er selbst. Über Deutschland als Kulturnation hörte der polnische Jugendliche in der Schule, wo Goethe, Schiller, Hesse oder Thomas Mann zur Pflichtlektüre gehörten; insgesamt überwiegen aber die negativen Assoziationen.

Ein vergleichbarer deutscher Jugendlicher hat bei dem Thema Polen auch eher Negatives zu berichten, allerdings wird er sich vermutlich über das Nachbarvolk viel weniger Gedanken gemacht haben als umgekehrt. Vom chaotischen Berliner Polenmarkt hat er gehört; seiner Nachbarin wurde bei einer Reise nach Polen sogar das Auto aufgebrochen. Eine der Großtanten wurde von den Polen vertrieben und erzählt darüber schreckliche Geschichten, allerdings ist sein aus Polen stammender Schulkamerad im Prinzip ganz ok. Von der Kulturnation Polen hat er nichts gehört.

Es ist also ausgesprochen schwierig, über das deutsch-polnische Verhältnis objektiv zu schreiben, weil hierbei Mythen von Tatsachen schwer zu trennen sind. Schon die Nationalität des jeweiligen Autors läßt oftmals erahnen, was er sagen wird. Das deutsch-polnische Verhältnis ist zwar nicht ganz so von Schwarz-weiß-Malerei bestimmt wie beide Seiten es mitunter behaupten, aber unproblematisch ist es keineswegs. Symptomatisch dafür ist die Tatsache, daß in 1.000 Jahren Geschichte gerade zweimal ein deutsches Staatsoberhaupt zu einem offiziellen Besuch nach Polen kam: genau im Jahre 1000 reiste Otto III. zum künftigen König Boleslaw, dem Tapferen (Chrobry). 990 Jahre später kam Richard von Weizsäcker nach Polen. Dazwischen lag nur das große Fest Kasimirs des Großen 1364 in Krakau, an dem auch der Kaiser teilnahm, und der »Besuch« Adolf Hitlers mit der Militärparade in Warschau im Oktober 1939. Muß man sich also angesichts der Kriege zwischen diesen Völkern (im 11. und 12. Jahrhundert kämpfte Polen gegen das Kaiserreich, im 14. bis 16. Jahrhundert gegen den Deutschen Orden – ganz zu schweigen von den letzten 200 Jahren) tatsächlich auf die Formel tausendjähriger Feindschaft einigen?

Es gab genügend Phasen eines friedlichen Nebeneinander, die eine derartig negative Bilanz des Zusammenlebens widerlegen. In diesem Kontext kann man sich sogar an eine erstaunliche historische Tatsache erinnern, die ganz und gar nicht zu der üblichen Schwarzmalerei paßt: die Grenze zwischen dem Königreich Polen und dem Römischen Reich Deutscher Nation (der preußische Ordensstaat gehörte nicht dazu) war wohl die stabilste in ganz Europa. Zwischen dem 14. und dem 18. Jahrhundert hatte sich ihr Verlauf kaum verändert. Sie war auch eine sehr durchlässige Grenze, in vielen polnischen Städten spielte das deutsche Bürgertum, das schon im 16. Jahrhundert vollständig polonisiert war und heute nur noch in Namen wie Miler, Szmid, Fukier oder Denhof weiterlebt, eine entscheidende Rolle. Hunderte von Wörtern zeugen vom kulturellen Einfluß dieser Bevölkerungsgruppe, vom »Pflug« bis zum »Brot«, das deutsche Wort »Laib« verwandelte sich in das polnische »chleb«. Von wenigen Ausnahmen abgesehen, waren die Menschen deutscher Zunge loyale Bürger der multinationalen polnisch-litauischen Republik. Beispielhaft ist die Haltung des vorwiegend deutschen Danzig, das sich zwischen dem 15. und 18. Jahrhundert auf die polnische Seite stellte; gegen Schweden oder Russen in gleichem Maße wie gegen die Sachsen oder Preußen, obwohl diese dieselbe Sprache sprachen. Erst im Zeitalter des Nationalismus im 19. und 20. Jahrhundert wurde der deutsche Beitrag zur Entwicklung Polens bewußt aus dem Gedächtnis verbannt. Damals entbrannten Diskussionen über die Nationalität von Personen, die – hätten sie dieses Gezänk gehört – nichts verstanden, sich aber sicher geschämt hätten, wie beispielsweise Nikolaus Kopernikus (1473-1543), der große Astronom (s. S. 76 und 249) aus Thorn.

Deutsche Danziger waren loyale Bürger der polnischen Krone

Durch die Polnischen Teilungen wurde ein Präzedenzfall dafür geschaffen, daß die Grenzen in Mittelosteuropa scheinbar problemlos geändert werden können. Das war der Beginn einer unheilvollen Entwicklung, deren Folgen wohl weit in das 20. Jahrhundert hinein zu spüren sind. Preußen war die treibende Kraft bei der Aufteilung des Landes und war die Macht, die dabei – wenn auch nicht flächenmäßig – am meisten gewann. Friedrich II., der für die »Gesellschaft von Namen, die auf -ski enden« nichts als Verachtung übrig hatte, gewann 1772 das von vielen Deutschen bewohnte Verbindungsstück zwischen Ostpreußen und dem Kernland der preußischen Krone; Rußland verlor nur an den Teilungen, da es in Polen ohnehin schon vorher mitregierte. Österreichs Haltung war eher ambivalent. »Sie weint, aber sie nimmt«, hieß es über Maria Theresia. In der Dritten Teilung 1795 fiel sogar Warschau und ein Teil von Litauen an Preußen, was Rußland erst 1815 wieder »einkassierte«.

Preußen war allerdings nicht das ganze Deutschland. Je mehr die Polen sich gegen das autoritäre System Preußens und gegen den Verbündeten Rußland wandten, desto mehr gewannen sie Sympathien im Westen und Südwesten Deutschlands und bei der dortigen liberalen Opposition. Diese Sympathiewelle erreichte ihren Höhepunkt, als nach dem Novemberaufstand von 1830-1831 die politischen Flüchtlinge dort stürmisch gefeiert wurden. Für Heinrich Heine, Bettina von Arnim oder Ludwig Uhland waren sie ein Symbol für den Kampf gegen die Reaktion; ihre literarischen Werke spiegeln diese Stimmung wider. Aber nicht einmal preußische Staatsräson und polnischer Patriotismus schlossen einander notwendigerweise

---

»An Mickiewicz«

An der Weichsel fernem Strande
Tobt ein Kampf mit Donnerschall,
Weithin über deutsche Lande
Rollt er seinen Widerhall.
Schwert und Sense, scharfen Klanges,
Dringen her zu unsern Ohren,
Und der Ruf des Schlachtgesanges:
»Noch ist Polen nicht verloren!«

Und wir horchen und wir lauschen,
Stille waltet um und um,
Nur die trägen Wellen rauschen,
Und das weite Feld ist stumm;
Nur wie Sterbender Gestöhne:
Lufthauch durch gebrochne Hallen,
Hört man dumpfe Trauertöne:
»Polen, Polen ist gefallen!«

Mitten in der stillen Feier
Wird ein Saitengriff getan.
Ha, wie schwillet diese Leier
Voller stets und mächt'ger an!
Leben schaffen solche Geister,
Dann wird Totes neu geboren;
Ja, mir bürgt des Liedes Meister:
»Noch ist Polen nicht verloren!«

Ludwig Uhland

aus: Athanasius Raczynski war ein polnischer Patriot, konnte zugleich aber preußischer Gesandter an verschiedenen europäischen Höfen sein. Ebenso gab es damals eine kulturelle Durchdringung, wie sie der heutigen Generation schwer vorstellbar ist: Henryk Dąbrowski, dessen polnische Legion unter Napoleon zu einem Mythos wurde, schrieb aus Langeweile Gedichte auf deutsch. Die Eltern von Józef Wybicki, Schöpfer der polnischen Nationalhymne (»Noch ist Polen nicht verloren, solange wir noch leben«), sprachen zu Hause deutsch. Auf ihre polnische Abstammung beriefen sich wiederum stolz Leibniz und Nietzsche, letzterer freilich eher aus Koketterie, denn aus wahrer Verwandtschaft, nur so glaubte er sich von dem verachteten Spießbürgertum absetzen zu können.

»Hau' die Polen, damit sie am Leben verzagen«, soll der Eiserne Kanzler Otto von Bismarck gesagt haben. Er gab damit dem neuen nationalistischen Ethos Deutschlands nach der Reichsgründung von 1870 Ausdruck. Vor allem in der Provinz Posen kam es zu Nationalitätskonflikten; 1848 zu einem polnischen Aufstand, ab 1871 zu verstärkten Germanisierungskampagnen (s. S. 220).

Der wiedererstandene polnische Staat bekam nach dem Ersten Weltkrieg durch den Versailler Vertrag den größten Teil Westpreußens sowie die ehemalige Provinz Posen (Großpolen). Dagegen brachten die Plebiszite in Ermland und Masuren kaum Erfolge für Polen. In Oberschlesien führten der Volksentscheid und der anschließende bewaffnete Kampf zur Teilung Oberschlesiens, ein Drittel des Gebietes mit dem größten Teil der Industrie wurde Polen zugesprochen. Diese »schreiende Ungerechtigkeit« ließ Hitlers Wunsch nach Grenzrevision auf fruchtbaren Boden fallen. Außer den Kommunisten gab es in der Weimarer Republik keine politische Partei, die die Grenze mit Polen anerkannte. Wenn auch die Hälfte der deutschen Bevölkerung aus dem nunmehr polnischen Gebiet auswanderte, blieben immer noch 1,1 Millionen Deutsche, deren mehr oder weniger berechtigte Klagen, von den Polen schikanös behandelt zu werden, Hitler eines seiner Motive zum Einmarsch in Polen lieferten. Am 3. und 4. September 1939, in den Stunden zwischen dem Abzug der polnischen Armee und dem Einzug der Wehrmacht, entlud sich der über Jahrzehnte angestaute Haß. An dem sogenannten Bromberger Blutsonntag (Bydgowska Krwawa Niedziela) wurden Hunderte von Deutschen mit dem Vorwurf, sie seien den abziehenden polnischen Soldaten in den Rücken gefallen, brutal ermordet. Die deutsche Geschichtsschreibung nennt zwischen 5.000 und 7.000 Opfer unter der deutschen Minderheit in Polen, die im August und September 1939 umgekommen seien (Ploetz' Geschichte der Weltkriege, Freiburg/ Würzburg 1981, S.101). Edwin Erich Dwinger schrieb 1940 das Buch »Der Tod in Polen«, womit er die Legende von »50.000 deutschen Opfern polnischer Barbarei« begründete. Sein Widerruf aus den 60er Jahren, in dem er sich als Objekt der Manipulation sah, kam freilich zu spät: in einem grausamen Akt der Vergel-

Der deutsche Angriff auf Polen am 1.9.1939

tung wurden 1939-1940 50.000 Polen aus Bromberg und Umgebung erschossen. Im Polen der Nachkriegszeit gehörten die pogromähnlichen Ereignisse von Bromberg zu den vielen weißen Flecken in der Geschichtsschreibung.

Der Terror, der von 1939 bis 1945 entfesselt wurde, hat in der Geschichte Polens keine Parallele, zumal er auf der vulgär-darwinistischen Rassentheorie basierte. Der eroberte polnische Staat wurde einerseits in das sowjetisch besetzte Ostpolen, andererseits in die Gebiete, die dem Reich direkt eingegliedert wurden (also die alte Provinz Posen, Westpreußen, Ost-Oberschlesien) und in das sogenannte Generalgouvernement aufgeteilt. Der Status des letzteren glich gleichsam einem »Sklavenreservat«. Der deutschen wie der polnischen Geschichtsschreibung zufolge, fielen zwischen fünf und sechs Millionen polnischer Staatsbürger dem nationalsozialistischen Terror zum Opfer, die Hälfte davon Juden. Gemäß den nationalsozialistischen Plänen sollten die Polen als »minderwertiges Volk« früher oder später ausgelöscht werden; erst nach den Juden und auf eine andere Weise, da man sonst eine »Verstimmung« bei den Nachbarvölkern befürchtete. Im Rahmen des »Generalplans Ost« wurde die Aussiedlung der Polen nach Sibirien oder Brasilien erwogen, um Platz für die einrückenden Deutschen zu machen. Im Gebiet um Zamość wurde dies sogar teilweise durchgeführt (s. S. 177). Zuerst wurden Pläne verwirklicht, die Intelligenz Polens auszulöschen, damit das »einfache Volk« leichter als Arbeitssklaven genutzt werden könne. Himmlers Schriften geben davon ein makabres Zeugnis. In Folge der sogenannten »AB-Aktion«, darunter wurde die Einlieferung der Intellek-

Eine grundsätzliche Frage...

Schon in ganz wenigen Jahren – ich stelle mir vor, in vier bis fünf Jahren – muß beispielsweise der Begriff der Kaschuben unbekannt sein, da es dann ein kaschubisches Volk nicht mehr gibt. Das trifft besonders auch für Westpreußen zu (...) Es muß in einer etwas längeren Zeit auch möglich sein, in unserem Gebiet die Volksbegriffe der Ukrainer, Goralen und Lemken verschwinden zu lassen. Dasselbe was für diese Splittervölker gesagt ist, gilt in dem entsprechend größeren Rahmen für die Polen.

Eine grundsätzliche Frage bei der Lösung aller dieser Probleme ist die Schulfrage und damit eine Frage der Sichtung und Siebung der Jugend. Für die nichtdeutsche Bevölkerung des Ostens darf es keine höhere Schule geben als eine vierklassige Volksschule. Das Ziel dieser Volksschule hat lediglich zu sein: einfaches Rechnen bis höchstens 500, Schreiben des Namens, eine Lehre, daß es ein göttliches Gebot ist, den Deutschen gehorsam zu sein und ehrlich, fleißig und brav zu sein. Lesen halte ich nicht für erforderlich. Außer dieser Schule darf es im Osten überhaupt keine Schule geben. Eltern, die ihren Kindern von vornherein eine bessere Schulbildung sowohl in der Volksschule als später auch an einer höheren Schule vermitteln wollen, müssen dazu einen Antrag bei den Höheren SS- und Polizeiführern stellen. Der Antrag wird in erster Linie danach entschieden, ob das Kind rassisch tadellos und unseren Bedingungen entsprechend ist. Erkennen wir ein solches Kind als unser Blut an, so wird den Eltern eröffnet, daß das Kind auf eine Schule nach Deutschland kommt und für die Dauer in Deutschland bleibt. Abgesehen von der Prüfung der Gesuche, die die Eltern um eine bessere Schulbildung stellen, erfolgt jährlich insgesamt bei allen sechs- bis zehnjährigen eine Siebung aller Kinder des Generalgouvernements nach blutlich Wertvollen und Nichtwertvollen. Die als wertvoll Ausgesiebten werden in der gleichen Weise behandelt (...)

Die Bevölkerung des Generalgouvernements setzt sich dann zwangsläufig (...) aus einer verbleibenden minderwertigen Bevölkerung, die noch durch die abgeschobene Bevölkerung der Ostprovinzen sowie all der Teile des Deutschen Reiches, die dieselbe rassische und menschliche Art haben, Teile zum Beispiel der Sorben und Wenden, zusammen.

Die Bevölkerung wird als führerloses Arbeitsvolk zur Verfügung stehen und Deutschland jährlich Wanderarbeiter und Arbeiter für besondere Arbeitsvorkommen – Straßen, Steinbrüche, Bauten – stellen; sie wird dabei mehr zu essen und zu leben haben als unter der polnischen Herrschaft und bei eigener Kulturlosigkeit unter der strengen, konsequenten und gerechten Leitung des deutschen Volkes berufen sein, an dessen ewigen Kulturtaten und Bauwerken mitzuarbeiten und diese, was die Menge der groben Arbeit anlangt, vielleicht erst ermöglichen.

Heinrich Himmler (aus einer Denkschrift vom Mai 1940)

tuellen in Konzentrationslager verstanden, und ähnlicher Aktionen kamen u.a. 10.000 Ärzte, 6.300 Professoren und Hochschullehrer, 5.600 Juristen, 2.600 Priester, 800 Künstler und Schriftsteller ums Leben. Der Alltag der Polen unter der NS-Besetzung war grauenvoll: unzählige plötzliche Straßenrazzien fanden statt, um die Menschen zur Zwangsarbeit ins »Reich« zu schicken. Als Vergeltung für die Aktivitäten der zahlreichen Partisanenverbände wurden ganze Dörfer niedergebrannt und deren Bewohner erschossen. Schließlich waren der Todeskampf des Warschauer Ghettos 1943 und die Massaker während des Warschauer Aufstandes 1944 die blutigen Höhepunkte. Hoch oben im königlichen Wawelschloß in Krakau schrieb der Generalgouverneur Hans Frank 1940 im »Völkischen Beobachter«: »In Prag waren zum Beispiel große rote Plakate angeschlagen, auf denen zu lesen war, daß heute sieben Tschechen erschossen worden sind. Da sagte ich mir: wenn ich für je sieben erschossene Polen ein Plakat aufhängen lassen wollte, dann würden die Wälder Polens nicht ausreichen, das Papier herzustellen für solche Plakate.«

In Teheran 1943 demonstrierte Churchill an Hand von drei Streichhölzern, wie Polen nach Westen verschoben werden sollte. Es ging darum, Stalin seine Beute, also Ostpolen, zu lassen; schließlich trüge er die größte Last des Krieges gegen Hitler. In der Frage der zukünftigen Grenzziehung Polens setzte sich Stalin damals durch. Für den Verlust von Lemberg und Wilna erhielt Polen das Land bis zur Oder und der Lausitzer Neiße sowie den Hafen Stettin. Diese Entscheidung entsprang freilich kaum einer Sympathie Stalins für Polen. Man vermutet hier eher die Überlegungen eines zynischen Spielers: bei einer so weit nach Westen vorgeschobenen Grenze könnte es nie zu einer echten Versöhnung zwischen Polen und Deutschland kommen; so würde das Land immer von sowjetischer Hilfe abhängig sein. Gewiß gab es unter einigen polnischen Politikern schon während des Zweiten Weltkriegs Gedanken an mögliche Entschädigungsforderungen. Sie verlangten einen Ausgleich für die immensen Kriegsschäden. Damit die Gefahr einer erneuten Aggression von Deutschland aus ein für allemal gebannt werde, forderten sie Ostpreußen, Oberschlesien und Danzig. Nur einige zweitrangige Londoner Politiker und die von Stalin dominierte kommunistische Regierung Polens hegten dagegen Gelüste auf Stettin oder Breslau. Wie dem auch sei, ohne es zu wollen wurde Polen zum Vollstrecker der größten deutschen Niederlage der Geschichte; dabei verlor Deutschland ein Fünftel seines Territoriums, ungefähr sechs bis sieben Millionen Menschen wurden vertrieben.

Hier stoßen wir wieder auf einen weißen Fleck in der Geschichtsschreibung Polens. Für das kommunistische Polen war die polnische Westverschiebung »die Rückkehr Polens zu den piastischen Ländern«. Danach habe die Bevölkerung Ostpreußens, Pommerns oder Schlesiens aus einer unterdrückten und zwangsgermanisierten Bevölkerung bestanden. Von Verbrechen war natürlich nicht die Rede. Eine 1969 vom Bundesarchiv erarbeitete Dokumentation nimmt zwischen 100.000 und 250.000 eines gewaltsamen Todes gestorbener Menschen östlich der Oder-Neiße-Linie, kurz nach dem Einmarsch der Roten Armee und des NKWDs an. Danach hatten an diesem

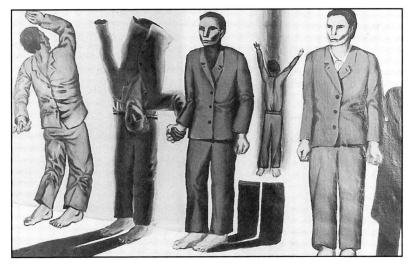

Andrzej Wroblewski »Erschießung«, (Nationalmuseum Warschau): Die deutsche Besatzung hinterließ ein tiefes Trauma in der polnischen Gesellschaft

Verbrechen ebenso plündernde und vergewaltigende polnische Banden Anteil wie Milizverbände und der polnische Sicherheitsdienst (Wolfgang Benz, in: Deutsche und Polen, München, Zürich 1992, S. 417). Unter deutschen und polnischen Historikern wird nicht mehr darüber gestritten, daß im Lager Łambinowice (Lamsdorf), einem nachgewiesen polnischen Konzentrationslager, Menschen umgebracht wurden, sondern nur noch darüber, wie hoch die Zahl der Toten ist. Die Angaben schwanken von ein paar hundert Toten bis zu 6.000 Opfern. Auf der anderen Seite sind viele der in Deutschland zu diesem Thema erschienenen Publikationen mit Vorsicht zu genießen. Oft überwiegt das moralisch zweifelhafte Bestreben, die NS-Untaten mit den Verbrechen der späteren Sieger aufzurechnen. Von zwei Millionen Toten während der Flucht und der Vertreibung aus den späteren kommunistischen Ländern ist in diesem Zusammenhang häufig die Rede. Die historisch unzulässige Differenzierung, bei der eine Million Opfer der Flucht zugerechnet werden und die zweite Million der Vertreibung, diente der Relativierung der NS-Verbrechen.

Angesichts dieser Vergangenheit ist es kaum verwunderlich, daß es lange dauerte, bis die ersten Anzeichen einer Annäherung zwischen Polen und Deutschen zu spüren waren, zumal das kommunistische Polen und ein Teil der politischen Kräfte in der Bundesrepublik keineswegs am Dialog, sondern eher am Fortbestehen der Feindbilder interessiert waren. Die DDR unterschrieb zwar 1950 einen Vertrag, in dem sie die Oder-Neiße-Grenze anerkannte, wie sehr die Feindbilder innerhalb der DDR-Gesellschaft jedoch noch präsent sind, wird seit 1989 besonders deutlich. Interessanterweise waren die unmittelbar Betroffenen – auf deutscher Seite diejenigen, die ihre Heimat verloren hatten – am ehesten zum Dialog bereit. Als Beispiel seien hier Menschen unterschiedlicher politischer Couleur genannt, so etwa Gräfin Marion Döhnhoff, Klaus von Bismarck oder Günter Grass. 1965 schrieben die polnischen Bischöfe an ihre deutschen Kollegen einen Versöhnungsbrief, in dem es hieß: »Wir verzeihen und bitten um Vergebung«. Der polnische kommunistische Staat mischte sich in diesen Dialog mit einer Hetzkampagne gegen die Kirche ein. 1970 erkannte die Bundesrepublik Deutschland die Unverletzlichkeit der polnischen Westgrenze an. Willy Brandt kniete vor dem Denkmal der Helden des Warschauer Ghettos nieder. Diesmal schalteten sich Kräfte des rechten Spektrums in der Bundesrepublik Deutschland ein und protestierten gegen diese »Erniedrigung Deutschlands«. 1989 kam es zu dem berühmten Treffen der zwei Regierungschefs, Kohl und Mazowiecki, 1990 und 1991 erfolgte dann, nach einigem Hin und Her, die Unterzeichnung des Vertrages über die Anerkennung der Westgrenze Polens und über die friedliche Zusammenarbeit.

Was die Regierungen erarbeitet haben, sollte auch von der Bevölkerung beider Länder »mit Leben gefüllt werden«, wie es in dem Vertragswerk so schön heißt. Warum diese Verständigung allerdings nur so zaghaft vorangeht, hat diverse Gründe. Wie ist beispielsweise zu erklären, daß die große Sympathie, die den Polen in Deutschland entgegengebracht wurde, so schnell in das Gegenteil umschlagen konnte? Dieses Phänomen war nach 1831, nach 1848 und zuletzt wieder nach 1982 festzustellen. Immerhin schickten kurz nach der Ausrufung des Kriegsrechts die Bundesbürger acht Millionen Hilfspakete mit Lebensmitteln, Kleidung usw. nach Polen. Heute liegen die heldenhaften Kämpfer von einst in der deutschen Popularitätsskala an vorletzter Stelle in Europa, nur die Rumänen sind noch unbeliebter. Jetzt assoziiert man die Polen mit Autoschiebern und Schwarzarbeitern. Polen wird mit der »polnischen Wirtschaft« und dem »polnischen Reichstag« in Verbindung gebracht. Viele Gründe wären hier zu nennen. Der vielleicht entscheidende Grund klingt am banalsten: das unmittelbare Erleben des anderen, der eben tatsächlich in vielem anders ist als man selbst, fördert nicht gerade die Völkerfreundschaft.

Eine These, die für manche in Sachen Völkerfreundschaft Engagierte geradezu blasphemisch klingen muß, lautet: nur solange »die Polen« ein abstrakter Begriff waren, ernteten sie Lob, Verständnis und Mitleid. Je höher die Erwartungshaltung den edlen Rittern gegenüber war, die nach der »verlorenen Schlacht« 1981 in den Westen entkamen, desto tiefer war der darauffolgende gefühlsmäßige Sturz. Nach polnischer Tradition zog es die Intelligenz nach Paris oder London. Nach Deutschland dagegen kamen viele »schräge Vögel«, die hinter dem schnellen Geld her waren, Pseudo-Revolutionäre, Revoluzzer und auch einige Geheimdienstler, deren Aufgabe es war, den Ruf der »Solidarność« zu schädigen, sei es durch ihr bloßes Auftreten oder

Der Beginn der Aussöhnung: Bundeskanzler Willy Brandt kniet 1970 vor dem Warschauer Ghetto-Denkmal nieder

durch finanzielle Skandale. Die große Mehrheit der Emigranten waren schlicht Männer, Frauen und Kinder, die in menschenwürdigeren Bedingungen leben wollten. Aber nicht sie prägten das Bild der Polen, sondern die schillernden Emigranten, die durch Affären von sich reden machten.

Die seit der deutschen Wiedervereinigung stärker ins Bewußtsein getretene gemeinsame Grenze bringt neue Probleme. Hinzu kommen die 17 Millionen Bürger aus der ehemaligen DDR, die, nicht zuletzt durch die antipolnische Propaganda von 1980-1981 aufgehetzt (Neues Deutschland: »Kein Volk kann ohne Arbeit leben!«), auf die Polen ausgesprochen schlecht zu sprechen waren. Schließlich spielen auch die nicht zu leugnenden sozialen Krankheiten Polens, die sich in der »Export-Kriminalität« widerspiegeln, eine Rolle: Auto- und Ladendiebe, Schmuggler... Und schließlich gibt es die psychischen Vorbehalte jedes einzelnen Bundesbürgers den Polen gegenüber: wie kann ich mit einem Nachbarn leben oder gar eine gemeinsame Zukunft entwerfen, der viel ärmer ist als ich und obendrein noch einen chaotischen Eindruck hinterläßt; ein Nachbar, demgegenüber ich immer ein Schuldgefühl für vergangene Greueltaten haben werde, den ich aber seinerseits auch nicht für ganz unschuldig halte?

Auch die Polen haben ihre Ressentiments und lassen keine Gelegenheit aus, diesen neue Nahrung zu geben. Die deutsche Diskussion um die Anerkennung der Grenze wurde in den polnischen Massenmedien außergewöhnlich hochgespielt. Es wurde der Eindruck erweckt, die deutschen Politiker hätten böse Absichten; als ob die polnische Regierung von den wirtschaftlich miserablen Lebensbedingungen ihrer eigenen Bewohner ablenken wollte. Geschichten von der berühmten deutschen Mentalität sind in Polen durchaus populär, angefangen bei der peniblen Überwachung des wöchentlichen Treppenputzens bis zu den scharfen Fahrkartenkontrollen, bei denen die Bahnhofausgänge von mehreren Beamten abgeriegelt werden – diese plötzlichen Aktionen erinnern viele Emigranten auf beängstigende Art an die Straßenrazzien der Warschauer Besatzungszeit. Begründet oder nicht, die Deutschen genießen in Polen den Ruf, humorlos, arrogant und ohne Zivilcourage zu sein. Unterschwellige Ängste vor dem starken Nachbarn spielen eine Rolle: gern zitiert man Churchill, man habe die Deutschen entweder zu seinen Füßen oder würgend am Halse hängen. In den Erzählungen der in Deutschland arbeitenden Polen wird tausendfach von den introvertierten, stets ernsten Deutschen erzählt, aber auch von dem Denunziantentum und der übereifrigen Genauigkeit bei der Arbeit. In diese Erzählungen mischt sich gewiß eine Portion Neid: das scheinbar reibungslose Funktionieren der deutschen Gesellschaft, der technologische Vorsprung Polen gegenüber ist dort allgemein bekannt. In den Augen eines Polen besitzen die Deutschen aber nicht nur schlechte Eigenschaften; immerhin seien sie zuverlässig, pünktlich, ehrgeizig ... manchmal wird Ehrlichkeit als charakteristische Eigenschaft hinzugefügt.

Zu diesem Deutschlandbild in Polen kommt die Einstellung zu den Bürgern der ehemaligen DDR erschwerend hinzu. Viele Warschauer erinnern sich an spontane Hilfsaktionen für die Flüchtlinge des »deutschen Herbstes 1989«, als Hunderte von DDR-Bürger in Warschau auf die Ausreise in die Bundesrepublik warteten. Zur gleichen Zeit gab es in der DDR Geschäfte mit der Aufschrift »Nur für Deutsche!«. Sicher waren damit die wie ein Heer von Heuschrecken über die Geschäfte herfallenden, alles leerkaufenden »Schmuggelpolen« gemeint, aber in dieser Form mit allen historischen Assoziationen waren solche Schilder untragbar und haben den Deutschen größeren Schaden zugefügt als vorherzusehen war. Meist traf es, wie so oft, die Unschuldigen. Hinzukommt der neue-alte Rechtsextremismus. 1992 berichtet die polnische – selten auch die deutsche – Presse jede Woche von Zwischenfällen, bei denen Polen verprügelt oder ihre Autos angezündet wurden. All dies schmerzt. Noch bedrohlicher wirkt angesichts dieser Vorfälle das Schweigen der Politiker und die Reaktion des »normalen Bürgers«, die jeglicher Humanität widerspricht: sie reicht vom Wegsehen bis zu verhaltener Zustimmung. Neben der gewalttätigen polnischen Antwort – es gibt nun auch polnische Skins, die zu offenem Kampf bereit sind – ist eine andere Entwicklung vielleicht noch beängstigender. Gerade die Polen, die ihr Land in Deutschland positiv vertreten könnten, meiden Deutschland nach der Devise: nur schnell durch, erst in Holland oder Frankreich beginnt das freundliche Europa. Hoffentlich helfen die vielen »Lichterketten« und andere Zeichen guten Willens, diese Entscheidung zu überdenken und Deutschland nicht aus ihren Reiseplänen zu streichen.

Natürlich ist das Bild nicht ganz so schwarz, wie es nach dieser Darstellung aussieht. Auf beiden Seiten gibt es Menschen, die für die Verständigung beider Völker Großes geleistet haben, so etwa Carl Dedecius mit seinem 1979 gegründeten Polen-Institut in Darmstadt. Es gibt zahlreiche zwischenmenschliche Kontakte. Mit keinen Angehörigen eines anderen Volkes haben die Polen so viele Ehen geschlossen wie mit den Deutschen. Auch auf Ihrer Reise werden Sie vermutlich eher auf gastfreundliche, differenziert urteilende Menschen stoßen.

Und schließlich die Wirtschaft! Immerhin ist Deutschland der größte Handelspartner Polens. Auf diesem Gebiet wird sich die Zukunft des polnisch-deutschen Verhältnisses entscheiden. Das riesige wirtschaftliche Gefälle birgt Gefahren. Wohlhabende und zufriedene Gesellschaften mit einem ungefähr gleichartigen Entwicklungsniveau verspüren weder die Lust noch die Notwendigkeit, ihre Schwierigkeiten miteinander zu echten Problemen werden zu lassen.

Last not least – über das Thema der deutsch-polnischen Beziehungen muß weiter nachgedacht werden, da, um sich an die Formulierung des Stern-Journalisten und Buchautors Heinrich Jaenecke zu halten, sich an der deutsch-polnischen Grenze und nirgends sonst entscheiden wird, ob Europa nach den Jahrzehnten der Spaltung zusammenwachsen wird.

Gegenwart: lange Wartezeiten für LKWs an der deutsch-polnischen Grenze

Slawische Brüder?
Polen und Russen

»Ein unüberwindlicher Abgrund« trennt die beiden Völker, »ein Abgrund der schmerzt, als wär's eine giftige heillose Wunde... Soll ich dir Haß bekennen? Soll ich dir Liebe bekunden?« schrieb Jarosław Iwaszkiewicz 1930 in dem Gedicht »An Rußland«. Der Dichter steht mit seiner Aussage nicht allein. Nach den Worten von Marschall Piłsudski seien die Deutschen weniger gefährlich als die Russen, da sie nur töten, die Russen jedoch auch die Seelen stehlen könnten.

Tatsächlich ist die Haltung der polnischen Intellektuellen den Russen gegenüber ambivalent. Einerseits verschlingen sie Kultbücher wie Bulgakows »Meister und Margarita«, lieben Wyssotzkis seelenzerreißende Lieder, andererseits kultivieren sie ein Gefühl der Überlegenheit. Der normale Bürger, dem die russischen Kultbücher unbekannt und herzlich egal sind, hatte bis vor kurzem für die russischen Nachbarn nicht viel mehr als Arroganz und Haß übrig.

Die Einstellung der Russen den Polen gegenüber ist nicht minder vorbelastet. Mit wenigen Ausnahmen – darunter Tolstoi, Herzen, Okudschawa – waren die großen Kulturmacher Rußlands eher antipolnisch eingestellt, obwohl Namen wie beispielsweise Tschaikowski, Majakowski oder Dostojewski ihre polnische Abstammung verraten und einige auch den großen polnischen Romantiker Adam Mickiewicz im Original lesen konnten. Die Vorstellung von den aufsässigen Polen, die die panslawische Idee von der geistigen und politischen Führung Rußlands über andere Slawen zunichte machten, prägte die negative Einstellung der Russen ihrem polnischen Nachbarn gegenüber. In dieser Haltung bestärkt wurden zahllose russische Reisende im Westen, als sie von den Westeuropäern pauschal besonderer russischer Brutalität im Kampf gegen die polnischen Aufständischen 1830-31 und 1863-64 bezichtigt wurden. Auch das erzeugte keine Liebe zwischen den Völkern. Es heißt, der größte Feind, den Polen je hatte, sei Fjodor Dostojewski gewesen. Dostojewski vollzog im Laufe seines Lebens die typische Wandlung vom Demokraten (also auch propolnischen) zum überzeugten Monarchisten. Danach stellte er die Polen in seinen Büchern leidenschaftlich als einen Haufen degenerierter, aufgeblasener Pseudo-Aristokraten dar, deren vermeintliche Heimatliebe ihnen nur als Vorwand für den nächsten Betrug diente, sei es in den »Brüdern Karamasow«, im »Idiot« oder im »Spieler«. Die Polen können sich damit trösten, daß es beinahe eine Ehre ist, einen Feind diesen Ranges zu haben.

Ganz anders als die russischen Intellektuellen reagiert ein Durchschnittsbürger Moskaus. Nach einer Umfrage von 1990 rangieren die Polen in der Sympathieskala sehr hoch. Diese Einstellung erklärt sich nicht nur aus der Bewunderung über die Zivilcourage der Polen. Eine Rolle spielt auch die Tatsache, daß Polen schon immer als Vorzimmer des reichen Westens angesehen wurde. Bei der gleichen Umfrage, in Warschau durchgeführt, landeten die Russen in der Sympathieskala noch hinter den Deutschen; keine große Ehre...

Entspricht der Mythos vom ewigen deutsch-polnischen Kampf nicht ganz den Tatsachen, so ist die russisch-polnische Beziehung tatsächlich eine Kette ständiger Auseinandersetzungen. Das polnisch-litauische Großreich bedrohte oftmals Moskau; umkämpft waren die vorgelagerten Städte Pskow (Pleskau) oder Smolensk. So besetzten die Polen 1610 Moskau und der junge Prinz Wladislaw sollte als nächster Zar eingesetzt werden. Noch fünfzig Jahre später (1663-1664) gab es den letzten polnischen Vorstoß auf Moskau, der – wenn man an die Erfahrungen Napoleons und Hitlers denkt – kaum vorstellbar, planmäßig im Winter durchgeführt wurde. Auf diese Zeit und auf die Erfahrungen in der Ukraine, wo der polnische Großadel die ukrainischen Bauern ausbeutete, geht die negative Belegung des Wortes »Pan« im Russischen zurück, was auf polnisch nichts anderes als die Anrede »Herr« ist. Noch in der gegen die »Solidarność« gerichteten Propaganda der Jahre 1980-1981 wetteiferten die sowjetischen Zeitungen darin, die »antirussischen, polnischen Faulenzer«, »Pany« genannt, so drastisch wie möglich zu beschreiben.

Seit dem 18. Jahrhundert – und mit einigen Unterbrechungen bis 1989 – kontrollierte Rußland den Großteil Polens. In dieser Zeit ging es den Polen allein um ihre Selbstbehauptung. Deswegen richteten sich die größten Aufstände des 18. und 19. Jahrhunderts vorwiegend gegen die Russen, die diese mit grausamen »Befriedungsaktionen« beantworteten. Zumindest ideell hatten diese Kämpfe keinen antirussischen Charakter, sie waren lediglich gegen das verhaßte zaristische System gerichtet. Davon zeugen die vielen russischen Offiziere, die desertierten und in den Reihen der Aufständischen 1863-1864 kämpften. In der polnischen Literatur wurde an die fortschrittlichen Kräfte in Rußland appelliert, so ist schon der Titel eines Gedichtes von Mickiewicz Aussage genug: »An die Moskauer Freunde«. Allerdings scheint diese prorussische Gesinnung im Laufe des ausgehenden 19. Jahrhunderts und der verstärkten Russifizierung Polens in ihr Gegenteil umgeschlagen zu haben. Während noch 1881 der Pole Bronisław Piłsudski und der Russe Alexander Uljanow zusammen wegen des Attentats auf Zar Alexander II. angeklagt und verurteilt wurden, kämpften nur 40 Jahre später, 1920, ihre beiden jüngeren Brüder, Lenin und Marschall Piłsudski, in einem Krieg gegeneinander. In diesem Krieg benutzten beide Seiten propagandistische Mittel, die den Haß beider Völker aufeinander schüren sollten.

Entscheidend für das Verhältnis zwischen Russen und Polen ist bis heute der Zweite Weltkrieg. Er hinterließ ein Trauma, das um so schmerzlicher empfunden wurde, als die offizielle sozialistische Völkerfreundschaft die bloße Erwähnung der vergangenen Greueltaten nicht zuließ. Auch wenn die Ermordung der fünf bis sechs Millionen polnischen Bürger durch NS-Deutschland unübertroffen blieb, stellt das Wüten der sowjetischen Geheimpolizei (NKWD) – nach der Anzahl der Opfer und wenn derartige Vergleiche überhaupt zulässig sind – das zweitgrausamste geschichtliche Ereignis Polens dar. Etwa 1,7 Millionen polnischer Bürger, darunter viele Juden, Weißrussen und Ukrainer, wurden nach dem Einmarsch der Roten Armee am 17.9.1939 aus ihrer angestammten Heimat in Ostpolen größtenteils in sibirische oder kasachische Lager deportiert. Zwischen einer halben und einer Millionen Menschen wurden dort hingerichtet oder starben an Kälte und Hunger. Zum Symbol wurde der kleine Ort Katyn bei Smolensk. Die deutschen Truppen fanden hier 1942 über 4.000 Leichen polnischer Offiziere. Erst 1990 übernahm die Sowjetunion die Verantwortung für dieses Verbrechen. Vorher durfte der Name Katyn nicht gedruckt werden. In einem Tarnungsversuch baute man eines der unzähligen zerstörten Dörfer Weißrußlands mit einem ähnlich klingenden Namen, Chatyn, dessen Bewohner von deutschen Soldaten umgebracht worden waren, zu einer überdimensionalen Pilgerstätte wieder auf. Prominentestes Opfer dieser Verschleierungskampagne war der US-amerikanische Präsident Carter, der von Auslandspolen gebeten, auf dem Besuch Katyns bestand, und nichtsahnend in Chatyn zum Narren gehalten wurde.

Das Massaker von Katyn war in zweierlei Hinsicht bedeutsam. Hier wurde einerseits die Elite Polens niedergemetzelt, zahlreiche Intellektuelle die im Krieg als Reserveoffiziere eingesetzt worden waren. Andererseits wurde Katyn zum Symbol für alle Orte, in denen Polen von den Sowjets getötet worden waren. Jedes Kind in Polen kennt die Bedeutung dieses Namens. Katyn ist auch ein Paradebeispiel für die sinnlosen sowjetischen Methoden der Geschichtsklitterung. Hätte man sofort nach dem Krieg die Morde von Katyn zugegeben, wäre es zu einem Sturm der Entrüstung gekommen, der sich nach einiger Zeit gelegt hätte. So aber hat sich Katyn als Symbol in das Bewußtsein der Polen eingebrannt.

Manchmal schmerzt Untätigkeit mehr als das Verbrechen selbst. Bis heute haben die Polen den Russen ihr Verhalten von 1944 nicht verziehen. Die Rote Armee stand in Praga, am östlichen Weichselufer vor Warschau, und schaute tatenlos zu, wie die SS den polnischen Aufstand vom 1. August 1944 niederschlug. Dieses Machtkalkül Stalins, seine zukünftige bürgerliche Opposition durch die Hände anderer vernichten zu lassen, unterstützten gar russische Flugblätter, die zum Kampf aufriefen. In den folgenden zwei Monaten starben über 200.000 Menschen einen Tod, der hätte vermieden werden können.

Das sowieso schon strapazierte russisch-polnische Verhältnis wurde zudem durch die Einführung des kommunistischen Systems, das selbst nach Stalins Worten zu Polen so gut wie ein Sattel zur Kuh gepaßt hätte, sowie durch den Raub von zwei Fünfteln des Landes durch die Sowjetunion belastet. Da es in Polen keine nennenswerte kommunistische Tradition gab (anders als z.B. in der Tschechoslowakei), war die Etablierung des kommunistischen Systems nach 1945 nur durch Zuhilfenahme von Gewalt und mit gefälschten Wahlergebnissen möglich. Polen wurde zu einem Satellitenstaat der Sowjetunion, die sich immer wieder innerpolitisch einmischte – so mit mehrfachen Androhungen einer Militärintervention 1980 und 1981.

Wundert es da noch irgend jemanden, daß die Russen in Polen keinen guten Ruf haben? Selbst die Sprache war verhaßt. Nach den acht Jahren Pflichtunterricht konnte – und vor allem wollte – kaum ein Schüler auch nur einen einzigen russischen Satz fehlerfrei sagen. Interessant ist dabei,

Die Morde von Katyn waren während der Volksrepublik ein Tabuthema

Händler aus den GUS-Staaten in einem Warschauer Stadion

daß sich dieses tragische Verhältnis auf zwei Völker bezog, die nicht einmal aneinander grenzten. Erst nachdem das Kaliningrader Gebiet um Königsberg geschaffen wurde und anstelle der Deutschen die Russen dort angesiedelt wurden, hatten die beiden Völker zum ersten Mal in ihrer Geschichte eine gemeinsame Grenze. Und so führen sie seit 1989 eine aktive Nachbarschaft. Die genauen Zahlen, wie viele Russen bzw. Bürger der GUS inzwischen in Polen Geschäfte machen oder schwarz arbeiten, sind schwer zu ermitteln, sie gehen aber sicherlich in die Hunderttausende. Nach der Finanzreform von 1990 wurde der Złoty zu einer geschätzten Währung, da er jederzeit gegen Dollars umgetauscht werden kann. Drei verkaufte Tauchsieder beispielsweise brachten den Lohn einer ganzen Woche. Für viele Polen war es eine Überraschung, daß der Russenhaß offensichtlich nicht so tief in den Menschen steckte wie allgemein angenommen. Der traurige Anblick der frierenden Gestalten mit ihren auf dem Boden ausgelegten schäbigen Waren und ihrem »Pan proszę kupić«, »Herr, bitte kaufen«, erweckten eher Mitleid und Hilfsbereitschaft als Aggression. Hinzu kam, daß jeder Pole stolz darauf war, wenigstens hier für die Russen als reicher Westler auftreten zu können. Diese eher positiven Gefühle den Russen gegenüber können sich durch die Aktivitäten der russischen Mafia, über die grauenvolle Geschichten kursieren, allerdings schnell ändern. Die Polen, geschichtsbewußt wie sie sind, werden die Lehre aus den letzten 200 Jahren nicht so leicht vergessen.

Antisemitismus ohne Juden?
Das Ergebnis 1000jährigen Zusammenlebens

Als vor einigen Jahren in Frankreich jüdische Gräber geschändet wurden, erschienen kurz darauf in der Presse grausige Erzählungen von polnischem Antisemitismus. Ausweichmanöver?

In dem bekannten amerikanischen Film »Sophies Entscheidung« hält der Vater von Meryl Streep alias Sophie, der Professor einer polnischen Universität ist, 1938 einen Vortrag über die wünschenswerte Ausrottung der polnischen Juden. Pure Phantasie eines amerikanischen Regisseurs?

Das andere Extrem ist die Selbstdarstellung des kommunistischen Polens in dem es ausschließlich heldenhafte polnische Widerstandskämpfer gab, die den Juden zu Hilfe eilten. Allerdings gab es dort nur wenige Straßen und noch weniger Denkmäler, die den jüdischen Opfern gewidmet waren. Und es gab schließlich 1968 einen bösen Staat Israel und nicht näher definierbare Zionisten in Polen, die auf seiner Seite standen. Man kommt in der Frage nach dem polnischen Antisemitismus jedoch nicht sehr weit, beschränkt man sich auf die Gegenwart. Ein kurzer Blick in die Geschichte der 1000jährigen Koexistenz ist aufschlußreich.

Vermutlich hat es bereits Juden in Polen gegeben, bevor der polnische Staat entstand. Das erste bekannte Privileg – 1264 in Kalisz (Kalisch) vom Herzog Boleslaw dem Frommen herausgegeben – garantierte den Juden die Freiheit der Bewegung, des Handels und der Ausübung ihres mosaischen Glaubens; bis ins 18. Jh. galt dieses Privileg als verbindlich. Einen nennenswerten Anteil an der Gesamtbevölkerung machten die Juden jedoch erst während der Regierungszeit Kasimirs des Großen (1333-1370) aus. In Deutschland verfolgt, strömten im 14. Jh. Tausende von Juden nach Polen. Dort bewegte sie der König mit Sonderrechten zum Bleiben, sah er doch in ihnen ein Siedlerpotential im Rahmen seiner Städtepolitik.

Bis zum Ende der polnisch-litauischen Staatlichkeit im 18. Jahrhundert machten die Juden etwa zehn Prozent der gesamten Bevölkerung des Staates aus und bildeten damit zahlenmäßig die größte israelitische Gemeinschaft der Welt. In den Städten Masowiens, Kleinpolens, Litauens und der Ukraine war der Bevölkerungsanteil an Juden besonders hoch, sie waren hauptsächlich in Handel und Handwerk tätig. Sie waren aber auch am polnischen Königshof als Berater und Bankiers vertreten; es blühte ein reges Kulturleben mit Talmudschulen (z.B. in Kazimierz, heute ein Stadtteil von Krakau, wo der große Gelehrte Mose Isserlu R'emuh tätig war). In dem ganz eigenen Ambiente des »Schtetl«, des kleinen jüdischen Städtchens entstand schließlich der Chassidismus, jene religiöse Richtung, die in ihrer Betonung des unmittelbaren Gotteserlebens und in der Bevorzugung des Jiddischen als Alltagssprache die Kultur der polnischen Juden entscheidend geprägt hat. Zwar scheint der Spruch aus dem 16. Jahrhundert, nach dem Polen für die Juden das Paradies auf Erden sei (dafür sei Polen das Fegefeuer für den Stadtbürger und die Hölle für den Bauern) leicht übertrieben. Wenn das Land für jemanden der Himmel auf Erden war, dann für den Adelsstand. Richtig ist jedoch, daß sich die Juden in diesem Staat vor niemandem zu fürchten brauchten. Gemessen am »judenreinen« Deutschland oder Frankreich des späten Mittelalters, an der spanischen Vertreibung von 1492, nehmen sich die polnischen Ausschreitungen bescheiden aus.

Ganz anders sah die Situation allerdings in der Ostukraine aus. Hier wurden die Mitglieder der zahlreichen jüdischen Gemeinden zu einem Instrument der repressiven Politik des polnischen Großadels gegen die ukrainischen Bauern: man setzte sie als Steuereintreiber und Pächter ein. In den Kosakenaufständen entlud sich der Haß eher an den Juden als an den Adligen, da letztere sich schneller in Sicherheit zu bringen verstanden. Wie groß dieser Haß war, zeigte sich im Aufstand von 1648, den der ukrainische Nationalheld Chmelnitzkij (poln. Chmielnicki) anführte. Gegen das Versprechen, selber verschont zu werden, zwangen die Belagerer die Städte,

Juden gehörten untrennbar zum Bild Polens (Das Jom-Kippur-Fest 1884, Aleksander Gierymski)

ihre jüdischen Mitbürger auszuliefern, die dann niedergemetzelt wurden. Einzig Lemberg fand genügend Mut, dieses Tauschgeschäft abzulehnen. Der tragische Höhepunkt dieses ukrainischen Hasses wurde 1769 in der Stadt Human erreicht: 20.000 Juden und Katholiken wurden von ukrainischen Bauern grausam abgeschlachtet.

Im 19. Jahrhundert beteiligten sich viele Juden an den polnischen Aufständen gegen die Russen; ihr durchweg positives Ansehen geben die Klassiker der polnischen romantischen Literatur wieder (z.b. der Jude Jankiel in dem Nationalepos »Pan Tadeusz« von Adam Mickiewicz von 1834). Allgemein bekannt ist ein Zwischenfall während einer antirussischen Demonstration von 1861 in Warschau. Ein Jude entriß einem niedergeschossenen Priester die polnische Fahne und lief mit dieser an die Spitze des Demonstrationszuges.

Nach dem Attentat von 1881 auf Zar Alexander II. nahm der polnische Antisemitismus zu. Damals wurde in Rußland eine Hetzkampagne gegen Linke und Juden gestartet, die im Laufe der nächsten 30 Jahre zu zahllosen Pogromen führen sollte. Zwar kam es auch in dem russisch besetzten Polen zu Ausschreitungen (Warschau 1881), aber für die Masse der jüdischen Einwanderer war das Weichselland sicherer und wirtschaftlich attraktiver als Rußland. Während 1810 nur ca. 15.000 Juden in Warschau wohnten, gab es dort 1897 schon 220.000 Einwohner, die sich nach einer zaristischen Zählung als Juden bezeichneten. Die rapide Zunahme dieser meist mittellosen sozialen Unterschicht, die kein Polnisch sprach und den politischen Problemen des unterjochten Landes größtenteils gleichgültig gegenüberstand, führte zu einer Verhärtung der Fronten. Die »Nationale Demokratie« unter Roman Dmowski, eine Partei, die das politische Leben in Polen lange Zeit stark mitbestimmte, organisierte Hetzkampagnen gegen jüdische Händler. Die Polen hatten Angst vor sozialistischen Tendenzen innerhalb der Kreise der jüdischen Intelligenz. Ein großer Teil der Juden zeigte wiederum sein Desinteresse an dem einzigen Ziel der polnischen Elite, nämlich der Wiedererlangung der Unabhängigkeit (stellvertretend für diese Haltung sei hier die 1870 in Zamość geborene Rosa Luxemburg genannt). Das führte ebenfalls zu Spannungen.

Nach 1918 machten die Juden mit 2,7 Millionen ca. 8,5% der Gesamtbevölkerung des Landes aus; in Wilna oder Warschau waren sogar fast die Hälfte der Bewohner Juden. Trotz der wirtschaftlichen Schwierigkeiten sowie der sich zuspitzenden Diskriminierungen war die Zwischenkriegszeit die Periode, in der die Juden in jedem Bereich des öffentlichen Lebens vertreten waren: Zeitschriften und Buchverlage, Tausende von jüdischen Sportklubs, jüdische Parlamentarier im Sejm und Senat sowie ein eigenes Schulsystem waren Zeugen eines regen jüdischen Gesellschaftslebens im Polen der 20er und 30er Jahre. Die Situation verschlimmerte sich ab 1935, nach dem Tode des autoritären, aber den Juden freundlich gesonnenen

Piłsudski. Judenfeindliche Gesetze wurden diskutiert (z.B. über die Begrenzung der Zahl der jüdischen Schlachthöfe). 1936 gab es in dem Städtchen Przytyk bei Radom ein Pogrom mit mehreren Todesopfern. Einige autonome Universitäten erließen diskriminierende Verordnungen, sogenannte »Ghettobänke«, also nach Religionszugehörigkeit getrennte Sitze. Ferner wurde es den Juden erschwert, eine Beamtenlaufbahn einzuschlagen. Man wird leicht an die Politik der Nazionalsozialisten erinnert, die allerdings damit kaum zu vergleichen ist. Auch die gleichzeitige Politik Rumäniens oder Ungarns zeigte stärkere antisemitische Züge als Polen 1918 bis 1939. So war 1939 die jüdische Einwohnerzahl Polens mit ca. 3,3 Millionen trotz der Auswanderung in die USA und nach Palästina (ca. 400.000) größer als 1918. Nur 8% davon konnten Polnisch und waren mehr oder weniger assimiliert, unter ihnen zwei der größten polnischsprachigen Lyriker der Vorkriegszeit: Leśmian und Tuwim.

Mit dem deutschen Einmarsch 1939 erhielt das polnisch-jüdische Verhältnis eine neue Dimension. Die jüdische Bevölkerung Polens wurde systematisch umgebracht; zugleich wurde ein Großteil der polnischen Intelligenz vernichtet, die restliche Bevölkerung sollte zu Arbeitssklaven gemacht werden. Nach dem Krieg wurde hier und da im Ausland der Vorwurf laut, daß eben diese Arbeitssklaven sich für ihre jüdischen Mitbürger nicht genügend eingesetzt hätten, ihre Vernichtung gar mit einem wohlwollenden Lächeln beobachtet hätten. Dies ist eine Unterstellung, die eigentlich nur durch völlige Unkenntnis des nationalsozialistischen Terrors in Polen erklärbar ist. Der bürgerliche polnische Widerstand, also die Heimatarmee (AK), unternahm tatsächlich nur wenige Militäraktionen, um den in die Ghettos deportierten Juden zu helfen. Genausowenig konnte auch gegen die Vertreibung der polnischen Bevölkerung, Straßenrazzien und die Überweisung Hunderttausender Polen in die Konzentrationslager unternommen werden. Die Gründe hierfür liegen auf der Hand: bis Ende 1943 war die Heimatarmee zu Hilfeleistungen kaum in der Lage, wollte sie keinen kollektiven Selbstmord begehen. Hierin ist der Grund zu sehen und nicht in einem etwaigen Antisemitismus der Resistance. Natürlich wurden aus den polnischen Antisemiten der Vorkriegszeit nicht über Nacht Philosemiten, aber wie der einzige überlebende Anführer des Aufstandes im Warschauer Ghetto (und heute führende Politiker in Mazowieckis »Demokratischer Union«) Marek Edelman sagt, gibt es einen riesigen Unterschied zwischen Antisemitismus und schlichtem Mord. Es gab in Polen eine relativ kleine Gruppe von Kriminellen, die sog. »szmalcownicy«, die die versteckten Juden erpreßten. Die große Mehrheit der um ihr eigenes Überleben kämpfenden Leute konnte jedoch kaum teilnahmslos den Holocaust mitansehen, da sie selbst womöglich als nächste an der Reihe gewesen wären. Es waren ebenfalls nur wenige, die den Juden bewußt halfen. Mit Hilfe der Heimatarmee und einzelner Personen konnten knapp 100.000 Juden die deutschen Greueltaten überle-

Abtransport Warschauer Juden 1943 nach Treblinka, in die Gaskammern

ben. Wurde ein versteckter Jude entdeckt, so wurden nicht nur die unmittelbaren Helfer, sondern auch die Bewohner des gesamten Wohnhauses, oft nichtbeteiligte Nachbarn, erschossen. Mehr als in jeder anderen Nation bekamen nach dem Krieg mehrere Tausend Polen die israelische Auszeichnung »Der Gerechte unter den Gerechten« für die Rettung verfolgter Juden. Andrzej Szczypiorski schildert die Realität des Krieges im besetzten Warschau eindrucksvoll in seinem Buch »Die schöne Frau Seidenmann«.

Einzelne Retter scheinen ebenso vergessen zu sein wie die hyänenhaften Erpresser. Was vordergründig in der Erinnerung der Juden fortlebt, ist der große Schmerz über die Gleichgültigkeit der Masse, jener Leute auf der anderen Seite der Ghettomauer, von denen sie sich in diesem unsagbaren Drama alleingelassen fühlten. Dort gab es Essen, ein scheinbar normales Leben, es gab sogar eine Art Jahrmarkt in der Nähe der Ghettomauer, was auf grausame Art den nur schmalen Grat zwischen Tod und Leben deutlich machte. Ein Karussell auf diesem Jahrmarkt beschrieb 1943 der Dichter und spätere Nobelpreisträger, Czesław Miłosz, in seinem Gedicht »Campo di Fiori«.

> **Campo di Fiori**
>
> Ich dachte an Campo di Fiori
> In Warschau an einem Abend
> Im Frühling vor Karussellen
> Bei Klängen munterer Weisen.
> Der Schläger dämpfte die Salven
> Hinter den Mauern des Gettos
> Und Paare flogen nach oben
> Hinauf in den Heiteren Himmel
>
> Der Wind trieb zuweilen schwarze
> Drachen von brennenden Häusern,
> Die Schaukelnden fingen die Flocken
> Im Fluge aus ihren Gondeln.
> Der Wind von den brennenden
>   Häusern
> Blies in die Kleider der Mädchen,
> Die fröhliche Menge lachte
> Am schönen Warschauer Sonntag.
>
> Vielleicht wird hier jemand folgern,
> Das Volk von Rom oder Warschau
> Handele, lache und liebe
> Vorbei an den Scheiterhaufen;
> Ein anderer noch die Kunde
> Von einer Vergänglichkeit dessen
> Empfangen, was schon vergessen,
> Bevor die Flamme erloschen.
>
> Ich aber dachte damals
> An das Alleinsein der Opfer.
> Daran, daß als Giordano*
> Den Scheiterhaufen bestiegen,
> Er keine einzige Silbe,
> Menschliche Silbe gefunden,
> Von jener Menschheit, die weiter
> Lebte, Abschied zu nehmen.
> (Auszug, übersetzt von Karl Dedecius)
>
> * gemeint ist Giordano Bruno, der auf dem Campo di Fiori in Rom auf dem Scheiterhaufen der Inquisition als Ketzer verbrannt wurde

Die NS-Besetzung überlebten etwa 370.000 polnische Juden, die Mehrheit davon in der Sowjetunion. Etwa 200.000 kehrten nach Polen zurück, viele jedoch nur, um von dort aus u.a. nach Palästina auszuwandern. Diejenigen, die in Polen bleiben wollten, kamen meist als Funktionäre eines neu zu schaffenden Staates, in dem es ein besseres, gerechteres System geben sollte. Sie trugen maßgeblich zu der Wiederbelebung eines alten Stereotyps bei: der des jüdischen Kommunisten. Die Abneigung gegen die Menschen war durch die Erinnerung an die wenig ruhmreiche Rolle vieler linker Juden nach dem Einmarsch der Roten Armee 1939 in Ostpolen zu erklären. Der überproportional große Anteil an Menschen jüdischer Abstammung innerhalb der Sicherheitsorgane bis 1956 ist sicherlich darauf zurückzuführen, daß sie für die Sowjetunion die zuverlässigste Gruppe darstellten: mit kommunistischen Ansichten und gewöhnlich mit einer längeren Schulung in der »Heimat des Weltproletariats«. Die These, nach der hierin eine machiavellistische Maßnahme Stalins zu sehen sei, getreu dem Motto »teile und herrsche«, ist doch schwer zu beweisen.

Der daraus resultierende, diesmal politisch motivierte Antisemitismus entlud sich am 5.6.1946 in dem schrecklichen Pogrom von Kielce, in dem eine Meute über 40 Juden ermordete – bei völliger Untätigkeit der Polizei und der Kirche. Inzwischen gilt es als sehr wahrscheinlich, daß es sich um eine gezielte Provokation des Sicherheitsdienstes gehandelt hat. Das Datum des Pogroms ist vielsagend: knapp eine Woche zuvor hatte das Referendum stattgefunden, dessen verfälschtes Ergebnis die Errichtung des sowjetischen Modells in Polen legitimierte. Die freie westliche Welt konnte sich dabei mit dem Verweis auf die Wildheit und den Antisemitismus dieser Nation, die kein besseres Schicksal verdient hätte, leicht selbst beruhigen. Wie dem auch sei: das Pogrom von Kielce und die Leichtigkeit, mit welcher die Menschen zu Mördern wurden, ist ein Trauma der polnischen Nachkriegsgeschichte. Jahrzehnte ein Tabuthema, wurde der Prozeß gegen die Täter und Mitwisser erst 1992 wiederaufgenommen.

Ein gebrochenes Verhältnis zu dem Thema Judentum zeichnete den gesamten Ostblock aus: er schwankte zwischen vereinzelten offenen Kampfansagen an die Juden (das sogenannte Ärzte-Komplott in Rußland 1953, Slanskis Schauprozeß in der Tschechoslowakei 1951) und dem völligen Ignorieren ihrer Existenz. Das Wort Jude, »Żyd«, konnte man nur auf der Straße hören oder in der wissenschaftlichen Literatur finden; sonst verschwanden sie; oftmals sogar von der Liste der Opfernationen der Nazionalsozialisten. Wenn in Polen von sechs Millionen 1939-1945 ermordeten Polen gesprochen wurde, vergaß man allzu leicht, daß man bei der Hälfte von ihnen von jüdischen Mitbürgern sprechen mußte. Der Sechs-Tage-Krieg von 1967, in dem die Sowjetunion die Araber unterstützte, sowie die Machtkämpfe zwischen alten jüdischen Kommunisten, die trotz ihrer stalinistischen Vergangenheit jetzt eher liberal agierten, und den rigiden populistischen Nationalkommunisten innerhalb des polnischen Politbüros führten zu einer Hetzkampagne gegen die sogenannten Zionisten, die freiwillig oder durch permanente Schikane vertrieben, das Land verließen. Die historischen Hintergründe dieses berüchtigten März 1968 sind nur ansatzweise historisch aufgearbeitet; allgemein wird diese antisemitische und antiintellektuelle Medienhetze (auch zahlreiche polnische Intellektuelle sind zur Ausreise gezwungen worden) als der Versuch eines chauvinistischen Innenministers, Mieczysław Moczar, an die Macht zu kommen, ausgelegt. Gomułka, der erste Parteisekretär und Widersacher Moczars, gewann schließlich den Kampf mit sowjetischer Rückendeckung, aber zu einem hohen Preis: er mußte Breschnews Einmarsch in die Tschechoslowakei mittragen.

In der internationalen Presse machte 1988, 1989 und 1993 ein Karmeliterinnenkloster Schlagzeilen, das auf dem Gelände des Konzentrationslagers Auschwitz errichtet wurde. Da ein Großteil der Opfer der Konzentrations- und Vernichtungslager Auschwitz-Birkenau Juden waren, wurde das katholische Kloster als ein Versuch, die jüdischen Opfer nachträglich für das Christentum zu vereinnahmen, gewertet. Anhänger des orthodoxen Rabbiner Weiß aus New York versuchten, aus Protest das Baugelände zu besetzen und wurden von Arbeitern vertrieben. Kardinal Glemp äußerte sich in einer Predigt in Tschenstochau über »die Juden, welche die Massenmedien kon-

Immer mehr Israelis besuchen die Orte ihres Martyriums

trollieren«. Der israelische Präsident Schamir konterte mit einem Satz über die Polen, die – so seine Worte – den Antisemitismus mit der Muttermilch aufsaugen. Obwohl sich inzwischen sowohl die jüdische Gemeinde als auch die katholische Kirche auf den Baustop geeinigt haben und eine Reihe mehr oder weniger gelungener Versöhnungsgesten erfolgte, ist der Vorfall nicht vergessen. Er beleuchtet das problematische Verhältnis zwischen der katholischen Kirche und dem Vertreter des israelitischen Glaubens. Allerdings muß man eindeutig zwischen einzelnen Personen der polnischen katholischen Kirche unterscheiden, z.B. zwischen dem sich aufrichtig um einen Dialog mit der jüdischen Glaubensgemeinschaft bemühenden ehemaligen Krakauer Kardinal Wojtyła und Kardinal Glemp, dem antisemitische Ressentiments vermutlich nicht ganz fremd sind.

Die Juden gingen, der Antisemitismus ist geblieben. Er ist heute Teil jener politischen Kultur (oder eher eines Mangels an derselben), in der jeder politische Gegner mit Beleidigungen und Beschuldigungen überhäuft wird und wo scheinbar die Regel herrscht: je niveauloser oder absurder das Argument, desto besser. Er ist Teil eines sozialen Phänomens: eines Antisemitismus ohne Juden. Dieser Antisemitismus ist aber auch ein Nebenprodukt des Versuchs, nach 50 Jahren des Schweigens das Verhältnis zu den Juden und zum Staat Israel endlich zu normalisieren. In der Presse nimmt die positive Darstellung des Judentums und des Staates Israel einen recht großen Raum ein, und genau das führt zu einer Gegenreaktion des demagogi-

Von der einst größten jüdischen Gemeinde der Welt blieben nur die Friedhöfe

schen oder extrem-rechten Teils des politischen Spektrums. Auf der Straße wird über die Abstammung – jüdisch oder nicht-jüdisch – der politischen Prominenz wie Adam Michnik, Bronisław Geremek, Karol Modzelewski oder Jerzy Urban diskutiert. Allerdings scheint dies deren Popularität kaum zu beeinträchtigen: schließlich sind Michnik und Urban die Chefredakteure der zwei wichtigsten Zeitungen bzw. Zeitschriften in Polen, deren meinungsbildende Rolle kaum unterschätzt werden kann.

Der polnische Antisemitismus ist das Ergebnis eines – nicht immer guten – Zusammenlebens zweier Völker, das von außen her zerstört wurde. Nachdem kein nennenswerter jüdischer Bevölkerungsanteil in Polen mehr existiert, erinnert sowohl der verbale Antisemitismus der gegenwärtigen politischen Diskussionen als auch das andere Extrem, eine Faszination für die jüdische Kultur, die neuerdings häufig u.a. in Studentenkreisen festzustellen ist, an das einstige Zusammenleben von Juden und Polen. Die Pressefreiheit brachte zwar eine kurze heftige Diskussion über das polnisch-jüdische Verhältnis, die aber im Grunde gegenstandslos war – was bleibt, ist das Gefühl der Leere und das Bewußtsein des Verlustes einer gegenseitigen kulturellen Bereicherung. Der Tod des Schriftstellers, der diese untergegangene jüdisch-polnische Welt am besten beschrieb, Isaac Bashevis Singer (1904 in Radzymin bei Warschau geboren, 1991 in New York gestorben), symbolisiert die Endgültigkeit dieser Trennung.

Eine Macht im Staat
Die katholische Kirche in Polen

Im Jahr 1986 stahlen Kunsträuber die silberne Figur des heiligen Adalbert aus dem Dom von Gnesen, eine Tat, die das gesamte Land empörte. Dies lag weniger im künstlerischen Wert der Figur als in dem symbolischen Gehalt der Person Adalberts begründet. Der Heilige, ehemals Bischof von Prag, war 997 in das Land der heidnischen Pruzzen aufgebrochen und nach anfänglichen Missionierungserfolgen von den »Ungläubigen« erschlagen worden. Der polnische Herzog Boleslaw, der Tapfere, kaufte den Pruzzen den Leichnam des Märtyrers ab, indem er ihn mit Gold aufwog. Adalbert wurde in Gnesen beigesetzt und zum Nationalheiligen der Polen erkoren.

Es ist verständlich, daß dieser Diebstahl in dem (neben Irland) katholischsten Land Europas als Sakrileg betrachtet wurde. Doch worauf gründet sich diese innige Beziehung der Polen zur katholischen Kirche? Der heilige Adalbert jedenfalls ist nicht allein dafür verantwortlich, denn auch andere Staaten im östlichen Mitteleuropa haben ihre Nationalheiligen und sind der Kirche weniger treu geblieben. Die Wurzeln für die besondere polnische Situation sind in der neuzeitlichen Geschichte zu suchen.

Statistisch gesehen, ist die Sache eindeutig: 96% der Bevölkerung bekennen sich zum katholischen Glauben. Auch denjenigen, die sonst nichts von Polen wissen, ist die Gleichsetzung Pole = Katholik ein Begriff. Doch galt diese Gleichung nicht immer. In der Blütezeit des polnischen Königtums im 16. Jahrhundert lebten innerhalb der weitläufigen Grenzen viele Völker und Religionen: Katholiken, Protestanten, Orthodoxe und Juden. Eine kluge Politik mußte sich in Toleranz üben, wollte sie das große Reich zusammenhalten. Dies änderte sich seit dem 17. Jahrhundert mit der zunehmenden außenpolitischen Schwäche und dem innenpolitischen Zerfall. Geschichtliche Ereignisse wie die Taufe Litauens im Jahre 1386, der Versuch, Konstantinopel zu retten (1444) oder der Sieg bei Wien 1683 wurden vom polnischen Adel als Beweis für seine Sonderstellung angesehen. Man nannte Polen auch »Bollwerk des Christentums«. Damit sollte betont werden, daß das Land den Okzident jederzeit gegen die »Ungläubigen« – dazu zählte man auch die orthodoxen Moskowiter – verteidigen würde.

Im ersten Nordischen Krieg eroberte das protestantische Schweden fast ganz Polen. In aussichtsloser Lage widerstand jedoch 1655 die Festung Tschenstochau den Belagerern, worin die Menschen das wundersame Wirken der Schwarzen Madonna sahen. Die Muttergottes wurde daraufhin zur offiziellen Schutzheiligen des Landes ernannt. Die Polen flüchteten sich

Kein Regen hält die Pilger auf ihren Weg nach Kalwaria Pacławska auf

unter den Schutzmantel der Schwarzen Madonna, und wegen der folgenden Schicksalsschläge der Geschichte rückte man dort immer enger zusammen. Die Politik der religiösen Toleranz wurde aufgegeben, stattdessen verschrieb man sich einer konsequenten Gegenreformation. Doch gut hundert Jahre später sollten die Polen am eigenen Leib erfahren, was es heißt, unter politischer und religiöser Intoleranz zu leben.

Die Teilung des Landes von 1795 bis 1918 durch die drei großen Nachbarstaaten war ein Schlüsselerlebnis für die Beziehung der Polen zum Katholizismus. Für mehrere Generationen bildete die Kirche die einzige nationale Institution. Zeitweise war es nur in den Gotteshäusern erlaubt, die eigene Sprache zu sprechen. Dies galt besonders für die zum orthodoxen Rußland und zum protestantischen Preußen gehörenden Teilungsgebiete, während die katholische Habsburger Monarchie eine liberale Nationalitätenpolitik betrieb. Unter diesen Umständen konnten in Polen national-christliche Vorstellungen gedeihen wie die des sogenannten »Messianismus«. Der Untergang und die Leiden der polnischen Nation wurden verglichen mit dem Kreuzestod und der Höllenfahrt Christi, verbunden mit der Hoffnung, daß Polen (wie der Gottessohn) auferstehen würde, um die geistige Führung bei der Befreiung der Welt von jeglicher Despotie zu übernehmen. Durch solche Vorstellungen wurde die Symbiose von Polentum und Katholizismus noch enger.

Aber auch nach der Wiedererlangung der politischen Unabhängigkeit 1918 blieb die Kirche die wichtigste nationale Institution. Nicht nur unter der nationalsozialistischen Schreckensherrschaft, sondern auch in der nach-

Jubelnde Wallfahrer nach der Ankunft in Tschenstochau

folgenden Periode der sozialistischen Volksrepublik bildete der Katholizismus die größte moralische Stütze des Volkes. Während die deutschen Eroberer die Kirche mit brutaler Gewalt bekämpften (tausende Priester endeten in den Folterkellern der Gestapo oder wurden – wie in Dachau – Opfer grausamer pseudo-medizinischer Experimente), gingen die Kommunisten raffinierter vor. Durch die Förderung staatsnaher religiöser Organisationen, die bekannteste war »Pax«, versuchte man die Kirche von innen aufzuweichen und zu spalten. Gelegentlich wurde aber auch der realsozialistische Staat gewalttätig, wie die zeitweise Inhaftierung von Kardinal Wyszynski oder die Ermordung des Priesters Popiełuszko beweisen.

Doch weder die harte, noch die sanfte Linie waren erfolgreich, im Gegenteil. Der Kirche gelang es, den Staat zu zermürben. Dies begann schon bei der »Unterwanderung«, denn kluge Statistiker haben berechnet, daß die Mehrheit der offiziell atheistischen Parteimitglieder Katholiken waren. Das entscheidende Ereignis war jedoch die Wahl des Krakauer Erzbischofs Karol Wojtyła zum Papst 1978. Seine konservative Haltung hat der Weltkirche gewiß einige Probleme bereitet, doch dem Sozialismus in Polen und Osteuropa gab diese Wahl einen der entscheidenden Todesstöße. Zusammen mit der Gewerkschaft »Solidarność« zertrümmerte der neue Papst einige der tönernen Füße des kommunistischen Systems. Es entstand eine Bewegung, die die europäische Nachkriegsordnung ins Wanken brachte. Die Arbeiterschaft trug das Bild der Schwarzen Madonna bei allen Demonstrationen mit sich, und bei den von Millionen Gläubigen besuchten Messen während der drei Papstbesuche in Polen wehten tausende von »Solidarność«-Banner. Erstaunt nahm die Weltöffentlichkeit zur Kenntnis, daß die Gewerkschafts-

Es ist schwer, sich Polen ohne Katholizismus vorzustellen

führer, die den kommunistischen Machthabern standhaft getrotzt hatten, im Angesicht der internationalen Presse vor katholischen Priestern auf die Knie fielen, um ihre Beichte abzulegen. Nur mit Waffengewalt und nur für wenige Jahre konnte der atheistische Staat seinen Untergang hinauszögern. Schließlich mußte er der katholischen Kirche ihren größten Sieg zugestehen. Doch wie geht es weiter? Die Räuber des heiligen Adalbert sind längst gefaßt, die silberne Figur war jedoch so beschädigt, daß man eine Replik herstellen mußte. Heute glänzt sie wieder in alter Pracht über dem Sarg des Verstorbenen – aber eben nur als Kopie. Möglicherweise ist dies symbolhaft für die aktuelle Situation der Kirche im Land. Der äußere Glanz des kirchlichen Lebens ist geblieben, doch kündigen sich auch für den polnischen Katholizismus Umwälzungen an, über die die Wahrung der alten Form nicht hinwegtäuschen kann.

Äußere Zeichen der Macht der Kirche sind die über 2.000 Gotteshäuser, die seit den 80er Jahren gebaut wurden, mehr als in irgendeinem anderen Land der Welt. Wichtiger erscheint jedoch die Tatsache, daß die Gotteshäuser voll sind. Der ausländische Besucher ist nach wie vor erstaunt über die allgegenwärtige Frömmigkeit. An Sonntagen werden im Schnitt zwischen fünf und sieben Messen abgehalten, und alle sind gut besucht. Manche Kirchen machen sogar das Dutzend voll, d.h. Gottesdienst non stop. Am beeindruckendsten ist für den Fremden jedoch ein Besuch der nationalen Wallfahrtsstätte in Tschenstochau (ob es ein faszinierender oder abschreckender Eindruck wird, hängt von der persönlichen Einstellung des Gastes ab). Auch an Werktagen drängen sich Massen von Gläubigen um das Bild der Schwarzen Madonna. Wer sich der polnischen Schutzpatronin nähern will, braucht starke Ellbogen, um sich nach vorne zu kämpfen. Der Tourist zieht es vielleicht vor, sich der Führung eines Pauliner Mönchs anzuschließen. Gegen einen entspechenden Obulus wird man dann durch eine Hintertür direkt an den Altar geführt und darf der Schwarzen Madonna für wenige Minuten in die Augen schauen.

Interessanter ist aber vielleicht der Blick in die andere Richtung, auf die Gemeinde der Gläubigen. An keinem Ort in Polen offenbart sich der Charakter dieser speziellen Volksfrömmigkeit so deutlich wie hier. Menschen unterschiedlicher Herkunft und aus allen Alters- und Berufsgruppen sprechen oder singen ihre Gebete zur Schwarzen Madonna. Offenkundig ist die Beziehung der Polen zu ihrer Religion sehr emotional geprägt. Es gibt keinerlei Zweifel, keine intellektuelle theologische Hinterfragung. Ein Küng oder Drewermann wäre in Polen undenkbar. Marienverehrung und Gottesdienst gehören genauso zum Alltagsleben wie die zahlreichen jungen Priester und Mönche im Straßenbild der Städte. Es wäre jedoch ein Trugschluß zu glauben, die Polen hielten sich in ihrem Privatleben mehr an die Vorschriften der Kirchen als andere Völker. Der katholische Pragmatismus (negativ Doppelmoral genannt) ist auch hier die Regel. So weichen Scheidungs- und Abtreibungsraten nicht wesentlich von denen anderer Länder ab.

Man sollte sich nicht vom äußeren Glanz täuschen lassen. Die politischen und gesellschaftlichen Umwälzungen haben auch die Situation der Kirche verändert. Über 200 Jahre war es Aufgabe der Religion, die Nation zu schützen und zu bewahren, es herrschte ein Burgfrieden zwischen Volk und Kirche. Nun, da die äußeren Feinde verschwunden sind, kommen die Menschen aus dem Schutzmantel der Madonna hervor und erfahren, daß zahlreiche eigene Interessen gegen die Ansprüche der reinen Lehre stehen. Unmut gibt es z.B. über den Reichtum und die Privilegien der Kirche. Angesichts der Wohnungsnot und Armut erscheinen die neuen und protzigen Kirchen vielen Gläubigen als Anachronismus. Auch das unter dem letzten kommunistischen Ministerpräsidenten ausgehandelte Entschädigungsgesetz wird als ungerecht empfunden. Die katholische Kirche erhielt alle ihre enteigneten Liegenschaften zurück, während die anderen Religionsgemeinschaften und Privatleute leer ausgingen. Noch entscheidender sind die Versuche der Bischöfe, aktiv in die Gesetzgebung einzugreifen. Besonders augenfällig ist dies bei der Abtreibungsfrage. Obwohl nur eine Minderheit in der Bevölkerung die Forderung der Kirche nach totalem Verbot des Schwangerschaftsabbruches teilt, hat der Klerus seine Position im Parlament weitgehend durchgesetzt. Noch sind die Gotteshäuser voll. Doch sollte das Episkopat seine neue Rolle darin sehen, einen »Kirchenstaat« zu schaffen, dann würden die Bischöfe etwas spüren, was allen Regierenden in Polen bisher zum Problem wurde: den Widerstand der Gesellschaft. Die Gleichung Pole = Katholik wäre dann ungültig.

Christofer Herrmann

Ein politischer Fehlstart?
Fünf nicht-kommunistische Regierungen und eine unüberschaubare Parteienlandschaft

In den Verträgen von Jalta wurde Polen 1943 der sowjetischen Machtsphäre zugeschlagen. Stalin installierte in Warschau ein totalitäres Regime, das seine Weisungen aus Moskau erhielt. Doch den Machthabern gelang es nie, das Volk blind auf die kommunistische Ideologie einzuschwören. Schon Mitte der fünfziger Jahre bildete sich eine regimekritische Opposition. Es kam wiederholt zu Unruhen – in Posen 1956, in Warschau 1968, in Danzig 1970. Staatsterror und die Unterdrückung Andersdenkender haben die Polarisierung der polnischen Gesellschaft allmählich verstärkt: »Wir«, das Volk, gegen »sie«, die kommunistische Nomenklatura. Noch 1968 haben Studenten und Intellektuelle allein den Staat herausgefordert, 1970 gingen ausschließlich Arbeiter auf die Barrikaden. Doch nach der Gründung des Komitees zur Verteidigung der Arbeiter (KOR) 1976 haben alle oppositionellen Kräfte gemeinsam auf das Ziel hingearbeitet: den Sturz des Kommunismus. »Solidarność« war ein Pakt aller Gesellschaftsgruppen zum Kampf gegen die Diktatur.

Als aber der gemeinsame Feind nicht mehr existierte, bröckelte die Einheit der Gewerkschaftsbewegung. »Es ist schwer, ohne den Teufel des Kommu-

Lech Wałęsa und Tadeusz Mazowiecki: Freunde werden zu Gegnern

nismus zu leben«, klagte bald nach dem Zusammenbruch des Systems der ehemalige Dissident Adam Michnik.

Die Euphorie der Wende war zudem wegen des katastrophalen Zustandes der Wirtschaft schnell abgeklungen. Die Polen spürten schon sehr bald, daß es leichter war, die roten Sterne zu entfernen als eine funktionierende Martktwirtschaft aufzubauen. Die rasche Verbesserung der Lebensbedingungen war eine Illusion, statt dem verheißenen kapitalistischen Wohlstand hielt blanke Not Einzug: Preiserhöhungen, Einkommensverluste, Massenentlassungen waren die Begleiterscheinungen des wirtschaftlichen Strukturwandels.

Die »Solidarność« befand sich in einem Dilemma: Sie konnte entweder die Interessen der Arbeiter vertreten oder die Schocktherapie für die ruinierte Wirtschaft unterstützen. Ehemalige Weggefährten standen einander in ihren neuen Rollen als Gewerkschaftsfunktionäre und Regierungsvertreter unversöhnlich gegenüber.

Es war der Gewerkschaftsführer Lech Wałęsa, einst die Integrationsfigur der Opposition, der die Einheit der »Solidarność« endgültig zerschlug. Im Frühjahr 1990 forderte er die Revision der Vereinbarungen vom Runden Tisch, die die friedliche Wende im Februar 1989 eingeleitet hatten. Weil er als Gewerkschaftschef in Danzig jeden Einfluß auf die Tagespolitik zu verlieren drohte, setzte Wałęsa neue Präsidentschaftswahlen durch und bot seine Kandidatur an. Premier Tadeusz Mazowiecki, ehemaliger Berater Wałęsas und seit August 1989 erster nichtkommunistischer Regierungschef nach dem Krieg, nahm diese Herausforderung widerwillig an.

Dem Bild und der Autorität der Gewerkschaft hat der »Krieg an der Spitze« (Wałęsa) mächtig geschadet. Die Polen, nach Jahrzehnten der Diktatur politisch unerfahren, suchten nach einer »dritten Kraft« und ließen sich von der Rhetorik der einfachen Antworten verführen. Es schlug die Stunde der Demagogen: Stanisław Tymiński, ein Exilpole aus Kanada mit zwielichtiger Vergangenheit, schaltete im ersten Wahlgang Mazowiecki aus und unterlag erst in der Stichwahl dem Sieger Wałęsa.

Der »Krieg an der Spitze« brachte die politische Landschaft Polens in Bewegung. Die Zersplitterung der »Solidarność« setzte sich fort, es wurden zahlreiche neue Parteien gegründet, die um Macht und Einfluß kämpften. Bei den ersten freien Wahlen im Oktober 1991 bewarben sich schließlich 68 Parteien um die 460 Parlamentssitze. Weil es keine Sperrklausel gab, zogen 29 Parteien in den Sejm ein. Die stärkste Fraktion, die Demokratische Union, gewann nur 13% der Stimmen. Der Schatten von Weimar legte sich über Warschau.

»Nur Demokratie lehrt Demokratie«, sagte einst der deutsche Politologe und Publizist Ralf Dahrendorf. In dem zersplitterten polnischen Sejm eine Koalition zu schmieden, war eine komplizierte Angelegenheit. Erst die Androhung einer kommissarischen Regierung unter Präsident Wałęsa konnte die Fraktionen an einen Tisch bringen. Acht Parteien einigten sich auf eine Kompromißkandidatin: Hanna Suchocka wurde zum fünften Premier in den drei Jahren seit der Wende und zur ersten weiblichen Regierungschefin in der Geschichte Polens gewählt. Sie mußte einen politischen Spagat zwischen dem Liberal-Demokratischen Kongreß und der Christlich-Nationalen Vereinigung wagen. Zudem steht in Polen die Ausarbeitung einer neuen Verfassung bevor: Der Machtkampf zwischen dem Präsidenten Wałęsa, der Regierung und dem Parlament war vorprogrammiert. Allerdings gelang es dem Parlament im April 1993 endlich eine neue Wahlordnung zu verabschieden. Die darin festgelegte 5%-Klausel wird im September 1993 bitter nötig sein, nachdem Präsident Wałęsa für diesen Termin Neuwahlen angeordnet hat. Das Parlament wurde nach dem Mißtrauensvotum gegen die Regierung Suchocka im Mai 1993 vom Präsidenten aufgelöst.

Nach 45 Jahren Realsozialismus geht der politische Trend in Polen heute zu allem was sich selbst als rechts definiert. Der Nachfolgepartei der kommunistischen Arbeiterpartei haftet das Stigma der Vergangenheit an. Sie ist, auch bei programmatischen Übereinstimmungen, für keine der aus der »Solidarność« hervorgegangenen Parteien als Koalitionspartner akzeptabel. Aber die Trennlinie verlaufe in Polen heute nicht mehr zwischen den Kommunisten und den Antikommunisten, sondern zwischen den westlich orientierten und toleranten Parteien und den nationalistischen Vertretern autoritär-klerikaler Richtungen, meint Adam Michnik. Die katholische Kirche, einst Wiege und Hort der Opposition, versucht Einfluß auf das politische Tagesgeschehen zu nehmen. Den national-klerikalen Gruppen schwebt ein katholischer Staat polnischer Nation vor, sie lehnen die Assoziierung Polens mit der EG ab. Schon jetzt fallen die Richtungsentscheidungen nicht in Warschau sondern beim Internationalen Währungsfond, kritisieren die Führer der Konföderation für ein Unabhängiges Polen (KPN), einer rechten Gruppierung.

Das Volk wendet sich schon wieder, wie vor der Wende, von den Politikern ab. Bei den Parlamentswahlen 1991 lag die Beteiligung bei 42%. Das Ansehen des frei gewählten Sejms schwindet: Nur 20% der Polen, so eine Umfrage vom Herbst 1992, vertrauen dem Parlament.

Andrzej Rybak

Revolutionsheld oder peinlicher Präsident?

Lech Wałęsa

Die Schwierigkeiten mit Lech Wałęsa fangen für einen Nicht-Polen schon bei der Aussprache seines Namens an. Eben nicht Walesa sondern Wałęsa mit dem »ł«, das wie ein englisches »w« ausgesprochen wird und dem nasalen »e«. Problematischer aber ist für viele, daß man Wałęsa nicht eindeutig positiv oder negativ beurteilen kann. Er ist voller Widersprüche, wie das Land selbst. Seine Rolle als Gewerkschaftsführer während des friedlichen Zusammenbruchs des gesellschaftlichen Systems im ehemaligen Ostblock kann nicht hoch genug eingeschätzt werden. Andererseits beschuldigten ihn seine Landsleute noch vor kurzem autoritärer Tendenzen der Machtausübung. Zweifelsohne hatte Wałęsa auch am Zerfall der »Solidarność« entscheidenden Anteil. In letzter Zeit registrieren die Polen mit etwas verschämten Lächeln jeden Lapsus – ob belegt oder eher einer der zahlreichen Anekdoten entsprungen –, den sich ihr Präsident, der offenbar mit der Etikette und dem offiziellen Protokoll auf Kriegsfuß steht, bei seinen Besuchen rund um die Welt leistet. Die Entschuldigung, daß es sich bei ihm um einen, nach seinen eigenen Worten »unnormalen Präsidenten für unnormale Zeiten« handelt, reicht ihnen nicht immer aus.

Nach einer weitverbreiteten Anekdote bekam ein Volkspolizist, der Wałęsa zu sehr drangsalierte, bereits Anfang der 80er Jahre von ihm die Warnung zu hören, er möge den zukünftigen Präsidenten Polens respektvoller behandeln. Wałęsas Lebenslauf klingt tatsächlich wie der amerikanische Mythos vom Tellerwäscher, der Millionär wurde. 1943 als eines von sieben Bauernkindern geboren – der Vater starb 1945 an den Folgen der deutschen Kriegsgefangenschaft –, absolvierte Lech Wałęsa nur die Berufsschule. Er arbeitete in der Werft, machte schon während der Streiks im Dezember 1970 von sich reden und wurde – nach seinem berühmten Sprung über den Zaun – im August 1980 zum Streikführer. Die vollständig perplexe kommunistische Partei erklärte sich am 31. August 1980 in den berühmten 21 Punkten des Danziger Abkommens bereit, die Gründung einer unabhängigen Gewerkschaft zu erlauben. Unangefochtener Führer der »Solidarność« wurde Lech Wałęsa, ein Mann der Mitte, der den radikalen Forderungen seiner Gewerkschaft Einhalt zu gebieten wußte. Allerdings war eine Konfrontation mit dem Staatsapparat nicht zu vermeiden; sie kam am 13.12.1981 in Gestalt des Kriegsrechts. Darauf verbrachte der Mann mit dem Schnurrbart ein Jahr

Ein unbekannter Elektriker geht 1980 in die Weltgeschichte ein

der »Absonderung« an einem geheimgehaltenen Ort. Großer Respekt gebührt seiner Haltung in den Jahren 1982-1989: er ließ sich nicht kaufen, nicht mit dem Posten des offiziellen »Gewerkschaftsführers« korrumpieren. Damals hielt er an seinen Idealen fest, auch als etwa 1985 das westliche Ausland keine und die Mehrheit der Polen kaum eine Chance für deren Verwirklichung sah. Im November 1988 erschien Wałęsa nach acht Jahren zum ersten Mal wieder unzensiert im Fernsehen. Nach zwei neuen Streikwellen war dies der letzte Versuch, ihn im Gespräch mit dem angeblich wortgewandten kommunistischen Gewerkschafter Alfred Miodowicz zu diskreditieren. Wałęsa ging als eindeutiger Sieger aus dem Studio. Millionen Menschen vor ihren Fernsehern kamen Tränen der Rührung. Die Wende war vorprogrammiert.

Dann kamen die ersten freien – wenn auch noch nicht ganz demokratischen – Wahlen am 4.6.1989, bei denen ein Photo des jeweiligen Kandidaten in freundschaftlicher Gesellschaft mit Wałęsa ausreichte, dem Kandidaten zum Sieg zu verhelfen. Später bemerkte ein hochrangiger Funktionär der polnischen Kommunistischen Partei bissig, hätte man ein Pferd mit Wałęsa fotografieren lassen, wäre es zweifellos ins Parlament gewählt worden. Während der Regierung Mazowieckis, in der Wałęsas ehemalige Berater und Freunde die Mehrheit besaßen, stellte sich schnell heraus, daß sich der »ehemalige Held« nach all seinen Erfolgen nicht so leicht beiseite drängen ließe. Sein politischer Ehrgeiz war erst befriedigt, als er 1991 die Präsidentenwahl gewann, wenn auch zu einem hohen Preis. Die ehemalige »demokratische Opposition« zerfiel in demagogischen und niveaulosen Wortgefechten, in denen der ehemalige Berufsschüler vermutlich seine Komplexe gegen die Intellektuellen auslebte. Sein ehemaliger Mitstreiter Adam Michnik, heute Chefredakteur der größten Tageszeitung »Gazeta Wyborcza«, revanchierte sich mit der Bemerkung, er wolle einen normalen Präsidenten und nicht einen der »unberechenbar, unverantwortlich, unbelehrbar und inkompetent« sei. Man befürchtete, der neue Präsident könnte diktatorische Züge zeigen.

Die Präsidentschaft Wałęsas kann aber keineswegs mit einer Diktatur verglichen werden. Der oft angestellte Vergleich mit Piłsudski hinkt, nicht zuletzt, da es Wałęsa an klaren politischen Visionen mangelt. Er selbst ist sein Programm. Ganz offensichtlich hat er zu vielen Problembereichen keine klare Meinung. Er ist Demokrat, aber nicht so ganz. Er will deutsche Investitionen im Land anregen, aber nicht den – wie auch immer zu verstehenden – »Ausverkauf« des Landes. Er sei ein »reiner« Pole – habe also keine jüdischen, bzw. fremdländischen Vorfahren –, betont aber auch seinen Philosemitismus. Um mit seinen eigenen Worten zu reden: »Wenn ich ja sage, dann meine ich gleichzeitig nein!«. So ist bei seinen Äußerungen äußerste Vorsicht geboten. Vieles, was er sagt, ist überflüssig, vermutlich nicht einmal so gemeint, unüberlegt herausgeplatzt oder schlicht Zeichen seiner mangelnden Bildung.

Bei jedem Angriff auf Wałęsa muß man allerdings das Lager, aus dem der jeweilige Redner stammt, oder dessen persönliche Erfahrungen mit dem Präsidenten bedenken. So wurde beispielsweise sein alter Freund, einer der führenden Köpfe der Zentrumspartei »Porozumienie Centrum«, Jarosław Kaczyński, aus persönlichen Gründen zu seinem größten Kritiker. Hierbei kommt aber auch ein allgemeiner polnischer Charakterzug zum Tragen: politische Autoritäten werden gern in den Dreck gezogen. Ob man Wałęsa mag oder nicht, politische Souveränität kann man ihm nicht absprechen. Einen schwerwiegenden politischen Fehler hat Wałęsa bisher noch nicht begangen, nicht einmal der »Krieg an der Spitze«, die Auseinandersetzungen innerhalb der neuen Machtelite 1990, ist eindeutig als solcher zu bewerten. Die Gefahr der Übernahme des alten Parteimonopols durch die neue geschlossene Gruppierung, sprich die »Solidarność«, mit ihrem »Kombatan-

Ist es noch zu früh, den Präsidenten der III. Republik zu beurteilen?

ten-Ethos« – also die Legitimierung eines Politikers ausschließlich auf Grund seines früheren Kampfes gegen den Kommunismus – wurde dadurch gebannt. Die Auflösung der in jeder Hinsicht unfähigen Regierung Olszewski im Juni 1992, Wałęsas Fähigkeit, mit den postkommunistischen Bauernparteien (wie 1992 bei der Nominierung von Waldemar Pawlak zum designierten Ministerpräsidenten) eine gemeinsame Sprache zu finden, sowie seine Auflösung des zerstrittenen Sejms im Mai 1993, zeigen sein politisches Gespür. Wałęsas uneigennütziger Patriotismus als Motivation wird von niemandem angezweifelt, auch wenn sein theatralischer Hang zur Selbstdarstellung nicht zu verkennen ist. Den Posten des Präsidenten halten jedoch viele für eine Nummer zu groß für den ehemaligen Werftarbeiter.

Der einstige »Solidarność«-Vorsitzende hat bereits seinen Platz in den Geschichtsbüchern eingenommen. Die Beurteilung Wałęsas ist noch verfrüht.

»Jeder Revolution folgt die Enttäuschung«
Ein Gespräch mit Jacek Kuroń

Das Interview mit Jacek Kuroń, dem Minister für Arbeit und Soziales der Regierungen von Tadeusz Mazowiecki und später von Hanna Suchocka, führte Tomasz Torbus im Oktober und Dezember 1992. Kuroń ist seit den 60er Jahren einer der führenden Oppositionellen in Polen und nach den letzten Umfragen (1991, 1992) der populärste Politiker des Landes.

Um einfach anzufangen, was war überhaupt die »Solidarność« 1980-1981?
Kuroń: Allgemein gesagt, war sie eine Massenbewegung, die sowohl Gewerkschaft als auch soziale und politische Bewegung war. Alle Menschen, die in der »Solidarność« waren, vereinte der Protest gegen die real existierende kommunistische Gesellschaftsordnung. Eine Verfälschung der Realität ist die Behauptung, »Solidarność« wäre ein Auffangbecken gewesen, in dem alle politischen Richtungen von rechts-national bis ultra-links vertreten gewesen seien. In Wirklichkeit machten die Gruppierungen, die sich in der

Jacek Kuroń, einst »Paradedissident« Polens, heute der beliebteste Politiker

Gewerkschaft zu irgendeiner Ideologie bekannten, eine kleine unbedeutende Minderheit aus. Ich würde eher sagen, daß gerade das in den Idealen des Sozialismus verankerte Ethos, entgegen jedem Anschein die Hauptrolle in der Bewegung spielte. Das Anliegen der »Solidarność« war, das echte sozialistische Ethos zu verwirklichen. Man war der Ansicht, die Realität der Volksrepublik Polen habe mit diesem Ethos kaum etwas gemein. Es ist sehr wichtig zu begreifen, daß das Ethos der »Solidarność« auf der sozialistischen Basis beruhte.

Auch die Wirtschaftsprogramme jener Zeit vermitteln den Eindruck, daß die Ideen der sozialistischen marktorientierten Wirtschaft, so etwa wie in dem damaligen Jugoslawien oder in Ungarn, vorherrschend waren.
Kuroń: Das ist schwer zu beurteilen. Zu bedenken ist vor allem, daß sich die »Solidarność« angesichts der Sowjetunion selbst Grenzen setzte. Bei jeder Veröffentlichung war zu bedenken, was in der jeweils gegebenen Situation überhaupt gesagt werden konnte, ohne von der Gegenseite gleich irgendwie angegriffen zu werden. Daher sind hier Verallgemeinerungen sehr problematisch: zweifelsohne gab es unter den verschiedenen Theoretikern der Bewegung auch einige, die eine Vision von Syndikalismus und von selbstverwalteten Betrieben hatten. Sie waren aber in der Minderheit. Für die Mehrheit, darunter auch Balcerowicz, (Balcerowicz wurde 1990 zum Vater der monetaristischen Wirtschaftsreform; Anm. des Verf.), gab es einfach eine Reihe von konkreten Aufgaben, die ohne große Ideologisierung gelöst werden mußten.

Für viele der damaligen Anführer der »Solidarność« ist die heutige politische und wirtschaftliche Realität eine Enttäuschung. Symptomatisch dafür ist die Bemerkung von Karol Modzelewski – seit 30 Jahren einer der führenden Dissidenten –, der vor kurzem sagte, er müsse sich überlegen, ob angesichts der heutigen Lage all die Jahre seines Kampfes und die Gefängnisaufenthalte nicht als verloren bezeichnet werden müßten.
Kuroń: Ich muß sagen, ich verstehe seine Aussage nicht. Meiner Meinung nach gibt es zwei Arten, sich mit der Geschichte auseinanderzusetzen. Ich nenne die eine die konstruktivistische und die andere die historisierende. Zusammen mit Karol (Modzelewski, Anm. des Verf.) verwarfen wir sehr frühzeitig die konstruktivistische Herangehensweise an die Geschichte, nach der zunächst das Modell einer idealen Gesellschaft entwickelt und erst danach versucht wird, dieses Ideal zu realisieren. Aber dies gelang bislang niemandem und selbst der Versuch hatte negative Folgen. In der zweiten Herangehensweise, ich nenne sie historisierende, betrachtet man die historischen Prozesse als einen fließenden Strom. Es ist zwar möglich, auf diesen Prozeß erheblich einzuwirken, aber nur unter Berücksichtigung dessen, daß er sich in ständiger Bewegung befindet. Ich kann diesen Fluß nicht aufhalten,

ihn nicht in eine andere Richtung leiten, daraus einen See oder einen Teich machen... In dieser Geschichtssicht ist kein Platz für ideologische Kategorien; es ist eher ein Experiment mit dem Verstand. Dagegen scheint mir, daß die konstruktivistische Herangehensweise an die Geschichte, diese á priori Ideologisierung, gerade im sowjetischen Block vorherrschend war.

Bedeutet dies, daß Sie im Gegensatz zu Karol Modzelewski mit der heutigen Situation zufrieden sind?
Kuroń: Ob mir das hier gefällt? Nein, überhaupt nicht. Es sind aber einfach die Folgen des Zusammenbruchs einer ganzen Gesellschaftsordnung. Diese Ordnung brach zusammen, weil sie schlicht ineffektiv war und nicht, weil wir sie bekämpft haben. Der Versuch, die kommunistische Idee zu verwirklichen, hatte Konsequenzen, die dieser Idee entgegengesetzt waren. Daß wir dagegen waren, hat aber eine positive Seite: wir können bis zu einem gewissen Grad die Folgen des Zusammenbruchs dieses Systems verhindern. Die Katastrophe ist nicht so total wie z.b. in Jugoslawien, der ehemaligen Sowjetunion oder in der Slowakei. Immerhin konnten wir großen Einfluß auf die Ereignisse in Polen ausüben, und wir üben ihn immer noch aus; das heißt, wir sind in gewissem Maße imstande, die negativen Folgen der Katastrophe in Grenzen zu halten. Entscheidend ist aber die Tatsache, daß eine soziale Ordnung in einem großen Teil der Welt zusammengebrochen ist, mit allen Konsequenzen für die Welt und für uns selbst.

Der Fall des kommunistischen Systems und die darauf folgenden, aus der »Solidarność« hervorgehenden Regierungen erzeugten nicht nur bei den Politikern, sondern auch bei einem großen Teil der Gesellschaft ein Gefühl der Bitterkeit. Warum?
Kuroń: Für die Mehrheit ist es ein Gefühl der Niederlage. Wir haben hier mit bestimmten sozialen Mechanismen zu tun: es war doch eine Revolution, und jeder Revolution folgt die Enttäuschung. Die Enttäuschung ist eine unabdingbare Begleiterscheinung jeder Revolution: die Revolution wird gemacht, damit es den Menschen besser geht, und in ihrer Folge geht es ihnen immer schlechter. Aus vielen Gründen...
    Und der zweite Grund dieser Enttäuschung liegt im marxistischen Mythos von der Arbeiterklasse, der in Polen weit verbreitet war. Auch wenn die Wirklichkeit anders als die Idee aussah, genoß die Arbeiterklasse, vor allem jene in der Schwerindustrie, manche Privilegien. Dieser Mythos wurde auch dadurch bestätigt, daß die Arbeiterklasse scheinbar die einzige war, welche die Politik der Partei korrigieren konnte. Und schließlich, gleichgültig unter welchem Blickwinkel wir die »Solidarność« betrachten, war sie die Verkörperung des marxistischen Mythos der Arbeiterklasse schlechthin. Und gerade als die »Solidarność« an die Macht kam, wurden der Arbeiterklasse ihre Privilegien entzogen. Dies war ein unbeschreiblicher Schlag für sie.

Kantine der Danziger Werften: Was blieb von »Solidarność«?

Was ist die »Solidarność« heute? Von 10 Millionen Menschen blieb nur eine relativ kleine Gewerkschaft, um es genau zu sagen sogar drei Gewerkschaften.
Kuroń: Solche Massenbewegungen zerfallen zwangsläufig in dem Moment, in dem das Ziel erreicht ist. Selbstverständlich ist es betrüblich und traurig, daß es zu diesem Zerfall so kam, wie es geschehen ist. Wir konnten eine Umwandlung dieser Bewegung damals nicht so verwirklichen, daß sie in

der sich verändernden Gesellschaft mit einem sozialen Programm agieren konnte. Wenn ich heute sogar meine, ich wüßte, wie dies zu tun sei, weiß ich dies erstens erst heute und zweitens, wenn ich es damals gewußt hätte, dann hätte ich die anderen nicht überzeugen können. Kurz gesagt, es ist, wie wenn man traurig ist, weil der Herbst kommt.

Was ist also von dem Mythos der »Solidarność« geblieben, nichts außer der Enttäuschung?

Kuroń: Nach den letzten Gesprächen mit den streikenden Bergarbeitern (im Dezember 1992) sowie mit den Arbeitern der Lodscher Industriebetriebe komme ich immer stärker zu der Überzeugung, daß es eine reale Chance gibt, diesen Mythos wieder mit Inhalt zu beleben. Verschiedene soziale Gruppen, Arbeiter, Gewerkschaften etc., sind bereit, aktiv an den Restrukturalisierungsprozessen teilzunehmen. Vor allem dort, wo ganze Wirtschaftszweige bzw. Regionen gefährdet sind. Sichtbar ist eine gewisse Bereitschaft zur Aktivität, zur Tätigkeit in einer Bewegung, die die soziale Wirklichkeit verändern könnte. Darin besteht die Möglichkeit, an den Mythos der »Solidarność« anzuknüpfen, auch wenn dies sehr schwierig ist. Die Ereignisse von revolutionärer Tragweite können nicht zurückgedreht werden. So wie beispielsweise die Restauration der Monarchie nach 1815 einen Teil der Errungenschaften der Großen Französischen Revolution bewahrt hat, so kann der Strom des gesellschaftlichen Lebens nicht angehalten und die Ideale der »Solidarność«-Revolution zunichte gemacht werden. Die Ideale der sozialen Gerechtigkeit, das Recht auf gleiche Ausgangsbedingungen für jeden sowie das Recht des Menschen auf würdige Lebensbedingungen, also auf eine Wohnung, Ausbildung oder Kultur, sind in Polen weit verbreitet und nicht leicht zu verändern. Diejenigen, die meinten, dies sei unwichtig, irren sich und werden verlieren. Je schneller die Politiker in diesem Land dies verstehen, desto größere Chancen haben wir zu einer Stabilisierung, desto größer ist schließlich die Hoffnung, daß von der »Solidarność« mehr als die bloße Erinnerung bleibt. Das Verlangen nach sozialer Gerechtigkeit ist das Erbe der »Solidarność«. Deswegen gibt es in diesem Land nur die Alternative der sozialen Marktwirtschaft. So wie ich es in meinem Ministerium tue, sollte eine gesellschaftliche Aktivität angeregt werden und nicht unbedingt alles auf das Verteilen beispielsweise des Arbeitslosengeldes abgewälzt werden. Mein Konzept der sozialen Absicherung basiert auf der Idee der gesellschaftlichen Aktivität jedes einzelnen Individuums, gefördert durch Vereine, Selbsthilfegruppen etc. Nicht durch Zufall hat Polen als einziges postkommunistisches Land ein gut funktionierendes soziales Netz, das mit dem in Deutschland oder Frankreich vergleichbar ist.

Schocktherapie und Wirtschaftsskandale
Wie in Polen die Marktwirtschaft eingeführt wurde

1989 debattierten Wirtschaftsfachleute darüber, ob eine vom Internationalen Währungsfonds geforderte Senkung der Reallöhne um fünf Prozent gesellschaftlich überhaupt durchzusetzen sei. Die Roßkur von Finanzminister Balcerowicz hat indessen gezeigt, daß selbst eine Senkung um 30% möglich ist. Allerdings fragen sich immer mehr Experten und Politiker, ob der Preis dafür nicht zu hoch war: Anfang 1990 wußte die Regierung fast 90% der Bevölkerung hinter ich, nach den Präsidentschaftswahlen 1991 waren es allenfalls noch 16%. Der Regierung Bielecki kündigte die Gewerkschaft Solidarność im Sommer 1991 die Gefolgschaft auf, und als im Sommer 1992 Hanna Suchocka Premierministerin wurde, gaben ihr die Gewerkschaften nicht einmal hundert Tage Schonfrist; gestreikt wurde vom ersten Regierungstag an. Dabei kann der Balcerowicz-Plan durchaus Erfolge vorweisen. Die Inflation ist merklich zurückgegangen, der Złoty ist relativ stabil, und nie zuvor erlebte Polen einen solchen Exportboom wie 1990. Die Lohnbremse senkte die Binnennachfrage derart, daß die Betriebe sich gezwungen sahen, die Preise zu senken und im Ausland Abnehmer zu suchen. Polens Deviseneinnahmen stiegen so an, daß das Land nicht einmal die Eine-Milliarde-Dollar-Währungsreserve antasten mußte, die mit Hilfe westlicher Gläubigerländer zur Stützung des Złoty angehäuft worden war.

Für Polens Verbraucher hat die neue Situation zwei Seiten: Sie müssen nur noch selten Schlange stehen, aber die Streichung zahlreicher Subventionen und die Preisfreigabe haben dazu geführt, daß vieles unerschwinglich teuer geworden ist. »Preise wie im Westen, Löhne wie im Osten«, klagen die Gewerkschaften. Die Lohnzuwachssteuer, die 1989 eingeführt wurde, hat sich als effektives Instrument zur Verhinderung von Lohnsteigerungen erwiesen. Da die Steuer aber rentable und unrentable Betriebe über einen Kamm schert, ist sie nicht nur bei den Gewerkschaften umstritten.

Zwar hat die Streichung der Subventionen noch keine Pleitewelle ausgelöst und die Staatsindustrie hält sich noch über Wasser, allerdings hauptsächlich mit Entlassungen. Die Zahl der Arbeitslosen ist 1990 von 50.000 im Januar auf 1,1 Millionen im Dezember gestiegen – von sieben auf zwölf Prozent. Dabei wurden die in Schlesien bevorstehenden Schließungen noch auf die lange Bank geschoben. Dort konkurrieren immer noch rentable mit unrentablen Gruben. Das Geld, das in die Erhaltung der unrentablen Betriebe fließt, kann nicht für Lohnerhöhungen verwendet werden. Also streiken die Kumpel.

Überall sind Polens Regierungen schnell an die Grenzen der Marktwirtschaft gestoßen. Besonders im Wohnungsbau, wo horrende Mieterhöhungen für Geschäftsräume Handwerksbetriebe und zahllose kleine Unternehmen auf die Straße getrieben haben. Neue Unternehmen sind entstanden, aber vorwiegend solche, die keinen Raum brauchen: Taxifahrer und kleine Händler. Der private Handel, der schnelle Gewinne verspricht, macht auch den Landwirten zu schaffen. Importierte Lebensmittel konkurrieren mit ihren Erzeugnissen.

Die Bauern, daher besonders unzufrieden, versuchten mit Straßenblockaden und der Besetzung von Ministerien, Subventionen und Importzölle für Lebensmittel durchzusetzen. Zu schaffen macht ihnen außerdem die Kreditfalle. Viele haben, um die Produktion der kommenden Jahre vorzufinanzieren, Kredite aufnehmen müssen.»Im November 1990 habe ich bei meiner Genossenschaftsbank einen 250-Millionen-Kredit aufgenommen«, erzählt ein Bauer. »Im März 1991 hatte ich 58 Millionen abbezahlt. Da stiegen die Zinsen auf 106 Prozent jährlich. Heute bin ich der Bank mit allem drum und dran 700 Millionen schuldig, fast dreimal so viel, wie ich aufgenommen habe!« So wie ihm geht es vielen Bauern, da die Banken sich weigerten, aufgrund der Inflation festverzinsliche Kredite zu vergeben. Die Agrarpreise bleiben jedoch hinter der Inflation zurück – die Bauern fielen in die Zinsfalle. Bauernorganisationen erstritten einen Restrukturierungsfonds, der den Banken die Schulden abkauft und umschuldet. Allerdings hat die größte der betroffenen Banken sich bereits geweigert, sich die Schulden vom Staat mit 70prozentigem Abschlag abkaufen zu lassen. Inzwischen haben die Bauern eine neue Last zu tragen: 62 Prozent der Ernte sind der großen Sommerdürre von 1992 zum Opfer gefallen, auch sie von vielen per Kredit vorfinanziert.

Die Verbitterung über das neue Wirtschaftssystem hat sich nicht nur in den Präsidentschaftswahlen niedergeschlagen. Während der Kommunalwahlen im Sommer war die Hälfte der Bevölkerung schon zu Hause geblieben. Immer wieder beginnen wilde Streiks, zumal das polnische Streikgesetz eine sehr aufwendige und langwierige Prozedur für legale Streiks vorsieht. »Solidarność« verliert mehr und mehr an Terrain. Die Eisenbahner legten ihre Arbeit nieder, ohne daß eine einzige Gewerkschaft dahinter stand.

Polens Arbeiter gehen nicht nur auf die Barrikaden, weil die Löhne in der staatlichen Industrie der Inflation hoffnungslos hinterherhinken. Seit 1990 streiken und protestieren sie auch gegen die Ausplünderung ihrer Betriebe durch »Spółki«, Kapitalgesellschaften. Zahlreiche Fabrikdirektoren gründeten in den Jahren 1889/90 Privatbetriebe, in die sie die Gewinne ihrer Staatsfirmen überführten. Praktisch geht das so: Ein Fabrikdirektor gründet seine private Briefkastenfirma, die der Staatsfirma zu niedrigen Preisen die

Die Marktwirtschaft beginnt mit dem Straßenhandel

gesamte Produktion abkauft. Dann verkauft die Privatfirma die Produkte zu wesentlich höheren Preisen weiter, die Differenz fließt natürlich in die Taschen des Direktors. Diese Prozedur war eine ganze Weile legal. Als sie verboten wurde, entwickelten sich neue Varianten. Da sich mit solchen Tricks auch der Lohnstop umgehen ließ, war manche Belegschaft sogar zufrieden mit den Geschäften ihres Direktors. Bis dem Staatsbetrieb der Konkurs und der Belegschaft damit der Verlust der Arbeitsplätze drohte. Weil viele Fabrikdirektoren noch aus kommunistischen Zeiten stammen, sprach man bei den Briefkastenfirmen von »Bereicherung der Nomenklatura«. Immer weniger Arbeiter wollen zusehen, wie diejenigen, denen es schon im Kommunismus gut ging, durch Tricks und Finten auch in der Demokratie immer reicher werden. Das ist der zweite Grund für die »Anti-Spółki-Proteste«.

Durch Bereicherung mit Zins-Tricks machte Polens größter Privatkonzern Art B von sich reden. Die Chefs nutzten lediglich die Tatsache, daß Schecks, bei einer Bank eingelöst, erst mit mehrtägiger Verspätung bei der Ausstellerbank verbucht wurden. Den Zeitraum nutzten sie für eine doppelte Verzinsung: Scheck einlösen, den Betrag sofort wieder einzahlen, so daß er Zinsen brachte. Bei der Ausstellerbank brachte er auch noch Zinsen, weil er noch nicht abgebucht war. Als sich herausstellte, daß sie auch noch auf gigantische Summen erworbene Kreditbürgschaften, ausgestellt durch korrupte Bankbeamte, zu Geld machten, schlugen Staatsanwaltschaft und Geheimdienst zu. Da haben sich die Firmenchefs allerdings schon ins Ausland abgesetzt.

Die Art B-Affäre war möglich, weil seit 1990 die Zinsen über dem Inflationsniveau lagen. Das war eine der Bedingungen des Internationalen Währungsfonds zur Umschuldung der polnischen Auslandsschulden. Dadurch sollte das Anheizen der Inflation durch billige Kredite verhindert werden. Da infolge des Exportbooms 1990 der Dollarkurs stabil blieb, führte das zu einem Kaufkraftverlust ausländischer Währungen und zu enormen Zinsdifferenzen. Wer sein Geld in Dollar auf einer polnischen Bank anlegte, erhielt vier bis sechs Prozent Zinsen, wer es in Złoty anlegte, über hundert Prozent wegen der hohen Inflation. So flossen bald gigantische Devisenmengen in Polens Banken, wurden gewechselt und angelegt und flossen wieder ab, nachdem die Besitzer die Zinsgewinne eingestrichen hatten. Wer Anfang 1990 1.000 Dollar in Złoty auf einer polnischen Bank anlegte und sein Kapital 1991 zurückwechselte, konnte bis zu 6.000 Dollar mit nach Hause nehmen. Der Transfer der Dollars ins Ausland war illegal, konnte aber kaum nachgeprüft werden.

Die Kritiker der Zinspolitik vergessen aber, daß die Privatisierung des Bankensystems ohne sie nicht möglich gewesen wäre. Unter der Inflation hätte keine Bank ohne staatliche Subventionen Kredite vergeben, und kein Anleger hätte seine Spargroschen zur Bank gebracht. Polens Sparer hätten weiter in Devisen investiert, deren Wert mit der Inflation stieg. Leidtragende wurden allerdings alle, die zuvor aufgenommene Kredite nicht mehr abbezahlen konnten, die Bauern und Häuslebauer.

So viele Devisen wie durch Art B verlor Polen auch durch die FOZZ-Affäre. FOZZ ist die Abkürzung für den »Fonds zur Bedienung der Auslandsschulden«, eine Institution, die 1989 gegründet wurde, um Polens Auslandsschulden aus den Banken auszugliedern. Den Chefs des Fonds wirft die Staatsanwaltschaft inzwischen vor, einen Großteil des Geldes unter dem Vorwand, insgeheim polnische Schulden unter Preis zurückzukaufen, in die eigene Tasche transferiert zu haben, und zwar über ein riesiges Netz von Tarn- und Scheinfirmen im In- und Ausland. 80 Millionen Dollar Verluste konnten bisher nachgewiesen werden, und Firmen aus unzähligen Ländern und allen Steuerparadiesen sind darin verwickelt. Verhaftet wurden bis 1993 in Polen zwei Personen, ermittelt wird gegen fünf. Zwei ausländische Geschäftsleute, darunter ein Schweizer Bankier, sitzen in Haft.

Klaus Bachmann

Die »Polnische Wirtschaft«
Über die Schwierigkeiten, Geschäfte zu machen

Sie sind faul, lassen alles verkommen und haben im Ausland 40 Milliarden Dollar Schulden, die sie nicht bezahlen möchten. Außerdem sind sie korrupt, können Gänse auf die Weihnachtstische ex- und in Deutschland gestohlene Autos importieren. Und weil sie eben – siehe oben – arbeitsscheu sind, kommen sie nach Deutschland und nehmen uns und unseren fleißigen Türken als Schwarzarbeiter die Arbeitsplätze weg. Kurzum: das sind die Polen und das ist die polnische Wirtschaft. Wer sich, ungeachtet dieser Widrigkeiten in Geschäftsbeziehungen mit polnischen Unternehmen begibt, kann nicht ganz bei Trost sein – oder muß es besser wissen.

Tatsächlich produziert die polnische Wirtschaft mehr als Gänse und Schulden. Schlechte (Polonez) und gute (FIAT cinquecento) Autos sind dabei, Wasseruhren für Israel wie Panzer für den Irak, Flugzeugtriebwerke für Rolls Royce und Holzhäuschen für die deutschen Gartenlauben; mithin alles, was die Menschen so brauchen. Das – und die dank der miserablen Löhne meist niedrigen Preise – können Polen für die deutsche Industrie zum Shopping-Paradies werden lassen.

Der Fiat 126p wurde in der 70er Jahren zu einem echten Volks-Wagen

Doch oftmals werden die Versprechungen, die sich westliche Manager auf der Jagd nach dem guten Deal machen, von den potentiellen Partnern in Polen nicht erfüllt. Seit der Warschauer Staatshaushalt nicht mehr automatisch die Verluste der Betriebe subventioniert, will auch der polnische Chef seine Kosten bezahlt bekommen. Und alles wird teurer, wie die Verhandlungspartner in Polen schon ebenso beredt klagen können wie ihre westlichen Gegenüber: die Elektrizität (20 Pfennig die Kilowattstunde), das Benzin (50 Pfennig pro Liter), die Löhne (250 Mark netto der Monat – *aber* die Lohnnebenkosten: 81%!) und so weiter und so fort.

Aber es gibt sie noch, die guten alten Zeiten. In den etwas abgelegenen Winkeln des Landes sind die alten Kader, die die Partei irgendwann einmal dorthin geschickt hatte, noch nicht alle ausgetauscht. In einem Nest im Süden wird man auch heute noch morgens um neun warmherzig zum Wodka genötigt, bevor der Betriebsleiter dann nach dem fünften Glas beichtet, daß er leider kein Geld hatte, um das für den Auftrag, um dessen Willen man aus Deutschland angereist ist, nötige Rohmaterial zu kaufen. Schade, aber nett war's doch, die Herren Kowalski und Wojtas mal wieder zu sehen.

In der Gießerei in Pasłęk – früher als Preußisch-Holland bekannt – treffen wir zwei liebenswerte Menschen, deren größte Vergnügungen die Jagd und das Angeln sind. Sie sind Vertreter der hinlänglich bekannten Auffassung, daß Handel und Wandel die Menschen zusammenbringen. Ihre persönliche Konsequenz daraus ist die in jedem Fall ausgesprochene und ernst gemeinte Einladung, doch bald einmal ohne störende merkantile Erwägungen wieder vorbeizukommen, zur Jagd eben. Leider hat jüngst irgendeine staatliche Institution das Jagdprivileg der beiden kassiert. Früher war eben doch alles besser, was übrigens nach drei Jahren Abwesenheit des Sozialismus nicht nur langjährige Direktoren in Polen glauben.

Doch der Umbruch scheint unaufhaltsam. Das Personalkarussell in den Vorstandsetagen der polnischen Unternehmen dreht sich schnell. Langwährende Parteikarrieren finden ihr jähes Ende, wenn sie nicht fachlich unterfüttert waren. Hexenjagden gibt es kaum auf alte Kommunisten. Wenn sie die ihnen anvertrauten Unternehmen gut durch das unbekannte Fahrwasser des Kapitalismus lotsen, schadet die politische Vergangenheit fast nie. Aber es hat offenbar doch zu viele unfähige Leute in der Wirtschaft gegeben, die jetzt ersetzt werden. Wo die neuen Leute herkommen, wo sie ihr Handwerk als Chef lernen konnten, bleibt angesichts der kurzen Zeit seit 1989 ein kleines Rätsel. Aber es gibt sie, und sie machen ihre Arbeit gut.

Einer der neuen Leute ist als kaufmännischer Leiter der früher zur polnischen Autofabrik FSM, jetzt zu FIAT gehörenden Gießerei in Bielsko Biała zu finden. Dort war und ist er für die schwarzen oder roten Zahlen der Fabrik mit etwa siebenhundert Beschäftigten verantwortlich. Den neuen Bossen aus Turin, die jetzt die alten FSM-Fabriken durchrationalisieren, gefiel er so gut, daß sie ihn auf seinem Platz ließen. Sein Sekretariat verströmt

Schwere Zukunft: Werften an der Ostseeküste

schon italienisches Ambiente, das eigene Acht-Quadratmeter-Büro ist noch im alten sozialistischen Look gehalten. Sicher nur eine Frage der Zeit, denkt der Besucher, der mit einem leise ironischen »Bon giorno« vom Gastgeber begrüßt wird.

Ihren festen Platz in den internationalen Wirtschaftsbeziehungen haben die Manager der Werften in Szczecin längst gefunden. Fährt man mit einer Barkasse zwischen den Neubau- und Reparaturwerften die Oder entlang, fällt es schwer, leere Helgen und Docks zu finden. Für den Besucher, der die Werften in Deutschland kennt, ein ungewohntes Bild. Vergleichsweise niedrige Lohnkosten und gute Qualität, die von den polnischen Schiffsbauern geliefert wird, sind die Gründe für den Boom. Aber auch hier wird über schiffbaufremde Fertigung, über Diversifikation nachgedacht. Der Direktor einer der Werften überraschte den Gast mit der Idee, in Kooperation mit einer erfahrenen westlichen Firma in den nächsten Jahren leistungsfähige Windkraftanlagen für den polnischen Markt herzustellen. Die Begründung: »Die Energiepreise steigen, die Umwelt ..., Sie wissen es doch!«

Der Gast wußte es, packte die erhaltenen Werbegeschenke (Made in China) ein und fragt sich, wann Herr Kowalski und Wojtas in dem kleinen Dorf im Süden von Herrn Sowieso abgelöst werden, der nur noch Orangensaft ausschenkt.

Detlef Dunker

Immer wieder die alte Hölle
Polnische Bauern

Eine Hölle für die Bauern nannte man im 16. Jahrhundert Polen. Die bedrückende Leibeigenschaft wurde erst im 19. Jahrhundert, zuletzt 1863 im russischen Teilungsbereich, abgeschafft. Wenn Aufstände angezettelt wurden, war das Sache der Herren; den Bauern kümmerte es nicht, denn sein Nationalgefühl war im 19. Jahrhundert praktisch noch nicht existent. Als der Bauer schließlich das Stückchen Land erhielt, auf das er so lange gewartet hatte, entwickelte er eine unglaublich starke emotionale Bindung dazu. Dies bekamen die Kommunisten zu spüren, als sie sich 1948 nach den altbewährten Methoden an die Kollektivierung der Landwirtschaft machten. Die Bauern gingen in den passiven Widerstand. Die Felder lagen brach, die Ernteerträge wurden nicht an den Verkaufsstellen abgeliefert und das Vieh lieber geschlachtet als an die Genossenschaften abgegeben. Die Bauern änderten ihre Haltung solange nicht, bis das Regime 1953 aufgab und Polen das einzige Land des Ostblocks blieb, in dem 3/4 der landwirtschaftlichen Fläche privat bebaut werden konnte. Die PGRs – eine polnische Variante der Kolchose, bzw. der Landwirtschaftlichen Produktionsgenossenschaften westlich der Oder entstanden nur dort, wo es sowieso kein bodenständiges Bauerntum mehr gab, auf den großen pommerschen, niederschlesischen oder ostpreußischen Junkerhöfen. Die winzigen Gärten der Neusiedler erwirtschafteten oftmals höhere Erträge als alle Genossenschaften. Die Genossenschaften gaben ein trauriges Bild ab: Mißwirtschaft, heruntergekommene Bauten, Armut. Ein Bauer ohne Land verliert vermutlich jegliche Motivation. Nach der Wende sollen die PGRs in die eigene Tasche wirtschaften. Da sie dazu kaum in der Lage sind, muß man wohl bald mit einer »Rückkollektivierung« rechnen.

Aber auch die Mehrheit der privaten Landwirtschaft bietet heute kein rosiges Bild. Dem Staat waren die Bauern ein Dorn im Auge; sie bekamen weder Anleihen noch Hilfe bei der Mechanisierung ihrer Höfe. Noch in den 80er Jahren verlief ein ausländisches Projekt zur Bauernhilfe im Sande, da die Kirche als Verwalter des Geldes vorgesehen war, was die Regierung ablehnte. Auch die Rechtslage der Bauern trug nicht zur Blüte der Höfe bei. Erst in den 80er Jahren ist beispielsweise das Privateigentum an Boden verfassungsmäßig abgesichert worden. Die kleinen, z.T. weit auseinanderliegenden Parzellen stammen noch aus dem 19. Jahrhundert. Das Durchschnittsalter in den Dörfern liegt heute bei über 60 Jahren. Jeder, der jung und einigermaßen unternehmungslustig ist, kehrt dem Land den Rücken

Das polnische Dorf: Kühe, Bauern auf einem »Panje-Wagen«, ein Kruzifix...

zu. Von 2,7 Millionen Bauernhöfen ist die Hälfte kleiner als 5 ha. Auch wenn die große Traktorenfabrik »Ursus« bei Warschau mit ihren Maschinen manchem Bauer helfen konnte, ist das Pferd wie eh und je eines der wichtigsten Hilfsmittel des polnischen Bauern – nicht zuletzt, weil die Felder für den Traktoreinsatz schlicht zu klein sind. Mit über einer Million Pferden ist Polen das Land mit dem größten Pferdebestand Europas.

Fast 15 Millionen polnische Dorfbewohner stehen nun an der Schwelle zum neuen System. Sie befürchten, daß eine Annäherung an die EG ihr Ende bedeuten würde. Zwei von drei werden ihr Land verlassen müssen. So sehen viele Polen die Bauern als größten Hemmschuh auf dem angestrebten Weg nach Europa. Für viele ist es ein Glück, daß die polnische Landbevölkerung in zwei, mitunter sogar drei Bauernparteien zersplittert ist. Die Bauern sind aber auch ein politisch schwieriges »Potential«, da ihre Forderungen – wie beispielsweise Subventionen für Nahrungsmittel oder feste Lebensmittelpreise – der Entwicklung zum effizienten kapitalistischen System im Wege stehen. Im Sommer 1992 machte der »Bauernführer« Andrzej Leppert von sich reden. Die von ihm initiierten Straßenblockaden, die den Verkehr lahmlegen sollten, mußten mit Polizeigewalt aufgelöst werden. Das unterentwickelte, von Überalterung und Landflucht bedrohte Dorf – die alte Hölle der Bauern – wehrt sich gegen das, was nach Meinung vieler naturgemäß eintreten muß: die drastische Reduzierung der ausschließlich von der Landwirtschaft lebenden Bevölkerung.

Baden verboten. Atmen verboten
Umweltzerstörung

Wie in den übrigen Ostblockländern wurde auch in Polen ein rücksichtsloser Raubbau an der Natur betrieben. Produktion um jeden Preis wurde verlangt, um die Wirtschaftspläne wenigstens annähernd zu erfüllen. Nun hat auch in den westlichen Industrienationen die Wirtschaft Vorrang vor umweltpolitischen Maßnahmen, dies zeigt sich gerade in Zeiten der wirtschaftlichen Rezession. Dennoch wurden unter dem Druck der Öffentlichkeit in den letzten beiden Jahrzehnten vielfache Verbesserungen gerade im Emissionsschutz erreicht. Im sozialistischen Polen dagegen durfte es keine Umweltpartei wie die bundesdeutschen »Grünen« geben. Obwohl die Probleme der Umweltzerstörung schon in den Jahren vor der Demokratisierung diskutiert wurden, unternahm man von staatlicher Seite nichts, um Abhilfe zu schaffen. Polnische Umweltschützer arbeiteten auch damals schon mit internationalen Umweltgruppen wie »Greenpeace« zusammen, die Untersuchungsergebnisse gelangten auch an die Öffentlichkeit. Die Industriebetriebe arbeiten jedoch heute noch mit technisch veralteten Anlagen, ihre Erneuerung scheitert

Kindergrab vor einem Kraftwerk in Łagisza bei Kattowitz

ebenso wie der Einbau von wirksamen Emissionsfiltern oder Kläranlagen an den fehlenden Finanzierungsmitteln.

Am schlimmsten von der Umweltzerstörung betroffen ist das oberschlesische Industriegebiet (Górnośląski Okręg Przemysłowy=GOP) um Katowice (Kattowitz): hier sind Mensch und Natur der größten Schadstoffbelastung Europas ausgesetzt. Es werden Mutationen an Pflanzen beobachtet, die Zahl der Atemwegserkrankungen bei Kindern ist laut offiziellen Angaben um 400% erhöht, die Lebenserwartung liegt ungefähr 3 Jahre unter dem polnischen Durchschnitt. Die Häuser sind rußgeschwärzt, die meisten Gewässer sind tot. Obwohl diese Fakten seit langem bekannt sind, wurde nichts zur Verbesserung der Situation getan. GOP ist das wirtschaftliche Herz Polens. Die Steinkohle, das »schwarze Gold«, das hier gefördert wird, ist der wichtigste Energieträger des Landes. Schon im 19. Jahrhundert, mit dem Beginn der Industrialisierung, siedelte sich hier auch weiterverarbeitende Industrie an. Oberschlesien ist das polnische Ruhrgebiet, mit dem entscheidenden Unterschied, daß in der Bundesrepublik Kapital vorhanden war, das in die Aufwertung und Umstrukturierung des Kohlereviers investiert werden konnte. Im GOP arbeiten zahlreiche Stahlhütten (die größte ist die Huta Katowice), die eines der wichtigsten Exportgüter Polens herstellen. Zu den schlimmsten Umweltsündern gehören die Chemiewerke der Region. Nach der politischen Wende hat man zwar einige der übelsten Dreckschleudern abgeschaltet, doch dies ist nur der berühmte Tropfen auf den heißen Stein.

Nach der Marktöffnung Polens und dem Wegfall des COMECON-Handels mit den übrigen Ostblockstaaten sind die Erträge für Kohle und Stahl gesunken, was die finanzielle Notlage des Landes zusätzlich verschärft hat. In dieser Situation kann es sich auch die demokratische Regierung bei allem guten Willen und Problembewußtsein nicht leisten, die Betriebe zu schließen. Man befindet sich in einem Teufelskreis: der Staat braucht die Einnahmen aus den umweltzerstörenden Betrieben, um wenigstens in absehbarer Zukunft in die Modernisierung der Industrieanlagen investieren zu können.

Auch Krakau hat schwer unter den Industrieabgasen zu leiden. Der Westwind bringt die Emissionen aus Oberschlesien mit sich, der Ostwind hüllt die Stadt in die Abgase des Stahlwerks von Nowa Huta, das nach dem Krieg vor die Tore der Stadt gesetzt wurde. In Krakaus Altstadt kann man die Folgen sehr gut an den Fassaden ablesen: ein frisch restauriertes Haus zeigt schon bald wieder die durch den sauren Regen verursachten Schäden.

Neben der Luftverschmutzung ist auch die Gewässerverschmutzung ein großes Problem. Die Industrieabwässer fließen nur mangelhaft geklärt in die Flüsse, auch den meisten Städten fehlen ausreichende Kläranlagen (die Überdüngung durch die vorwiegend kleinbäuerliche Landwirtschaft war dagegen bislang kein Problem, da es den Bauern an Geld für chemischen Dünger und Pestizide mangelte). So bringt beispielsweise die Weichsel, die durch Krakau und Warschau hindurch ganz Polen durchfließt (»solange sie

»*Apocalypse now*«: *toter Wald im Isaargebirge (Góry Izerskie)*

durch Polen fließt, ist Polen nicht verloren...«) bei ihrer Mündung in die Danziger Bucht soviel giftigen Schlamm mit, daß das Wasser der Bucht biologisch tot ist. Es herrscht eigentlich Badeverbot, doch die Hinweisschilder am Strand sind aus unerklärlichen Gründen wieder verschwunden und man sieht nicht wenige Leute am wunderschönen Strand zwischen Zoppot und Danzig ins Wasser gehen.

Die Umweltzerstörung in Polen ist nicht nur »hausgemacht«. Im Riesengebirge, an der Grenze zu Nordböhmen und der ehemaligen DDR, haben die Industrieabgase aus diesen Regionen dazu geführt, daß 40% der Bäume sichtlich vom Waldsterben betroffen sind. Aus der Entfernung wirken die abgestorbenen Stämme wie Streichhölzer, die aus dem Boden ragen. Manche Hänge sind schon ganz kahl.

Um wirksamen Umweltschutz betreiben zu können, ist viel Geld erforderlich, aber nicht vorhanden. Mindestens ebenso wichtig ist die Kooperation mit den Nachbarländern, denn Wind und Regen machen nicht an der Grenze halt, und die Ostsee ist ein europäisches Meer. In punkto Zusammenarbeit und Technologietransfer sollte auch von deutscher Seite etwas zur Verbesserung des Umweltschutzes in Polen beigetragen werden.

Beate Störtkuhl

Pressefreiheit auf Polnisch
Bemerkungen zur bunten Presselandschaft

Bis vor kurzem bestätigten die Polen das alte Vorurteil, die besten Konspiranten Europas zu sein. Wer sich davon überzeugen wollte, konnte problemlos Millionen Beweise für diese These finden. Allein in den 80er Jahren wurden nämlich in Polen im Untergrund Millionen von Büchern und Zeitschriften herausgegeben. Während die polnischen Nachbarn faktisch vergessen hatten, was das freie veröffentlichte Wort ist, hat man im Lande Wałęsas das in der menschlichen Geschichte perfekteste System der Verleugnung der Wirklichkeit – das sowjetsozialistische System der allumfassenden Zensur – der Lächerlichkeit preisgegeben. Der kommunistische Staat kontrollierte zwar alles offiziell Publizierte im Lande. Dieser Staat war trotz seines umfassenden Repressionsapparates jedoch nicht imstande, des sogenannten zweiten – illegalen und inoffiziellen – »Verlagsumlaufs« (drugi obieg) Herr zu werden. Die Ströme dieses Umlaufs waren zu stark. Sie waren so stark, daß es in den Großstädten Polens durchaus möglich war, in den Straßenbahnen Menschen zu begegnen, die sich während der Fahrt in die Lektüre von Untergrundzeitschriften und Untergrundbüchern vertieften, obgleich dieses Spiel mit dem Feuer unangenehme bis schlimme Konsequenzen nach sich ziehen konnte. Die Freiheit nämlich, für die man nichts zu riskieren bereit ist, ist nichts wert. Ja, meine Damen und Herren: Sie ist nichts wert.

Die Aufgabe der endgültigen Befreiung des veröffentlichten Wortes nach 1989 bestand darin, die Zensurämter abzuschaffen sowie – was noch wichtiger und schwieriger war – den inzwischen staatsunabhängigen Zeitungen und Zeitschriften Bedingungen einer finanziell selbständigen Existenz zu schaffen. Wohl auf keinem anderen Gebiet der Transformation der Gesellschaftsordung in Polen hat der Übergang zum Pluralismus und zur Marktwirtschaft so schnell Früchte getragen wie in der polnischen Presselandschaft. Die Vielfalt der Pressetitel sowie das technische und journalistische Niveau der polnischen Presseerzeugnisse garantieren schon heute, daß jeder etwas für sich finden kann. Wenn man deshalb in dieser Vielfalt auf einige bestimmte Zeitschriften und Zeitungen aufmerksam machen möchte, muß man dies jeweils begründen. Die hier angesprochenen Titel stehen für einige zentrale Probleme der freien polnischen Presse in der Umbruchszeit.

Gazeta Wyborcza (»Die Wahlzeitung«)
Sie ist die einzige neue Tageszeitung in einem postsowjetischen Land, deren Entstehung wirklich einen riesigen geschäftlichen Erfolg brachte. Die »Ga-

zeta Wyborcza« ist mittlerweile die größte Tageszeitung in Polen, die am Wochenende eine Auflage von 1.000.000 Exemplaren erreicht. Ihre Popularität verdankt sie in erster Linie der Tatsache, daß sie vor den entscheidenden Parlamentswahlen im Juni 1989 als die Oppositionszeitung schlechthin mit Zustimmung der damals noch regierenden Kommunisten gegründet wurde. Die polnischen Nachfolger der Bolschewiki garantierten die Papierzuteilungen für eine Auflage von 500.000 Stück, damit die »Wyborcza« Chancen hatte, ihre Aufgabe als Wahlorgan der gerade legalisierten »Solidarność« zu erfüllen. In dieser Eigenschaft eroberte sie schnell die Herzen vieler Polen.

Manchmal meint man, daß das journalistische Niveau der »Gazeta Wyborcza« einiges zu wünschen übrig läßt. Sie hat aber ihren Stil, der offensichtlich gut ankommt. In Deutschland gibt es keine Tageszeitung, die der »Wyborcza« ähnlich wäre: eine anspruchsvolle Boulevard-Zeitung mit kurzen Artikeln, Kommentaren und Berichten. Sie überrascht nicht selten mit langen bis sehr langen Texten auf einem guten bis sehr guten Niveau. Viel Verständnis für ihre politischen Gegner und die Bereitschaft, mit ihnen zu kommunizieren, bringt sie ebenso wenig auf wie die meisten deutschen Tageszeitungen. Früher eng mit dem Vorsitzenden der »Solidarność« Lech Wałęsa verbunden, gehen die Redakteure der »Wyborcza« politisch inzwischen eigene Wege, obgleich sie den Präsidenten Wałęsa heute nicht mehr als einen Demagogen und Möchte-Gern-Diktator bekämpfen.

Inzwischen privatisiert und zunehmend expandierend, ist die »Gazeta Wyborcza« selbst ein Beweis für die Richtigkeit des von ihr unterstützten Weges, den Polen seit ein paar Jahren geht.

»Polityka«
Sie ist das beste politische Wochenblatt Polens. Von der kommunistischen Partei Ende der 50er Jahre als Ersatz für die 1957 verbotene, sehr populäre intellektuelle Wochenzeitung »Po Prostu« gegründet, bildete sich im Laufe der Jahre eine professionelle Redaktionsmannschaft. Schon in den 60er Jahren war sie trotz Zensur und der zu vertretenden Parteilinie eine echte Zeitschrift und kein, wie in den Länder des Ostblocks üblich, primitiv redigiertes Propagandablatt. Die »Polityka« erreichte noch in der kommunistischen Zeit eine Auflage von 300.000 Exemplaren, die sie auch heute – unter den Bedingungen einer harten Konkurrenz – hält. Das Äußere der Zeitung hat sich dank der jungen Marktwirtschaft entscheidend verbessert. Es bleibt jedoch – wie dies bei anspruchsvollen Pressetiteln oft der Fall ist – schlicht und bescheiden. Nach wie vor wird die »Polityka« ausgezeichnet redigiert. Sie ist seriöser als der oft zynische »Spiegel« und interessanter als die mitunter langweilige »Zeit«. Ihre Journalisten haben auch diese Wende des Blattes erfolgreich gemeistert. Sie gehören heute zu den intellektuellen Befürwortern der Marktwirtschaft und der EG-Option Polens. Zuvor haben sie bereits mehrere Anpassungsphasen durchgemacht.

Die Wochenzeitung »Polityka«

So haben sie in den 80er Jahren um die Unterstützung des Parteichefs Gomułka geworben. In den 70ern haben sie sich problemlos mit dem Parteichef Gierek arrangiert und seine Politik des Aufbaus der »entwickelten sozialistischen Gesellschaft« in Polen solange mitgetragen, bis Gierek Anfang der 80er Jahre wegen der Entstehung der Gewerkschaft »Solidaność« gestürzt wurde. In der ersten Zeit der »Solidarność« (1980-1981) hat die Redaktion der »Polityka« den Reformflügel der kommunistischen Partei unterstützt, um dann – von einigen Kollegen verlassen, die auch diese Wende nicht mehr mitzumachen bereit waren – im Auftrag von General Jaruzelski jahrelang den Kriegszustand zu rechtfertigen.

Lobt man die fachliche Kompetenz der »Polityka« (und die muß man loben), dann wirft man automatisch die Frage auf, ob es immer gerechtfertigt ist, guten Journalismus allein seiner Professionalität wegen zu loben.

Nie (»Nicht«)
Die »Nie« sagt über sich selbst, sie sei eine wöchentliche Tageszeitung. Sie hat in der Tat eine für Tageszeitungen übliche Größe und erscheint wöchentlich in einer Auflage, die in Polen nur die größten Tageszeitungen erreichen – 700.000 Exemplare. Es gibt Menschen, die in der »Nie« ein »satirisches Blatt« sehen. Andere versuchen dagegen, in ihr ein größeres »Kulturphäno-

men« zu entdecken. Sie ist weder das eine noch das andere. Sie ist einfach eine Zeitung, die von Jerzy Urban veröffentlicht wird.

Die »Nie« ist vulgär und obszön: sie kann sich etwa die Veröffentlichung einer Zeichnung leisten (und dies ist selbstverständlich bereits geschehen), auf der der Regisseur Andrzej Wajda mit einem Schwein kopuliert. Die »Nie« wünscht sich anscheinend den Antisemitismus in Polen – freilich nicht, weil Urban ein Antisemit wäre, sondern weil ihm ohne den Antisemitismus ein unerschöpfliches Thema verloren gehen würde. Die »Nie« nennt sich selbst antiklerikal und versteht darunter, sich über religiöse Symbole und über Kirchenvertreter lustig zu machen. Sie verspottet den neuen polnischen Staat und dessen politische Elite. Die »Nie« lobt die kommunistische Zeit. Die »Nie« hält sich an keine Regeln, weil sie bekämpft, kritisiert, angezeigt, verfolgt werden will.

Die »Nie« ist so, wie sie ist, weil sie von Jerzy Urban gegründet wurde und redigiert wird. Die »Nie« ist so wie Urban, der in den 80er Jahren als Regierungssprecher Jaruzelskis mit sichtbarer Freude jede Woche vor Auslandskorrespondenten und Fernsehkameras auftrat und log und log und log. Früher noch – im Jahre 1971 – prophezeite er als Propagandist der Gierek-Ära (übrigens in der »Polityka«), daß im Jahre 1990 der »sozialistische Charakter der in Polen herrschenden Ordnung (...) die gesellschaftlich gerechte Reihenfolge der Lösung der Probleme gewährleisten und die Harmonie der Erfüllung der Bedürfnisse schaffen wird«. Heute bedankt er sich bei dem von ihm zugleich heftig bekämpften Wałęsa für die Abschaffung des Kommunismus: Dank Wałęsa – so Urban – könne er so gut leben wie noch nie zuvor in der kommunistischen Zeit und keiner nehme ihm das übel.

Außer, daß Urban so ist, wie er ist, kann er ausgezeichnet schreiben. Mit einigen politischen Texten hat er zudem schon mehrfach unter Beweis gestellt, daß er kein dummer Mensch ist. Nichtsdestotrotz bleibt mit der Urbanschen »wöchentlichen Tageszeitung« die Frage unausweichlich verbunden, ob und wie man reagieren soll, wenn die Pressefreiheit bewußt mißbraucht wird.

Vielleicht haben Sie bereits bemerkt, daß die hier gestellten Fragen nicht die besonderen Probleme einer Nation ansprechen, die zwei Jahrhunderte lang die besten Konspiranten Europas hervorbrachte und deshalb heute Schwierigkeiten hat, mit dem freien Wort umzugehen. Was der freien Presse in Polen als Problem gilt, gilt auch für die freie Presse überhaupt. Meinen Sie aber vielleicht, daß es nicht lohnt, auf solche Probleme hinzuweisen, weil die Zeitungen einfach vielfältig und bunt zu sein sowie jedem das Seine zu bieten haben? – Es lohnt doch! Die Freiheit, die keine Probleme aufwirft ist ebensoviel wert wie die Freiheit, für die man nichts zu riskieren bereit ist. Nichts ist sie wert, meine Damen und Herren, einfach nichts.

Jerzy Maćków

So stellte sich Urban 1992 die »Miss Polonia« vor: mit einem von der Katholischen Kirche aufgezwungenen Schleier steht sie auf den Trümmern des Landes

Die Deutschen kommen
Sehnsuchts-, Versöhnungs- und Einkaufstourismus

So wie das polnische staatliche Reisebüro »Orbis« träumten auch viele Polen davon, aus ihrem Land ein Urlaubsparadies wie beispielsweise Griechenland oder Spanien zu machen. Allzu leicht vergaßen sie dabei, daß man den strahlendblauen Himmel in Polen nicht garantieren kann, die Bedienung oft miserabel und nicht westeuropäischen Vorstellungen entsprechend ist, und daß die notwendige Infrastruktur fehlt. Und schließlich fehlt es im übertragenen Sinne auch an der Akropolis, d.h. an Kunstwerken von Weltruhm. Mit Hinweisen auf die vermeintliche Exotik »des weiten Landes im Ostens« – so steht es in den Katalogen einiger Reiseunternehmen –, der Empfehlung auf die Suche nach der eigenen Jugend oder der unberührten Natur zu gehen, wurden vor der Wende lediglich knapp 10% der alten Bundesbürger dazu bewegt, eine Reise nach Polen zu unternehmen.

Die beeindruckende Zahl von ca. 50 Millionen ausländischen Gästen in Polen im Jahre 1992 – davon fast 30 Millionen mit deutschen Pässen – ergibt sich aus Besuchern, die mit den typischen Bade- und Kultururlaubern wenig gemein haben. Auch wenn sich dieses langsam ändert – u.a. das klangvolle Wort »Masuren« lockt immer mehr Touristen –, werden die Zahlen der Statistik vor allem durch die im Ausland lebenden Polen der jüngsten Emigrationswelle in die Höhe getrieben bzw. verfälscht.

Die Hotels in Breslau, Sensburg oder Danzig werden dagegen immer noch von den Reisegruppen aus Deutschland belegt, die leicht abfällig als »Sehnsuchtstouristen« bezeichnet werden. Ehemalige Schlesier oder Ostpreußen liefern sich frühmorgens Schlachten am kalten Büffet, um wenig später mit der eroberten Verpflegung in einem zuvor bestellten Taxi in ihr Heimatdorf zu entschwinden. Nicht, daß diese Touristen besonders lästig oder aggressiv wären, die polnischen Reisebegleiter lieben diese Kunden, haben sie selber doch nichts anderes zu tun, als die Taxen zu organisieren; eine durchaus einträgliche Beschäftigung. Auch die neuen polnischen Bewohner der ehemaligen deutschen Bauernhöfe verhalten sich in der Regel gastfreundlich, haben sie die erste Verwunderung über den »mit komischer Miene um die Scheune herumlaufenden und das Latrinchen photographierenden« Fremden erst einmal überwunden. Oftmals kehrt der Tourist am Ende eines solchen Tages von dem Treffen mit dem neuen Besitzer seines Hauses reichlich beschwipst zurück und wird von dem glücklichen, weil überbezahlten Taxifahrer am Hotel abgeladen. Diese Reisenden haben einiges gemeinsam, z.B. eine Fixierung auf die deutschen Namen einer Lehmgru-

Auf der Suche nach der verlorenen Zeit: Deutsche Touristen auf der Wanderdüne bei Łeba

be, eines Hügels oder Weilers, das permanente Herumfuchteln mit alten und neuen Karten sowie das ewige Problem »wie es bei uns heißt«. Sie waren in Zeiten, in denen das totalitäre polnische Regime ihnen einen gewissen Respekt abverlangte, überkorrekt und trugen ständig Versöhnungsfloskeln auf den Lippen; in den Zeiten der Demokratie – die sie oftmals nur mit Unordnung assoziieren –, werden sie dagegen schon mal ungeduldig und belehren den Reiseleiter, der zu oft die polnischen Namen benutzt. Viele Situationen wiederholen sich wie im Theater tausendfach. Man stelle sich als Kulisse eine altehrwürdige Barockkirche vor: der Reiseleiter spricht zu den drei fleißigsten Reisegästen. Die Mehrheit der Gruppe umringt währenddessen einen an der Seite stehenden einheimischen Deutschen, der gerade eine Haßtirade gegen »die Polen« losläßt. Ein kurzer Hinweis auf seine erdrückende Armut genügt, und die berührten Damen wühlen in ihren Taschen nach den großen Geldscheinen. Das Gespräch gerät ins Stocken, sobald sich der Reiseleiter nähert.

Dann erinnert sich die Reisegruppe daran, daß doch etwas für die vielzitierte Völkerverständigung getan werden sollte. Dafür wählt man stellvertretend kleine, süße bettelnde Kinder. Sie bekommen Bonbons und Kugelschreiber, man streicht ihnen in einem Anflug von Rührseligkeit sogar über die blonden Locken. Der größere Bengel kassiert später von den Kleineren sowieso alle Geschenke ein – eine Rangordnung muß es schließlich geben. Das alles geschieht natürlich nur, wenn es der Reiseleiter nicht sieht; hat er doch gesagt, solches Verhalten demoralisiere die Kinder nur. Als die zweite Gruppe Kinder angelaufen kommt, sind schon alle Bonbons verschenkt und die Kleinen rufen dem Bus nur noch laut hinterher: »Scheiß-Schwaben!« ... und wieder ist ein Versuch der angewandten Völkerfreundschaft kläglich mißlungen.

Die »Sehnsuchtstouristen« werden jedoch weniger. Zum einen kommt hier eine biologische Barriere zum Tragen; immer weniger Menschen, die 1945 aus dem ehemaligen Osten Deutschlands vertrieben wurden, können sich gesundheitlich derartige Reisen leisten. Sie können sich die Reise mittlerweile auch finanziell nicht mehr so problemlos leisten, da die Finanzreform von 1990 alle Preise in die Höhe trieb und Polen nun nicht mehr das Billigurlaubsland ist. An Stelle der alten »Sehnsuchtstouristen« tritt die zweite Generation der alten Ostpreußen, die das Land ihrer eigenen Familie, der Familie des Nachbarn oder schlicht das Land der deutschen Kultur kennenlernen wollen. Die große Mehrheit hat keine Ressentiments mehr, bzw. kann sie überwinden. Wer kann es ihnen verdenken, daß sie lieber in das einst deutsche Masuren mit den sauberen Seen fahren als in das »urpolnische«, vom Kohlendioxyd zerfressene Krakau, welche künstlerischen Juwelen auch immer es besitzen mag?

Was die »Sehnsuchtstouristen« mit den »Versöhnungstouristen« verbindet, ist, daß ihre Reisen ohne den gemeinsamen Nenner – das Nationalsozialistische Deutschland – nie hätten unternommen werden müssen. Sonst unterscheidet sie aber voneinander so ziemlich alles; auch wenn sie von Perfektionismus reden, meinen sie unterschiedliche Dinge. Die einen verstehen darunter die ehemaligen deutschen Autobahnen, auf denen es sich immer noch besser führe als auf den neuen polnischen; die anderen verstehen darunter die Perfektion des Mordes. Seit Ende der 50er Jahre veranstaltet die von der evangelischen Kirche unterstützte »Aktion Sühnezeichen – Friedensdienste« mehrere Fahrten nach Polen. Die Teilnehmer verbrachten jeweils eine Woche in Auschwitz, Majdanek oder Stutthof und halfen bei der Archivforschung oder leisteten Erhaltungsarbeit. Über 10.000 Menschen nahmen an dieser Art der Auseinandersetzung mit der Geschichte ihrer Väter teil. Allerdings beklagen die Organisatoren, daß seit der Wiedervereinigung das Interesse an der »Aktion Sühnezeichen« drastisch zurückgegangen sei. Viele Fahrten mußten storniert werden, als ob auch hier die Zeit das ihrige getan hat.

Am wenigsten Interesse, sich mit der Geschichte, gar mit dem Land selbst, auseinanderzusetzen, zeigen jene, die statistisch 1992 die große Mehrheit aller deutschen Besucher ausmachten. Der Großteil der Gäste aus der ehemaligen DDR sind lediglich Einkaufstouristen. Sie kommen im besten Fall nur für ein paar Stunden, um einmal vollzutanken oder die billige Butter, mal einen Flechtkorb oder einen Gartenzwerg auf den Märkten zu kaufen, die sich inzwischen schon voll auf diese Kundschaft eingestellt haben. Mitunter wird der inzwischen lästig gewordene Trabi bei dieser Gelegenheit verhökert oder einfach in einem Straßengraben »vergessen«. Vollbeladen mit Wurst, Wodka und Zigaretten schreiten sie siegreich zurück nach Deutschland und lassen sich dort mit Vorliebe über die »polnische Wirtschaft« aus.

Zum schwierigen Umgang mit polnischen und deutschen Ortsnamen

Wie bei jedem deutschsprachigen Buch über Polen stolperte auch der Autor dieses Werkes schon auf den ersten Seiten über das Problem, welche Namen er verwenden soll: polnische oder deutsche, ohne dabei revanchistisch oder zu deutschfreundlich und dabei noch verständlich und gut lesbar zu sein.

Die Deutschen sagen Warschau statt Warszawa, Lodsch statt Łódź, sie sagen auch Stettin statt Szczecin und Breslau statt Wrocław; anscheinend ebenso unbefangen wie sie auch Mailand statt Milano, Nizza statt Nice sagen. Im Falle Polens kann allerdings schon die reine Wahl des Namens, ob polnisch oder deutsch, einem politischen Statement gleichkommen – das Namensproblem spiegelt die schwere Altlast der Vergangenheit wider. Als Ostpreußen, Pommern und Schlesien nach 1945 polnisch wurden, bekamen die Städte selbstverständlich polnische Namen. Dabei griff man auf die alten polnischen Namen zurück (Wrocław, Gdańsk), andere Namen wurden der polnischen Phonetik angepaßt (Sagan wurde zu Żagań, Sorau zu Żary), andere wiederum schlicht ins Polnische übersetzt (Hirschberg zu Jelenia Góra, Guttstadt zu Dobre Miasto) oder ganz neu benannt (Rastenburg zu Kętrzyn, Sensburg zu Mrągowo, Lötzen zu Giżycko).

Die offizielle polnische Seite beharrte darauf, auf keinen Fall die deutschen Namen zu benutzen. Dasselbe galt für die übereifrige DDR. Auf der anderen Seite des Eisernen Vorhangs, in der Bundesrepublik, waren es auf der einen Seite die Linken, die eifrig so wunderschöne Zungenbrecher wie Wrzeszcz, bzw. Świnoujście auszusprechen versuchten, sowie die anderen, die ausschließlich die deutschen Namen benutzten, um damit – mehr oder weniger bewußt – ihrem Wunsch nach einer Grenzrevision Ausdruck zu verleihen. Es erschienen mehrere Reiseführer, in denen von jedem auch noch so kleinen Dorf ausschließlich der alte deutsche Name angegeben wurde, der selbst dort nicht mehr bekannt war. In den letzten Jahren findet man im Zuge der sogenannten Normalisierung der deutsch-polnischen Beziehungen viele Zwischenlösungen, z.B. beide Namen durch einen Strich getrennt, ein Teil in Klammern gesetzt, etc. Häufig ist die bloße Reihenfolge ausreichend, um eine der beiden mißtrauischen Seiten zu verärgern und zu einem Beamtenkleinkrieg zu führen. Wie packt man dieses Problem also am besten an?

Eine goldene Regel gibt es sicherlich nicht und sollte es vielleicht auch nicht geben. Allerdings, so muß der Verfasser zugeben, hat ihm dieses Problem doch so manche Magenschmerzen bereitet: soll er nur polnische Namen verwenden – sie sind z.T. schwer auszusprechen und wirken oft künstlich – oder soll er Warschau auf deutsch aber Wrocław auf polnisch schreiben – noch schlimmer, da dies die Teilungen bestätigen würde, die für überwunden gehalten werden. Schließlich alles auf deutsch zu schreiben, ist bei den in jüngster Zeit in dem nun vereinigten Deutschland zu vernehmenden Tönen und den immer noch vorhandenen Ressentiments auch keine gute Idee.

Im Text dieses Buches werden also die großen Städte und Orte, die von historischer Bedeutung sind, abwechselnd mit ihren polnischen und deutschen Namen erwähnt. Der Leser wird sicherlich imstande sein, Gdańsk mit Danzig zu assoziieren und umgekehrt. Bei kleineren Orten wird nach der ersten polnisch-(deutschen) Nennung im laufenden Text nur noch der polnische Name verwendet, es sei denn der deutsche Name ist im historischen oder kunstgeschichtlichen Kontext gebräuchlicher, so z.b. bei der Marienburg. Bei Landschaften, wichtigeren Flüssen, Gebirgen usw., wie Pojezierze Mazurskie (Masurische Seenplatte) oder Karkonosze (Riesengebirge), wird der deutsche Name vorgezogen, nicht zuletzt der Einfachheit und des Klanges halber.

Erschwerend kommt hinzu, daß sich auch die deutschen Namen geändert haben. Abgesehen von der Namensgebung der Nationalsozialisten im besetzten Polen (Litzmannstadt anstatt Lodsch, Gotenhafen anstatt Gdingen) wurden Ende der 30er Jahre hunderte von masurischen und oberschlesischen Namen ihres slawischen Klangs beraubt und umbenannt. So findet man bis heute in einigen Reiseführern noch Namen wie Großgarten (Posessen; poln. Pozezdrze), Niedersee (Rudschanne; poln. Ruciane), die nur während des Dritten Reichs gültig waren. Aus einem kleinen oberschlesischen Dorf Klepisko (deutsch Estrich) wurde gar Germanengrund.

Langer Rede kurzer Sinn: erst wenn das polnisch-deutsche/deutsch-polnische Verhältnis sich entspannt hat, wird auch das Thema der jeweiligen Wahl des Namens uninteressant sein. Die Unbelehrbaren, die ausschließlich auf der einen oder anderen Form beharren, werden irgendwann einsehen müssen, daß es sich hierbei um ein Alibiproblem handelt, um die Projizierung der eigenen Vorurteile und Ängste. Welche der deutschen Namen im polnischen Staat bekannt bleiben werden und welche in einem natürlichen Prozeß in Vergessenheit geraten, kann erst die Zukunft zeigen.

Einige Beispiele aus dem Polnischen können dies vielleicht erläutern. Im Polnischen gibt es wie in jeder anderen Sprache für deutsche Städtenamen eine polnische Entsprechung. Wenn ein Pole auf polnisch Königsberg statt Królewiec, Köln statt Kolonia oder München statt Monachium sagt, heißt dies lediglich, daß er die eigene Sprache nicht ausreichend beherrscht. Andererseits klingt es künstlich, wenn dieser Pole darauf beharren würde Monastyr anstatt Münster, Raciążek anstatt Ratzeburg oder Wołogoszcz für Wolgast zu benutzen. Diese Namen sind im Laufe der Jahrhunderte einfach aus dem allgemeinen polnischen Sprachgebrauch verschwunden.

Die Namenswahl sollte endlich keine politische Aussage mehr beinhalten. Wenn dies erreicht ist, haben Deutsche und Polen einen großen Schritt aufeinander zugetan.

Die größte wiederaufgebaute Stadt der Welt
Warszawa (Warschau)

Unter allen Hauptstädten der deutschen Anrainerstaaten scheint Warschau (1.700.000 Einw.) das Prädikat »eine Reise wert« am wenigsten verdient zu haben, so als ob die wahre Hauptstadt Polens Krakau hieße, und Warschau nichts anderes als eine häßliche, dreckige, im Zweiten Weltkrieg zu 85% zerstörte Stadt von der Größe Hamburgs sei. Der erste Eindruck täuscht jedoch. Es gibt durchaus Gründe dafür, Warschau eine Reise zu widmen. Einzigartig an dieser Stadt ist schon die Tatsache, daß sie bis vor wenigen Jahrzehnten nicht mehr existent war. Verglichen mit dem Trümmerfeld, in dem 1945 versteckt nur noch ein paar hundert Menschen hausten, ist die heutige Alt- und Neustadt (Stare Miasto, Nowe Miasto) Warszawas und der sogenannte Königsweg (Trakt Królewski) die größte in ihrem historischen Kern originalgetreu wiederaufgebaute Stadt der Welt. Allein das ist eine Leistung, die man sich unbedingt ansehen sollte.

Aus Trümmern aufgebaut, bietet Warschau doch erstaunlich viel kunsthistorisch Bedeutsames. Zahlreiche Stadtpaläis aus dem 17. und 18. Jahrhundert spiegeln die einmalige soziale Ordnung der Adelsrepublik wider, so z.B. das Krasiński Palais sowie die zwei königlichen Residenzen, Łazienki und Wilanów. Alle drei Paläste haben wie durch ein Wunder die Jahre 1939-1945 überstanden.

Daneben gibt es noch das andere Warschau jenseits der Wisła (Weichsel), der das alte Warschau den Rücken zuzuwenden scheint. Obwohl dies gern geleugnet wird, liegt das echte Warschau vermutlich eher am östlichen Flußufer. In Praga gibt es keine amerikanischen Hotels, keinen russischen Kulturpalast, gab es keine Zerstörung durch die deutschen Truppen – immerhin überlebten hier etwa 160.000 Warschauer den NS-Horror. Deswegen kann man hier noch heute den alten Warschauer Dialekt hören, den man im Westen der Stadt vergeblich suchen wird.

In Praga lebt die schillernde Halbwelt, z.B. auf dem Różycki Bazar (ul. Targowa, Ecke ul. Ząbkowska): Schieber, Prostituierte, Handtaschendiebe, die Ärmsten der Armen. Man verkauft funkelnde Juwelenimitate, Pelze, Plastikspielzeug in grellen Farben und Lederjacken aus Istanbul. Wiederum ein anderes Klima herrscht auf dem Basar im ehemaligen Fußballstadion, direkt bei der Poniatowski-Brücke. Hier trifft man eine stolze Zahl von Händlern aus den GUS-Staaten, die ihre z.T. kümmerlichen Auslagen, Tauchsieder Modell 1960, Matroschka-Puppen, »Zenit«-Kameras, suspekt duftende Eau de Cologne-Fläschchen international berühmter Marken oder im Mantel versteckte, da verbotene, Wodka-Flaschen, feilbieten. Eine andere Welt, deren Besuch unter Umständen mit dem Verlust des Fotoapparates oder des Portemonnaies bezahlt werden muß. »West-Warschauer« mögen diese Welt allerdings nicht, sie fahren ungern über die Weichsel, da ihrer Meinung nach dort schon Asien beginnt.

Über die älteste Geschichte der Stadt ist nur Legendäres zu berichten. Ein armes Fischerpaar mit Namen Wars und Sawa soll die erste Siedlung an der Weichsel gegründet haben. Die Stadtrechte bekam »Wars-Sawa« um 1300 verliehen, aber die Handfeste ist verschollen und das genaue Datum nicht mehr zu ermitteln. Das vergleichsweise kleine Warschau wurde 1413 zur Hauptstadt Masowiens. Erst 1526 wurde dieses eigenständige Herzogtum um Warschau und Płock der Krone Polens unterstellt. Auf Grund seiner damaligen zentralen Lage tagte in Warschau seit dem 16. Jahrhundert der Sejm (Reichstag), und freie Königswahlen wurden hier abgehalten. 1598 wurde Warschau königliche Residenz. Trotz der partiellen Zerstörung der Stadt durch die Schweden in den Jahren 1655-1656 entwickelte sich Warschau zu einer eindrucksvollen Metropole. Der Großadel wollte in der Nähe des jeweiligen Königs sein und ließ daher in Warschau zahlreiche Barockpaläste erbauen, die in ihrem Prunk denen von Prag oder Wien in Nichts

Zum Wiederaufbau des Neustädter Marktes diente ein Gemälde von Canaletto

nachstanden. Charakteristisch für das Warschau dieser Zeit waren die sogenannten Juridiken, private im Weichbild liegende Städte der Magnaten mit eigener Verwaltung, eigenen Märkten etc. Diese Juridiken, heute Stadtviertel, wie z.b. Mariensztat, Leszno und Powązki, sind bis heute an ihrem stadtähnlichen Aufbau zu erkennen.

Mit den Teilungen Polens begann der 200jährige Leidensweg der Stadt. Keiner anderen Stadt der polnischen Adelsrepublik, sei es Posen, Krakau, Lemberg oder Wilna, wurde ein auch nur annähernd vergleichbar schreckliches Schicksal zuteil. Als strategischer Knotenpunkt wurde Warschau zu der am häufigsten umkämpften und belagerten Hauptstadt des modernen Europas. Die bloße Aufzählung aller Aufstände, Erstürmungen und Massaker würde Seiten füllen. Der Höhepunkt der Grausamkeit und Zerstörungswut wurde im Zweiten Weltkrieg erreicht: 1939 waren nach der fast dreiwöchigen Belagerung der Stadt durch die Wehrmacht ca. 10% der Bausubstanz zerstört. Der Ghetto-Aufstand im April und Mai 1943 endete mit der Ermordung der letzten 60.000 Warschauer Juden und der Zerstörung von weiteren 15% der Stadt. Was von Warschau noch blieb, wurde in den Kämpfen des Warschauer Aufstandes von August bis Oktober 1944 (25%), sowie in der anschließenden, bis Januar 1945 währenden, planmäßigen Vernichtung der Stadt durch Sondereinheiten der SS (35%) zerstört. Als die Rote Armee am 17. Januar 1945 in das linksufrige Warschau einmarschierte, war die Stadt praktisch menschenleer.

Trotz anfänglicher Überlegungen, die Hauptstadt Polens nach Lodsch zu verlegen, wurde nach dem Krieg der Beschluß gefaßt, Warschau wiederaufzubauen. Diese Entscheidung befürworteten fast alle. Da es darum ging, die Überlebenskraft eines Volkes symbolhaft zu dokumentieren, wurde der enthusiastische Wiederaufbau Warschaus nicht als Kollaboration mit den Befreiern verstanden, die sich schon bald als neue Besatzungsmacht Polens entpuppten. Die dürftigen Staatsfinanzen führten dazu, daß weder der Wiederaufbau des historischen Stadtkerns noch die Errichtung eines modernen Zentrums zu Ende geführt wurden. Das Königliche Schloß rekonstruierte man erst in den 70er Jahren. Über den Wiederaufbau des Sächsischen Palais (pałac Saski) und des Rathauses wird immer noch diskutiert. Zu den dringlichsten Bedürfnissen der modernen Hauptstadt gehört der Ausbau der Metro (die erste Linie soll 1994 fertig sein) sowie der Bau einer neuen Kläranlage; das Leitungswasser Warschaus gehört zu den schlechtesten von ganz Europa.

Auch nach dem Zweiten Weltkrieg blieb die Stadt ihrem dramatischen politischen Stern verhaftet; es sei hier nur der sowjetische Panzeraufmarsch im Oktober 1956 – die Panzer blieben erst kurz vor Warschau stehen – sowie der Panzereinsatz im Dezember 1981 erwähnt. Diesesmal rückte die polnische Armee gegen die »Solidarność« an.

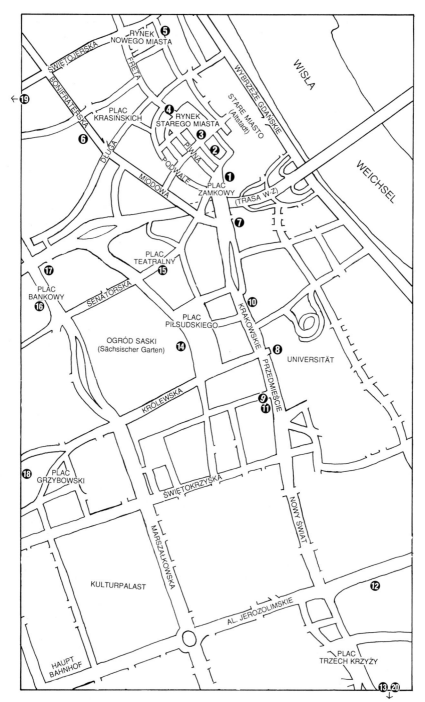

In Warschau kann man besser als in jeder anderen Stadt Polens die Folgen des Systemwechsels beobachten. Der allgegenwärtige kommunistische Grauton ist bereits anderen Farben gewichen; die teuren Geschäftsauslagen einer Dior-Filiale, strahlend lackierte Mercedes-Modelle in großen Autosalons, schicke Pizzerien oder asiatische Restaurants, eine riesige McDonalds Filiale... Vor diesem Hintergrund ist die alte wie die neue Armut besonders drastisch. Eine nervös dahinfließende Menschenmenge füllt zu jeder Tageszeit die Hauptstraßen. Unzählige, an schmutzigen Haustoren angebrachte, bunt leuchtende Reklametafeln, kündigen die neugegründeten Privatfirmen an, die wie Pilze aus dem Boden schießen. Für die neuen elegant ausgestatteten Büros zahlen die Besitzer Mieten, die denen von München oder Paris nicht nachstehen. All das deutet darauf hin, daß Warschau eine neue Gründerzeit erlebt, die achte, vielleicht die zehnte – keiner weiß es so genau.

Das neue kapitalistische System zeigt sich im Stadtbild Warschaus bisher in der Demontage einiger kommunistischer Denkmäler und in gigantischen Hotelbauten amerikanischen Ursprungs und Stils wie das Mariott oder das Holiday Inn, die an zentralen Punkten der Stadt entstanden sind. Diese beiden Hotels sowie ein riesiges IKEA-Geschäft liegen neben dem stalinistischen Kulturpalast im Geschäftszentrum.

Angesichts der grauen Häuserblocks und des chaotischen Verkehrs will man diesem Zentrum vermutlich schnell entfliehen. Also begeben wir uns gleich in die Altstadt!

Jede Besichtigung beginnt gewöhnlich auf dem Schloßplatz (plac Zamkowy) mit dem *Königsschloß*

Der Schloßplatz mit der Sigismund-Säule

159

Der Schloßplatz wie Singer ihn beschrieb

(Zamek Królewski) ❶. Die Sigismund Säule *(kolumna Zygmunta)* in der Mitte des Platzes, die den König Sigismund III. Wasa darstellt (reg. 1587-1632), war das erste nicht-religiöse Denkmal in Polen. Am Königsschloß wird praktisch seit dem Mittelalter gebaut. Nach der Sprengung durch die deutschen Besatzer im Spätherbst 1944, begann man erst 1971 mit dem Wiederaufbau des Schlosses. Die Rekonstruktion ließ das Schloß in seinem frühbarocken Aussehen (1598-1619) mit den sparsamen Dekorationsformen des sogenannten Wasa-Stils, der ein wenig an den Escorial bei Madrid erinnert, wiedererstehen. Da noch während der Bombardierungen im September 1939 große Teile der Innenausstattung gerettet werden konnten (u.a. 300 Bilder, 70 Skulpturen, tausende architektonische Fragmente), ist das heute zugängliche Innere des Schlosses nicht nur reines Modell, sondern mit Originalmobiliar ausgestattet (Di-So 10-16 Uhr). Zu den wichtigsten Räumen gehört der Canaletto-Saal, dessen Wände mit 23 Stadtvedouten des venezianischen Malers Bernardo Bellotto, genannt Canaletto (1720-1780) behängt sind. Sie zeigen Warschau gegen Ende des 18. Jahrhunderts und waren Vorlage für den Wiederaufbau der Stadt.

Die wichtigste Kirche der Altstadt ist die gotische *Johanneskirche* aus Backstein (erst seit 1797 Kathedrale; katedra św. Jana) ❷ auf dem Weg vom Schloßplatz zum Markt. Die Außenfassade wurde nach 1944 frei rekonstruiert. Beachtenswert ist dafür das Sterngewölbe im Innern. In der Johanneskirche sind viele für die polnische Kultur und Geschichte bedeutende Personen beigesetzt oder werden mit einer Epitaphtafel geehrt, so z.B. Henryk Sienkiewicz, der Autor von »Quo Vadis«, oder der 1981 verstorbene Primas von Polen, Kardinal Stefan Wyszyński.

Der quadratische *Marktplatz* (Rynek Starego Miasta) ❸ ist von schönen Bürgerhäusern umgeben. Ihre Fassaden im Renaissancestil, Barock oder Klassizismus stammen aus dem 16. bis 18. Jahrhundert. Eine Besonderheit, die zahlreiche Altstadthäuser noch aufweisen, sind die abgetreppten Dächer. Die zwischen zwei Dachflächen liegenden Fenster beleuchteten das Treppenhaus. An die ursprüngliche Funktion des Marktplatzes als Ort des Handels erinnern nur noch die Amateurmaler, die ihre meist weniger gelungenen Werke

Das erste Mal in Warschau

Die ganze Fahrt dauerte zwei Stunden, hinterließ aber so viele Eindrücke, daß es mir vorkam, als sei es eine Reise gewesen. Die Wunder nahmen zu, als wir uns Warschau näherten. Hohe Gebäude mit Balkonen waren plötzlich zu sehen. Wir fuhren an einem großen Friedhof mit Tausenden von Grabsteinen vorbei. Eine rote Straßenbahn tauchte auf. Fabrikgebäude mit hohen Schornsteinen und vergitterten Fenstern ragten drohend empor. Ich begriff, daß es keinen Sinn hatte, weitere Fragen zu stellen, und es wurde still. Dann hielt der kleine Zug.

Wir nahmen eine Droschke, die von einem grauen Pferd gezogen wurde. Wir fuhren über die Praga-Brücke, und jemand sagte mir, daß der Fluß unter uns dieselbe Weichsel sei, die auch durch Radzymin fließe. Aber wie kann die Weichsel so lang sein, fragte ich mich. Zum erstenmal sah ich Boote und Schiffe. Ein Schiff ächzte und tutete so laut, daß ich mir die Ohren zuhalten mußte. Auf dem Deck eines anderen spielte eine Kapelle. Die Blechinstrumente glänzten in der Sonne und blendeten mich.

Als wir die Weichsel überquert hatten, erblickten wir ein weiteres Wunder, die Sigismund-Säule. Vier Wesen aus Stein, halb Mensch, halb Fisch, tranken aus riesigen steinernen Pokalen. Ich wollte fragen, was das sei, aber bevor ich den Mund öffnen konnte, tauchten neue erstaunliche Dinge auf. Straßen, die von großen Gebäuden gesäumt waren, Schaufenster mit Puppen, die seltsam lebendig aussahen. Auf den Gehwegen Damen, deren Hüte mit Kirschen, Pfirsichen, Pflaumen und Weintrauben besetzt waren. Einige trugen einen Schleier vor dem Gesicht. Ich sah Männer, die Zylinder aufhatten und Spazierstöcke mit silbernen Griffen in der Hand hielten. Überall rote Straßenbahnen. Einige wurden von Pferden gezogen, andere bewegten sich von allein. Meine Schwester sagte, sie bewegen sich mit Elektrizität. Ich sah Polizisten auf Pferden, Feuerwehrmänner mit Schutzhelmen, Kutschen, die auf Gummireifen dahinrollten. Die Pferde hielten die Köpfe hoch und hatten kurze Schwänze. Der Kutscher auf unserer Droschke trug einen blauen Mantel und eine Mütze mit einem glänzenden Schirm. Er sprach Jiddisch und wies uns, die wir aus der Provinz kamen, auf die Sehenswürdigkeiten von Warschau hin.

Ich war froh und gleichzeitig niedergeschlagen. Was war schon ein kleiner Junge, gemessen an einer so großen und turbulenten Welt?

Isaac Bashevis Singer
(Auszug aus: »Eine Kindheit in Warschau«, München 1983)

zum Verkauf anbieten. Im Sommer, wenn Tische und Stühle vor die Cafés gestellt werden, kann man bei Kuchen oder Eis das Treiben auf dem Rynek beobachten. In der Altstadt – übrigens die bevorzugte Wohngegend der Warschauer Intellektuellen – gibt es eine ganze Reihe von Restaurants, Bars und Cafeterias, von denen einige bis spät in die Nacht geöffnet haben und so eine Alternative zu dem sonst eher monotonen Warschauer Nachtleben bieten.

Um die Altstadt zieht sich in doppelter Linie die Wehrmauer aus dem

14. und 15. Jahrhundert. Den bekanntesten Abschnitt der Befestigung stellt die sogenannte *Barbakane* (Barbakan) ❹ dar, um 1550 von Giovanni Battista da Venezia erbaut. Die obere Bekrönung durch eine Attika ist auf Stichen überliefert, so daß ihre Rekonstruktion als originalgetreu gelten kann. Die Barbakane, jener ellipsoide oder runde Vorbau eines mittelalterlichen Tores, haben schon die Kreuzritter, wie der Name verrät, von den Arabern übernommen. Neben den Bauten in Warschau und Krakau gibt es nur noch die stark rekonstruierte Barbakane in Carcassonne und in Avignon, wenn wir von den viel kleineren ähnlichen Wehrbauten in Rothenburg o.d.T., Naumburg oder Görlitz absehen.

Nördlich der Barbakane erstreckt sich die *Neustadt* (Nowe Miasto), mit einer Reihe wertvoller Baudenkmäler. Vor allem der Neustadtmarkt mit der barocken *Klosterkirche der Schwester der ewigen Anbetung* (kościół Sakramentek) ❺ lohnt einen Umweg. Auf der Straße dorthin (ul. Freta 16) liegt das Geburtshaus von Madame Curie. Hier wurde die weltberühmte Chemikerin 1867 als Maria Sklodowska geboren (s. S. 78). Nicht weit von der Neustadt entfernt liegt schließlich das schöne *Krasiński Palais* (pałac Krasińskich) ❻, 1677-1682 von dem Architekten Tilman van Gameren erbaut. Die Tympana gestaltete Andreas Schlüter, der berühmte Erbauer des Berliner Schlosses.

Zurück auf dem Schloßplatz schauen wir nun auf den *Königlichen Weg* (Trakt Królewski). Einst begann hier die Straße nach Krakau, später führte dieser Weg zu den königlichen Residenzen in Łazienki und Wilanów. Man unterscheidet drei Abschnitte: Krakowskie Przedmieście (Krakauer Vorstadt), Nowy Świat (Neue Welt) und Aleje Ujazdowskie (Ujazdów Allee). Einen ausgesprochen repräsentativen Charakter besaß Krakowskie Przedmieście. Hier bauten die großen Familien des Landes, u.a. die Radziwiłłs und die Potockis, ihre prunkvollen Residenzen, hier wurden die prächtigen Barockkirchen *St. Anna* (kościół św. Anny) ❼ und die *Klosterkirche des Visitantinnenordens* (kościół Wizytek; 1728-1762) ❽ mit einer reizvollen Rokokofassade errichtet. Auch die *Universität* ❾ befindet sich auf der Krakowskie Przedmieście. Statuen zeigen die Großen der polnischen Geschichte: Adam Mickiewicz, Fürst Józef Poniatowski, Nikolaus Kopernikus. Letztere stammen von dem Dänen Bertel Thorvaldsen (1768-1844), dem neben Canova bedeutendsten Bildhauer aus der ersten Hälfte des 19. Jahrhunderts. Vor allem das *Reiterdenkmal* des Fürsten und Marschalls Frankreichs, *Poniatowski* ❿, gehört zu den schönsten Reiterdenkmälern Europas. Ehe die Krakowskie Przedmieście in die Straße Nowy Świat mit hübschen Bürgerhäusern vom Anfang des 19. Jahrhunderts übergeht, liegt die *Hl.-Kreuz-Kirche* (kościół św. Krzyża) ⓫ am Wege. Ihr heutiges Aussehen mit der Doppelturmfassade stammt von 1726-1737. Hier wird das Herz Frédéric Chopins aufbewahrt.

Die Barbakane: eine seltene Vortorbefestigung

In der Nähe der Kreuzung Nowy Świat und Aleje Jerozolimskie liegt das ehemalige »Weiße Haus« Polens, der einstige Sitz der PVAP, der kommunistischen Partei. Heute ist hier – welch Ironie der Geschichte – die Börse untergebracht. Einige Meter weiter in Richtung Weichsel finden Sie das *Nationalmuseum* (Muzeum Narodowe, Di-So 10-16, Do 12-18 Uhr) ❷. Von dem kostbaren Museumsbesitz sind hervorzuheben: die umfangreiche Sammlung gotischer Skulpturen, die polnische Malerei des 19. Jahrhunderts sowie die koptischen bzw. frühchristlichen Fresken (8.-12. Jh.), die eine polnische Ausgrabungsmission kurz vor der Zerstörung durch die Fluten des Assuan Staudammes aus einer Kirche von Faras im Sudan retten konnte.

Zurück zum Königsweg: den dritten Abschnitt bildet die elegante Ujazdowski-Allee. In zahlreichen Palais des 19. Jahrhunderts haben die Botschaften ein repräsentatives Umfeld gefunden. Hier residiert im Belvedere-Schloß der Präsident der Republik Polen, gegenwärtig Lech Wałęsa. Südlich der Ujazdowski-Allee erstreckt sich der *Łazienki Park* (park Łazienkowski) ❸; ohne lokalpatriotische Übertreibung einer der schönsten großstädtischen Parks unseres Kontinents. Vor 300 Jahren wurden hier Bäder, polnisch łazienki, eingerichtet. Später wählte König Stanisław II. August Poniatowski Łazienki zu seiner Sommerresidenz. Mag man zurecht an den staatsmännischen Fähigkeiten des letzten polnischen Königs zweifeln, sein guter Geschmack in Kunst und Kultur bleibt doch unbestritten. Er ließ sich vom italienischen Architekten Domenico Merlini auf einer Insel mitten

Das Jugendstildenkmal Chopins im Łazienki-Park: beliebter Treffpunkt

im Park ein Palais (Pałac na Wyspie, 1775-1793) bauen. In dem großen Park werden Ihnen eine ganze Reihe von Bauten und Denkmälern begegnen, so z.B. das »Weiße Häuschen« (1774-1777), eine Nachbildung des Petit Trianon von Versailles, und das sogenannte »Theater auf der Insel«, das einer römischen Ruine nachempfunden ist. Ein wahres Kleinod ist das spätbarocke Theater in der Orangerie (1784-1788; das Palais, »Weißes Häuschen« sowie die Orangerie: Di-So 10-16 Uhr), illusionistische Malerei täuscht hier mit Zuschauern besetzte Logen vor. Im Łazienki Park steht auch das berühmte Jugendstildenkmal Chopins. Jeden Sonntag finden hier um die Mittagszeit Chopinkonzerte im Freien statt.

Westlich des Königlichen Wegs liegt ein großer Platz, der alte Sächsische- bzw. Siegesplatz (plac Zwycięstwa) und heute der Piłsudskiplatz, mit dem *Grabmal des Unbekannten Soldaten* (GróB Nieznanego Żołnierza) ⓮. Jeden Tag um 12.00 Uhr findet hier die feierliche Wachablösung statt. Das Sächsische Palais (pałac Saski), dessen Säulengang vor dem Krieg das Grabmal gleichsam umrahmte, wurde noch nicht wiederaufgebaut.

Zwei weitere Plätze in unmittelbarer Nähe sollten Sie auch aufsuchen: den *Theaterplatz* (Plac Teatralny) mit dem monumentalsten klassizistischen Bau in ganz Polen, dem *Opernhaus* (1825-1833, Antonio Corazzi, nach 1945 erweitert) ⓯. Gegenüber steht das 1964 errichtete »Denkmal der Helden Warschaus von 1939-1945« (pomnik Bohaterów Warszawy), das die Siegesgöttin Nike zeigt.

Der nächstgelegene Platz hieß noch vor kurzem Dzierżyński-Platz, nach dem berüchtigen Tscheka-Gründer – der sowjetischen Geheimpolizei – polnischer Abstammung Felix Dserschinski (1877-1926) benannt. Als sein Denkmal 1989 demontiert wurde und der Platz seinen alten Namen, *Bankplatz* (Plac Bankowy) ❻, zurückbekam, war noch Rücksicht auf die sowjetischen Gefühle geboten. Offiziell hieß es, das Denkmal müsse wegen des Metrobaus entfernt werden, leider – so hieß es weiter – sei dabei der »blutige Felix« in zahlreiche Einzelteile zerbrochen. Auf der Ostseite des Platzes, wo sich heute ein modernes Bürohaus befindet, stand vor 1943 die größte Synagoge der Stadt (Gedenkstelle im Erdgeschoß).

Das Gebiet nördlich bzw. nordwestlich von hier – früher meistens von Juden bewohnt – gehörte zu dem 1939/1940 geschaffenen jüdischen Ghetto. Inmitten einer tristen Nachkriegsarchitektur in Grau erinnern nur wenige Zeugnisse an das jüdische Stadtviertel und dessen Ende im Holocaust. Sie sind schnell aufgezählt: das *Jüdische Museum* mit einer wertvollen und zugleich erschütternden Sammlung (Zydowski Instytut Historyczny; ul. Tłomackie 3/5; Mo-Fr 9-15 Uhr) ❼, die einzige erhaltene Synagoge Warschaus (sog. *Nożyk-Synagoge,* Twarda 6) ❽ und schließlich der große israelitische Friedhof aus dem 19. Jahrhundert (ul. Okopowa 49/5), auf dem u.a. der Erfinder des Esperanto, Ludwik Zamenhof (1859-1917), begraben ist. An das Ende des Ghettos erinnert

Demontage des Dzierżyński-Denkmales

das eindrucksvolle *»Denkmal der Helden des Ghettos«* (pomnik Bohaterów Getta) ❾, das 1948 von dem Bildhauer Natan Rappaport entworfen wurde. 1970 ging sein Bild anläßlich des Besuches von Willy Brandt durch die Weltpresse (ul. Zamenhofa, Ecke ul. Anielewicza). Das andere *Denkmal* steht auf dem ehemaligen *Umschlagplatz,* von dem aus über 300 000 Menschen in die Gaskammern geschickt wurden (ul. Stawki).

Innerhalb der heutigen Stadtgrenzen Warschaus liegt *Wilanów* ❿, die Sommerresidenz von König Jan III. Sobieski, der durch die Schlacht bei Wien 1683 bekannt wurde. Das Schloß und der dazugehörige Park muten wie eine Oase an, in der man der Großstadthektik entfliehen kann. 1684-1696 wurde die ursprüngliche Villa in ein stattliches Palais umgebaut; im 18. Jahrhundert kamen die Seitenflügel hinzu. Die Räume des Schlosses zeugen vom Kunstverstand des Königs und seiner späteren Besitzer, der Familien Potocki und Branicki (Mi-Mo 10-16 Uhr; Di ist auch der Park geschlossen). Die Skulpturen am Außenbau sollen allesamt die militärischen Erfolge des Königs verherrlichen. Antike Helden wie Alexander der Große oder Herakles verdeutlichen diese Botschaft. Das Schloß umgibt ein in geometrischen Mustern angelegter barocker Garten. Dahinter folgt ein Garten im englischen Stil mit romantischen Bauten: einer chinesischen Pagode, einer japanischen Brücke oder einem zur mittelalterlichen Burg stilisierten Wasserturm.

Bevor Sie zurück in die Stadt fahren schauen Sie sich das *Plakatmuseum* (Muzeum Plakatu, Di-So 10-16 Uhr) in der ehemaligen Reitschule an: dazu verpflichtet beinahe der internationale Ruf dieser Kunstdisziplin in Polen (s. S. 43f.).

Das Warschau der Reichen

Der Zuckerbäckerstil des Kulturpalastes

Der Kulturpalast bestimmt bis heute die Silhouette Warschaus. Er ist ein Geschenk der Sowjetunion aus den Jahren 1952-1955, ein Geschenk allerdings, auf das die Warschauer gern verzichtet hätten. Der volle Name des Gebäudes, »Palast der Kultur und Wissenschaft Namens Josef Wissarionowitsch Stalin«, wurde nach der Stalin-Ära durch einen Neonschriftzug am Eingang verdeckt. Er ist heute nur noch mit Mühe zu lesen. Der sowjetische Architekt Lew Rudniew baute hier ein bis zur Spitze 274 m hohes Gebäude mit 3000 Räumen, in denen sich u.a. vier Theaterbühnen, drei Kinos, zwei Restaurants und Museen, eine Schwimmhalle und eine Kongreßhalle befinden – wie 40 Jahre lang alle Reiseführer über Warschau stolz verkündeten. Kein Reiseführer erwähnte dagegen, daß die Stahlplatten des versunkenen Panzerkreuzschiffes »Gneisenau« zum Bau von unterirdischen atomsicheren Schutzräumen für die Parteispitze unter dem Palast gedient hatten. Ebenso unerwähnt blieb, daß der Bau als Staatsgeheimnis geführt, von mehreren tausend sowjetischen Arbeitern errichtet wurde, die abgeschieden von der Bevölkerung in eigenen Siedlungen wohnten und sogar eigene Lebensmittelgeschäfte unterhielten. Einmal erbaut, wurde der Kulturpalast zum bevorzugten Ort der Warschauer Selbstmörder. Sie sprangen gewöhnlich aus dem 30. Stockwerk, zu dem man mühelos per Fahrstuhl gelangt, um den schönen Ausblick auf die Stadt zu genießen (täglich 9-18 Uhr). Es heißt, der Blick sei so schön, weil weit und breit kein Kulturpalast zu sehen sei.

Inzwischen tatsächlich fast ein Kulturdenkmal, ist der Pałac Kultury beispielhaft für eine Kunstepoche, die als Sozialistischer Realismus (oder abgekürzt Sozrealismus, in der Sowjetunion von 1932 bis 1954; in Polen von 1950 bis 1955) bisweilen als stalinistischer oder – despektierlich – als Zuckerbäckerstil bezeichnet wird. Mit viel Pathos und einem stilistischen Rückgriff auf die klassische Architektur des römischen Kaisertums sollte hier die Macht der neuen Ideologie symbolisiert und vor allem der neue Führer des Weltproletariats, Stalin, gepriesen werden. »Im Sozrealismus ist der Proletarier schön. Er hält den Hammer oder die Garbe geschnittener Ähren in der Hand. Die Frau ist einfach und natürlich, es gibt bei ihr keine bourgeois-imperialistischen Gifte, die Brüste dienen ausschließlich der Ernährung ihrer proletarischen Nachkommen«, schrieb Andrzej Szczypiorski.

Schauen wir uns die um den Bau aufgestellten Skulpturen an. Was einem deutschen Besucher beim Anblick dieser vor Gesundheit strotzenden Körper auffällt, ist ihre ungeheuere Ähnlichkeit mit der Kunst des Dritten Reiches. Dabei war die NS-Kunst weniger prüde. Die zwei Kunstrichtungen sind nicht nur zeitlich parallel. Deutlich wird der Zusammenhang totalitärer Systeme und der künstlerischen Mittel, derer sie sich bedienen. Die Gigantomanie und das Pathos des vereinfachten Realismus sollten jedem die Macht des jeweiligen Systems vor Augen halten.

Der polnische Sozrealismus mußte aber etwas von seinem sowjetischen Vorbild (z. B. die Lomonosow-Universität in Moskau des gleichen Architekten) abweichen, hieß es doch, daß die durch ihren nationalen Stolz und ihre Religiosität rückständigen Polen zu den Vorzügen des Internationalismus erst erzogen werden müßten. Damit der Kulturpalast hier nicht als Fremdkörper wirke, stellte man vor der Eingangsfassade Figuren polnischer Helden auf: Mickiewicz und

Der Kulturpalast beherrscht das Stadtpanorama, zum Ärgernis vieler

Kopernikus. Der Bildhauer bekam dabei die Auflage, beide Personen sitzend darzustellen, um der vorgesehenen, allerdings nie realisierten-gigantischen Figur Stalins keine Konkurrenz zu machen. Der Kulturpalast schließt nach oben mit einer für die polnische Renaissance typischen Attika. Der Kulturpalast – die Verkörperung von Stalins Formel: »Sozialistisch im Inhalt, national in der Form«.

Das riesige Gebäude macht neuerdings große Probleme. Angesichts der dringend notwendigen Totalsanierung mehren sich die Vorschläge dafür, was in Zukunft mit ihm geschehen soll. Aus Hongkong kam der Vorschlag, ihn in Einzelteile zu zerlegen und diese getrennt aufzustellen. Einige »patriotische« Warschauer schlugen vor, ihn zu sprengen; ein Amerikaner wollte das Gebäude kaufen und in den USA wieder aufstellen. Großer Popularität erfreute sich das Angebot eines Millionärs polnischer Abstammung aus Chicago, den Bau zu renovieren und zu einem Wirtschaftszentrum für Osteuropa umzufunktionieren. Allerdings sollten vorher die Skulpturen und andere Verzierungen des Gebäudes abgerissen werden – angesichts des zunehmenden historischen Wertes des Baus eine frevelhafte Tat. Von seinem schmückenden Beiwerk befreit, wird der Kulturpalast – Ironie der Geschichte – seinem wahren Vorbild noch stärker ähneln: dem Empire State Building in New York. Der sowjetische Architekt wählte in den dunkelsten Zeiten des Kalten Krieges das Gebäude aus der feindlichen Hemisphäre zum Vorbild.

Die Heimat von Chopins Mazurkas
Ein Ausflug nach Masowien (Mazowsze)

Die Umgebung Warschaus ist nicht sonderlich attraktiv: menschenfeindliche Satellitenstädte aus Beton, lange Reihen von Gewächshäusern, deren Besitzer sich Landschlössern nachempfundene Villen gebaut haben, überfüllte Ausflugsorte. Im Umkreis von 100 km um Warschau herum werden Sie nicht viel Interessantes entdecken außer der Burg in Czersk bei Góra Kalwaria und dem Kampinos Nationalpark im Westen Warschaus. In der Nähe des Nationalparks liegt das Geburtshaus Chopins. Auch die Städte Łowicz und Płock lohnen einen Abstecher.

Unser Ausflug führt durch Masowien, eine relativ arme Region, die erst 1529 der polnisch-litauischen Krone zufiel, nachdem die eigenständige Herzogfamilie, ein Zweig der Piasten, ausgestorben war. Dadurch bekam die breite Schicht des masowischen Kleinadels, die konservativ bis reaktionär und sehr provinziell war, ihre politischen Rechte in Polen, was nicht immer dem Land zugute kam. Mit Masowien assoziiert man in Polen gemeinhin eine Gegend voll sandigen Bodens, strohbedeckter Hütten und Kopfweiden. Immer wieder finden Sie dieses Bild auf polnischen Chopin-Schallplattenhüllen.

Der *Kampinos Nationalpark* (Kampinowski Park Narodowy) ist neben dem Nationalpark der Hohen Tatra flächenmäßig der größte geschützte Park Polens. Er erstreckt sich an dem jahrtausendealten Flußbett der Weichsel, wo sich von Ost nach West Streifen eines Sumpf- und Sanddünengebietes abwechseln. Da der Wald Jahrhunderte lang das Jagdgebiet der polnischen Könige war, blieb er zum Teil unberührt. Erst in den letzten zweihundert Jahren hat hier der Mensch eingegriffen. Deswegen grenzen innerhalb des Parks einige Schutzgebiet an viele Felder und Dörfer. Seit 1974 kauft sie der Staat und forstet das Gebiet wieder auf. Man sollte nur mit einer guten Karte – noch besser mit einem sachkundigen Führer – in den Park hineingehen. Dann wird der Besuch zu einem einmaligen Erlebnis: etwa 100 Elche, die in Europa größte Kolonie des Schwarzstorches, Luchse und viele andere seltene Tierarten erwarten den Naturfreund.

Das Geburtshaus Frédéric Chopins in *Żelazowa Wola,* nur einige Kilometer westlich vom Nationalpark entfernt (in der Nähe der Stadt Sochaczew), ist leicht zu finden. Am besten kommen Sie an einem Sonntagvormittag hierher: im hübschen

Fasching in Masowien

Garten des Landhauses erklingt dann »live« Klaviermusik (Mai-Okt., um 11 und 15 Uhr). In einem Nebengebäude wohnte einst ein armer französischer Musiklehrer mit seiner aus dem verarmten masowischen Kleinadel stammenden Frau, der mit Musikstunden bei der Herrschaft den Lebensunterhalt verdiente; 1810 wurde ihnen der kleine Frédéric geboren. (s. S. 77).

Zurück auf der Hauptstraße Berlin-Warschau, biegen Sie kurz vor Łowicz nach *Nieborów* ab. Ganz in der Nähe soll 1627 der letzte Auerochse der Welt erlegt worden sein. Heute steht hier das Schloß des Primas Radziejowski (1690-1696) mit einem großen Park. Ist Ihnen der Nieborów Park zu geometrisch und ordentlich, fahren Sie drei Kilometer weiter nach *Arkadia*. Die Fürstin Helena Radziwiłł ließ sich diesen Park nach 1778 anlegen. Ganz nach romantischer Manier bietet der Park eine Reihe von Bauten, in denen der sich junge Werther sicherlich gerne verlustiert hätte: der »Diana-Tempel«, das »Haus des Hohenpriesters« mit bruchstückhaften Renaissance-Skulpturen, das »Gotische Haus« und ein nachempfundener römischer Aquädukt.

Die schönen barocken Bauten von *Łowicz*, nur fünf Kilometer von Arkadia entfernt, machen die Attraktivität dieser Stadt aus. Aber weitaus bekannter hat Łowicz seine lebendige Folklore gemacht. Abgesehen von den Exponaten des dortigen Museums am Markt kann man die lebendige Kultur am besten während der Fronleichnams-Umzüge erleben: wunderschön herausgeputzt ziehen die Bewohner in ihren traditionellen bunten Trachten auf einer langen Prozession hinter dem prächtig geschmückten Bild der Muttergottes durch die Straßen. Auf dem anschließenden Jahrmarkt bietet sich Ihnen ein Sammelsurium der vielleicht kitschigsten Produkte ganz Polens. Von den Touristen bis jetzt zum Glück weniger beachtet sind die noch ursprünglichen Prozessionen in den benachbarten Dörfern. So legen z.B. die Bewohner von Złaków Kościelny für den Prozessionszug den gesamten Weg zur Kirche mit weißen Lilien aus.

Von Łowicz setzen Sie Ihren Ausflug über Gąbin nach *Płock* (Plozk) fort. Die einstmals ehrwürdige Stadt am Weichselufer zeigt sich dem Besucher heute mit einem provinziell-reizvollen Zentrum und sozialistischen Betonmonstern am Stadtrand, in denen die Arbeiter von Polens größten Petrochemie-Werken Unterkünfte bekamen. Die Stadt hat aber eine bedeutende Geschichte: von Anfang des 11. Jahrhunderts bis 1495 war Płock die herzogliche Hauptstadt Masowiens und für kurze Zeit, Ende des 11. Jahrhunderts, sogar die faktische Hauptstadt ganz Polens. Daher bestattete man 1825 die sterblichen Reste der Herzöge Wladislaw Herman und Boleslaw III. der Schiefmund (Krzywousty) in der romanisch-gotischen Ka-

Man posiert gerne für ein Photo

thedrale. Unter den zahlreichen Kunstwerken dieser Kirche beachten Sie besonders die Kopie der sogenannten Plozker Bronzetür. Für diese Kathedrale im 12. Jahrhundert in Magdeburg hergestellt, kam das Original unter bisher ungeklärten Umständen nach Nowgorod in Rußland, wo es bis heute die Außenwand der Sophienkathedrale ziert. In der Burg von Płock ist das Masowische Museum (Muzeum Mazowieckie; Di-So 10-15, Fr 12-18 Uhr) untergebracht mit der interessantesten Jugendstilsammlung Polens (Gemälde, Kunstgewerbe).

Die häßlichste Stadt Polens?
Łódź (Lodsch)

»Theo, wir fahren nach Lodsch«, dieser deutsche Schlager griff, wohl unbewußt die Situation von zigtausenden Polen, Juden und Deutschen auf, die im 19. Jahrhundert in diese Stadt strömten. 1820 zählte Lodsch noch ganze 800 Einwohner, zwei Generationen später wuchs die Bevölkerung explosionsartig auf über 300.000 an. Lodsch wurde nach 1820 als Zentrum der osteuropäischen Textilindustrie entworfen. Entlang einer Nordsüd-Achse (ul. Piotrkowska) entstanden die wie ein Schachbrett angelegten Straßenzüge. Vor allem nach 1850, als die Zollgrenze zwischen Polen und Rußland aufgehoben wurde, kam es zum Bau riesiger Industrieanlagen. Die deutschen, jüdischen und polnischen Textilbarone, durch die Stoffindustrie reich geworden, übten sich in einem pseudoaristokratischen Lebensstil. Für den historisch interessierten wird Lodsch zu einer Entdeckungsfahrt zurück ins Industriezeitalter. Hervorzuheben ist die nach 1835-1837 erbaute »weiße Fabrik« der Familie Geyer, heute das Textilmuseum mit einer mechanischen Großspinnerei (ul. Piotrkowska 282, Di-So 10-16 Uhr), ferner die einst private Meyer-Straße (heute ulica Moniuszki) die von prächtigen Neorenaissance Bauten gesäumt wird, sowie wahre Juwelen des Jugendstils, wie z.b. die Villa der Familie Kindermann (ul. Wólczzańska 31). Diese Bauten geben der Stadt ihr besonderes Flair. Die gründerzeitlichen Paläste der Neureichen grenzten oftmals direkt an die Fabriken (z.b. das Poznański-Palais in der ul. Ogrodowa 17), in denen der Frühkapitalismus sein unmenschliches Gesicht zeigte. »Das gelobte Land« vom Nobelpreisträger Władysław Reymont – Ihnen vielleicht durch die Verfilmung von Andrzej Wajda (1974) bekannt – beschreibt eindrucksvoll diese Gegensätze.

Die krassen Unterschiede in den Lebensverhältnissen führten in Lodsch früh zu harten Klassenkämpfen. 1861 kam es zu einem Weberaufstand, 1905 starben Hunderte bei den blutigen Auseinandersetzungen zwischen den Arbeitern und dem russischen Militär. Die Nazis veränderten die in das »Reich« eingegliederte Stadt auf ihre Weise: über 380.000 Tote wurden im nahen Vernichtungslager Kulmhof (Chełmno nad Nerem) gezählt, in dem die Tötungsmaschinerie noch nicht perfektioniert war: die Menschen wurden in LKWs gepfercht, deren Auspuffe die Abgase nach innen leiteten, und

Nicht gerade einladend: die verregnete ulica Piotrkowska

die Menschen qualvoll erstickten. 30% der Bevölkerung Lodschs waren Juden. Was blieb, ist der größte (durchaus sehenswerte) jüdische Friedhof Polens (ul. Chrysantem). Lodsch war auch die geliebte Heimatstadt des jüdischen Musikers Artur Rubinstein (1887-1982).

Nach dem Krieg machte die Filmhochschule Lodsch international bekannt; zu ihren prominentesten Absolventen gehörten Polański, Wajda und Kieślowski. In Lodsch fand schließlich auch die berühmte Galerie für Moderne Kunst (ul. Więckowskiego 36; Sa, Di 12-19, So 10-16, Mi, Do, Fr 10-17 Uhr) – einst das einzige Museum für abstrakte Kunst im Ostblock – einen ständigen Sitz, in der Werke von Chagall, Picasso, Nolde, Léger oder Ernst zu finden sind. Der Sturz des Kommunismus und die Einführung der Marktwirtschaft stellt die Stadt heute vor kaum lösbare Probleme: die unrentablen Fabriken müßten u.a. wegen des ökologischen Schadens, den sie anrichten, dringend geschlossen werden. Was würde dann aber aus den Bewohnern Lodschs', von denen 30% in der Textilindustrie arbeiten?

Also Theo, fahren wir nach Lodsch?

Renaissance östlich der Weichsel
Kazimierz, Lublin, Zamość

Weit ab von den Routen, die ein Westtourist normalerweise in Polen befährt, östlich der Hauptverbindung von Warschau nach Krakau, erwarten Sie wahre Wunder der Architektur und Stadtplanung, stille Spaziergänge an der Weichsel, stimmungsvolle Cafés auf schönen Marktplätzen, sowie eine vergleichsweise intakte Naturlandschaft. Es ist aber auch gleichzeitig ein Ausflug in die grauenvollste Zeit der deutschen Geschichte.

Kazimierz Dolny, etwa 150 km von Warschau entfernt, wurde auf Grund seines besonderen Ambientes und einer gewissen Ruhe, die dieses Städtchen ausstrahlt, von vielen Künstlern als Urlaubs- und Arbeitsort gewählt. Leicht kann man diese Ruhe allerdings mit einer schaurigen Totenstille verwechseln. Am 13. März 1942 wurden auf dem Marktplatz von Kazimierz Männer, Frauen und Kinder auf Pferdefuhrwerke geladen und von hier Richtung Belzec, in die Gaskammern gefahren. Von den 3.000 Juden aus Kazimierz überlebte nur ein einziger.

In Kazimierz lebten seit dem 14. Jahrhundert Juden, als Kasimir der Große die Stadt gründete und ihr seinen Namen gab. Zu einem typisch jüdischen »Schtetl« wurde Kazimierz allerdings erst im 17. Jahrhundert, als seine wirtschaftliche Blüte vorüber war. Der einstige Reichtum der Stadt, der sich bis heute in der Architektur widerspiegelt, beruhte auf dem Weichselhandel. Hier lagerte man in riesigen Speichern, die z.T. heute noch erhalten sind, Getreide, bevor die Ware weiter nach Danzig verfrachtet wurde. Trotz des vielen Geldes blieb Kazimierz jedoch architektonisch tiefste Provinz. Als sich der Barockstil schon längst andernorts durchgesetzt hatte, bauten die Getreidekaufleute in Kazimierz noch immer Häuser in einem etwas naiven Renaissancestil. So sind beispielsweise die Przybyła-Häuser (1616) auf dem Markt, sowie das Haus des Bartlomiej Celej (Kamienica Celejowska, 1635), dessen Attika beinahe höher ist als das Haus selbst, vollständig mit figürlichen Flachreliefs überzogen. Aber nicht nur die interessante Architektur wie die Bürgerhäuser, die Pfarrkirche aus dem 16. Jahrhundert und eine gotische Burgruine laden zu einem Besuch in Kazimierz ein, sondern auch die malerische Umgebung des Weichseltals mit tief eingeschnittenen Lößschluchten macht den besonderen Reiz dieses Besuchs aus.

Die größte Stadt Ostpolens, *Lu-*

blin (ca. 350.000 Einwohner), lag ursprünglich an dem Handelsweg zwischen Warschau und Lemberg. Bis heute scheinen die zahlreichen fliegenden Händler aus den östlichen Nachbarländern dieser Tradition zu folgen. Schon im 10. Jahrhundert erwähnt, kam Lublin im 15. und 16. Jahrhundert zu Wohlstand und war Schauplatz wichtiger historischer Ereignisse. 1569 tagte hier der Reichstag, in dem die endgültige Realunion Polens mit Litauen beschlossen wurde. 1944-1945 hatte die von Stalin eingesetzte kommunistische Regierung Polens in Lublin ihren Sitz. Wie ein Stachel im Fleisch mußte die Katholische Universität (KUL) wirken, die als einzige nicht kommunistisch gelenkte höhere Bildungsstätte des Ostblocks die Zeit der Volksrepublik überdauerte. Ihr staatskonformes Pendant, die Marie-Curie-Skłodowska-Universität, blieb stets der kleine Bruder der Katholischen Universität.

Bei einem kurzen Besuch in Lublin sollte man sich auf die Altstadt und das Schloß konzentrieren. Das neogotische Schloß, von außen eher uninteressant, birgt ein wahres Juwel: die *Schloßkapelle,* auch Dreifaltigkeitskirche genannt (kaplica zamkowa; Museum: Di-So 10-16 Uhr; solange die Restaurierungsarbeiten noch andauern in der Kapelle nur selten Führungen). König Wladislaw Jagiello stiftete die Kapelle um 1390; den Raum überziehen farbenprächtige russisch-orthodoxe Fresken (1418), die im Vergleich mit der westeuropäischen Gotik des Kircheninneren scheinbar unpassend

Lubliner Schloß mit Kapelle

wirken. Neben alttestamentarischen Szenen und Episoden aus dem Leben Jesu, sind weltliche Personen, etwa der König darstellt. Im offiziell nicht christlichen Litauen war der orthodoxe Glaube dennoch offenbar keine Seltenheit und Jagiello brachte, nachdem er den christlichen Glauben angenommen hatte, in der byzantinisch-christlichen Tradition stehende Künstler nach Polen. Von allen erhaltenen Fresken, die aus dieser kurzen Kunstsymbiose des Westens und des Ostens hervorgegangen sind (z.B. im Krakauer Waweldom, in Sandomierz), sind die Fresken der Lubliner Schloßkapelle zweifelsohne die bemerkenswertesten.

Auf einem dem Schloß gegenüberliegenden Hügel erstreckt sich die *Lubliner Altstadt.* Die prächtigen Fassaden der Häuser am Marktplatz zeugen von Lublins einstiger Bedeutung. Negativ wirkte sich der Befehl aus, demzufolge die Restaurierung der Altstadt zum zehnten Jahrestag des kommunistischen Manifestes an die Bevölkerung 1954, unbedingt beendet sein sollte. Sowohl die Qualität als auch die Darstellungstreue der Restaurierungsmaßnahmen litten unter dieser Eile. Besuchen Sie dennoch den prächtigen Marktplatz und eine der vielen Renaissancekirchen, z.B. die *Dominikanerkirche* (kościół Dominikanów). Auf Grund der ungewöhnlichen Gewölbeformen dieser Kirchen spricht man sogar von der »Lubliner Renaissance«. Im Norden der Altstadt lag das jüdische Stadtviertel mit seiner weltberühmten Talmudschule, einem der größten Zentren des Chassidismus. In dem »Zauberer von Lublin« von Isaac Singer scheint diese Welt aufzuerstehen. Sie fand ihr jähes Ende in Majdanek: unter den etwa 360.000 Opfern dieses Konzentrations- und Vernichtungslagers waren beinahe alle Juden Lublins. Die Nähe des ehemaligen Lagers zum Lubliner Stadtzentrum läßt einen bis heute erschauern (Gedenkmuseum: Di-So 8-18, im Winter bis 15 Uhr).

Knapp 90 km südlich von Lublin liegt *Zamość*, ein erstaunliches Kleinod. Zamość ist eine der wenigen Städte Europas, die nicht auf eine natürlich gewachsene Siedlung zurückgehen, sondern auf dem Reißbrett entstanden sind. Die Idee einer Idealstadt, in der soziale und ästhetische Aspekte verbunden sind, geht schon auf Platon und Aristoteles zurück und wurde in der Renaissance u.a. von Alberti, Leonardo da Vinci und Dürer wieder aufgegriffen. Realisiert wurden allerdings nur kleine einheitliche Städtchen (z.B. Palmanova bei Udine oder Sabbionetta bei Mantua). Diese Idee lebt nicht nur in der barocken Residenzstadt (z.b. Karlsruhe) fort, sondern auch in den neu konzipierten Hauptstädten unserer Zeit (Chandigarh, Brasilia). Nach den Vorstellungen des polnischen Großkanzlers Jan Zamoyski und seines Architekten Bernardo Morando aus Padua, der ihm 1579 die Pläne vorlegte, sollte Zamość die Rolle einer Magnatenresidenz, einer Handelsstadt, eines kulturellen sowie religiösen Zentrums für alle in der Stadt vertretenen Konfessionen in sich vereinen und gleichzeitig eine uneinnehmbare Festung sein. Im großen und ganzen wurde die Stadt im ersten Viertel des 17. Jahrhunderts fertiggestellt. In dieser Zeit entstand eine Reihe von Bauten in einem einheitlichen Renaissancestil, die bis heute zum Pflichtprogramm jeder Stadtbesichtigung gehören: das Rathaus, die armenischen Bürgerhäuser (dort das Kreismuseum mit einem Modell der idealen Stadt; Di-So 10-15 Uhr), die Synagoge (ul. Zamenhofa, heute Bibliothek; Besichtigung möglich), die Stiftskirche (kolegiata), sowie die ehemalige orthodoxe Kirche der Unierten (kościól św. Stanisława).

1594 wurde in Zamość die Akademie Zamoyska gegründet, die der von Polen, Deutschen, Armeniern und Sepharden bewohnten Stadt wissenschaftlichen Ruhm einbrachte. Bis 1821 war die Stadt Privatbesitz der Familie Zamoyski. Und so verwundert es nicht, daß der erste frei gewählte Bürgermeister (1990) ein Nachfahre dieser Adelsfamilie

Geburtsort von Rosa Luxemburg und Juwel der Kunstgeschichte: Zamość

ist. Berühmteste Tochter Zamość ist Rosa Luxemburg, die hier 1871 geboren wurde.

Während der Besetzung in der NS-Zeit sollte in dem in Himmlerstadt umbenannten Zamość ein neues Konzept der Rassenpolitik getestet werden. Zwischen November 1942 und August 1943 wurde die Bevölkerung von fast 300 Dörfern der Umgebung vollständig oder teilweise ausgesiedelt. An ihrer Stelle sollten Deutsche aus Osteuropa angesiedelt werden, um so die polnische Bevölkerung im Generalgouvernement »einzukesseln und allmählich biologisch und wirtschaftlich zu erdrücken«, so SS-General Globocnik. Diese Aktion mußte jedoch abgebrochen werden, nachdem sich die Aktivitäten der Partisanenverbände nicht mehr mit den »gängigen Terrormaßnahmen« unter Kontrolle bringen ließen. Alle blauäugigen, blonden Kinder unter den etwa 100.000 Vertriebenen wurden vor dem Schlimmsten, also Auschwitz, bewahrt und man gab sie als »gutes Rassenmaterial« Ersatzeltern im Reich zur Adoption frei.

Die Nachkriegszeit Zamość stand ganz unter dem Zeichen der Restaurierung der historischen Stadt. Es ist ein Kampf gegen die permanente Finanznot, aber auch häufig gegen die Phantasielosigkeit der Lokalverwaltung; ein Kampf der immer noch unentschieden ist, so etwa bei der Diskussion, ob der gesamte Transitverkehr, der heute durch die Festungsstadt führt, umgeleitet werden soll. Trotz aller Rückschläge und Fehlentscheidungen, z.B. dem Betonkasten des »Renesans«-Hotel, ist Zamość ein schöner Ort. An einem lauen Sommerabend in einem der Cafés auf dem beleuchteten Marktplatz entfaltet Zamość seinen ganzen Zauber.

Stadt der Geister oder Seele Polens
Kraków (Krakau)

Eine Reise nach Polen ohne den Besuch in Krakau müßte genauso unvorstellbar sein wie eine Fahrt nach Böhmen ohne einen Abstecher nach Prag. Nicht ohne Grund fällt gerade dieser Vergleich ein: Prag und Krakau sind die einzigen Hauptstädte in Mittelosteuropa, die ihr mittelalterliches und frühneuzeitliches Stadtbild bis heute beinahe unverändert bewahren konnten. Ihre politische Bedeutung war Ende des 16. Jahrhunderts bzw. Anfang des 17. Jahrhunderts vorüber. Prag erlangte sie wieder. Krakau blieb seitdem eine provinzielle, politisch unbedeutende Stadt.

»Klerikales, schmutziges Provinznest«, »Welterbe der UNESCO«, »Stadt der Geister«, die sich hier wohler fühlen als die Lebenden, »Seele Polens«, der einzige Ort, an dem die Nation das 19. Jahrhundert kulturell überlebte, »betrogene Hauptstadt«, der Warschau – so manch verbitterter Krakauer – sogar die finanzielle Hilfe zur unbedingt notwendigen Stadtsanierung verweigerte. Derartige Charakterisierungen ließen sich endlos fortsetzten. Sie alle sind zutreffend, die positiven ebenso wie die negativen. Schließlich fahren Sie in eine Stadt, in der inmitten der größten Umweltverschmutzung vielleicht die schönsten Renaissancebauten Nordeuropas stehen. Eine Stadt der Nachdenklichkeit und der Besinnlichkeit, keine Warschauer Hektik sondern eine Ruhe erwartet den Besucher, die aus Achtung vor 1000 Jahren Geschichte, die in jedem Stück Mauer allgegenwärtig ist, erwächst; aus Achtung auch vor den menschlichen Gebeinen, die in den Krypten der 100 Krakauer Kirchen lagern. Und auch Stolz auf die Beständigkeit dieser Stadt ist zu spüren: auf eine 700 Jahre alte Universität, auf etliche Theaterbühnen, Cabarets ... all das, was das alltägliche Grau vergessen läßt. Es ist sehr schwierig, ein vollständiges Bild Krakaus zu zeichnen. Man kommt nicht ohne Superlative aus, verfällt zu leicht in pathetische Aussagen und nichtssagende Floskeln. Die einmalige Atmosphäre dieser Stadt müssen Sie einfach selber entdecken!

Krakau schaut auf eine Geschichte zurück, die länger ist als die Staatlichkeit Polens. Davon zeugen zwei geheimnisvolle Erdhügel aus dem 8. Jahrhundert im Osten und Süden der heutigen Stadt. Etwa seit dem Jahre 1000 war Krakau Bischofssitz. Ein halbes Jahrhundert später erwählte Kasimir der Erneuerer (Kazimierz Odnowiciel) Krakau – und nicht

Der größte Marktplatz des mittelalterlichen Europa

Gnesen – zu seiner Residenz. Krakau wurde Hauptstadt Polens. 1241 zerstörten die Mongolen Krakau, eine Stadt, die, von ein paar steinernen Kirchen abgesehen, nur aus Holz bestand. Die offizielle Neugründung mit der Verleihung des Magdeburger Stadtrechts erfolgte 1257. Bis in das 16. Jahrhundert, als sich mit Ausnahme der Juden alle Volksgruppen polonisierten, hatten das deutsche Bürgertum sowie italienische Bankiers und Künstler einen einflußreichen Bevölkerungsanteil ausgemacht. Mit der Gründung der Universität 1364 begann Krakaus goldene Zeit, die von Künstlern von internationalem Ruhm wie dem Nürnberger Bildschnitzer Veit Stoß (s. S. 182) geprägt wurde. Königin Bona Sforza, die Frau Sigismund des Alten (Zygmunt Stary; 1506-1548), spielte bei der Vermittlung der italienischen Renaissance eine wichtige Rolle. Spätestens 1611 verlor die Stadt ihre politische Bedeutung. Warschau trat an ihre Stelle. Das weitere Schicksal Krakaus glich dem des gesamten Staates: Kriege, Verwüstungen, Plünderungen, wirtschaftlicher Niedergang und politische Ohnmacht. Ende des 18. Jahrhunderts zählte Krakau nur noch 9.000 Einwohner, im 16. Jahrhundert waren es 40.000. Zwischen 1815 und 1846 existierte die sogenannte »Krakauer Republik«, ein kümmerlicher Ersatz des polnischen Staates. Nach 1867 erlangte Galizien mit Krakau weitgehende politische und kulturelle Autonomie, Polnisch wurde offizielle Amtssprache, kulturelle Einrichtungen konnten sich frei entfalten. Diese Rolle eines »polnischen Athens«

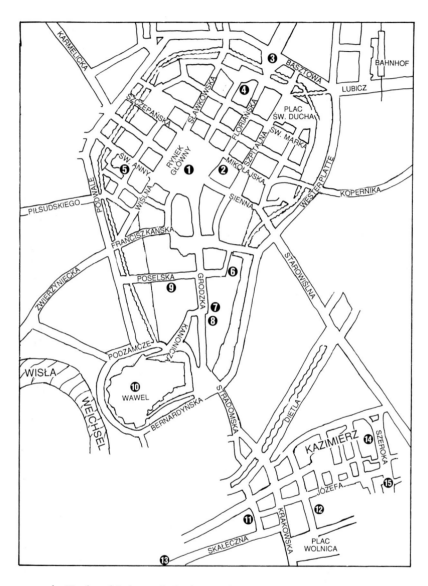

versucht Krakau bis heute beizubehalten.

In der jüngsten Geschichte der Stadt sind zwei Momente hervorzuheben. 1945 wurde die von den Nationalsozialisten schon zur Sprengung vorgesehene Altstadt durch ein überraschendes Manöver der Roten Armee gerettet, wodurch die oberschlesische Industrie verschont werden sollte. Der zweite Versuch, Krakau zu vernichten, erfolgte durch Stalin. Durch den Bau der Hüttenstadt Nowa Huta und der damit einhergehenden Luftverschmutzung sollte Krakau physisch vernichtet und durch die sogenannte Proletarisierung der »Intelligenzler«-Stadt auch psychisch zerstört werden. Stalins Versuch war zumindest bautechnisch erfolgreich.

Allein im historischen Zentrum stehen 3.000 Gebäude unter Denkmalschutz, darunter 112 Kirchen. Unzählige Wohnhäuser besitzen noch Räume aus der Gotik oder der Renaissance.

Unser Rundgang beginnt auf dem *Altstadtmarkt* (Rynek Główny) ❶, der mit seinen 40.000 m² neben dem Markusplatz in Venedig die größte mittelalterliche Platzanlage Europas ist. Sofort fallen die langen *Tuchhallen* (Sukiennice) auf, ein gotischer Zweckbau, der in der Renaissance umgebaut und in der Neugotik um Außenarkaden erweitert wurde. Die dem Dach vorgeblendete, reich verzierte Stützmauer, die Attika (1556-1560) mit ihren phantastischen Fratzen, war das Vorbild für unzählige Bauten im ganzen Land. In den kleinen Läden im Innern der Halle, die man sorgfältig in einem dem Mittelalter nachempfundenen Stil wiederhergerichtet hat, werden Souvenirs und mehr oder weniger echte Erzeugnisse der Volkskunst verkauft: selbstgestrickte Pullover, kunstvolle Holzschnitzereien, Stickereien usw.

Den Marktplatz dominieren außer den Tuchhallen die Türme der großen *Marienkirche* (kościól Mariacki) ❷. Daneben übersieht man die anderen Bauwerke beinahe: z.B. die kleine, in Teilen noch vorromanische Adalbertkirche (kościól św. Wojciecha), den gotischen Rathausturm, zahlreiche Patrizierhäuser oder das Mickiewicz-Denkmal, ein beliebter Treffpunkt für politische Demonstrationen. Die zwei Türme der Marienkirche (1355-1408) sind verschieden hoch. Der Legende nach wetteiferten zwei Brüder, wer von ihnen den höheren Turm bauen könnte – der Streit endete mit einem Brudermord. Eine weitere Legende – Kirchen und Legenden sind ja in dieser Stadt im Überfluß vorhanden – erklärt den Ursprung der Trompetenfanfare, die zu jeder vollen Stunde vom Turm erklingt und jäh abbricht. Die schlafende Stadt sollte dadurch vor dem Angriff der Tataren gewarnt werden. Einer ihrer Pfeile durchbohrte die Kehle des Trompeters, und so brach die Melodie abrupt ab.

In dem dunklen Kircheninnern fällt der Blick sofort auf den riesigen Altar, der aufgrund seiner außergewöhnlichen Qualität alle anderen Kunstwerke der Kirche in den Schatten stellt. Das wichtigste Werk des Bildhauers Veit Stoß ist zugleich der größte mittelalterliche Flügelaltar Europas überhaupt: fast 14 m hoch und 11 m breit. Der Altar (1477-1488) stellt in seinem Hauptteil den Tod Mariens dar. Jeden Tag um 12 Uhr mittags wird er feierlich geöffnet und um 18 Uhr geschlossen – kaum genügend Zeit, um die Meisterschaft, mit der Veit Stoß seinen Figuren auf einmalige Weise Leben eingehaucht hat, gebührend zu bewundern. Im rechten Seitenschiff verweilen Sie aber noch einen Moment vor dem steinernen Kruzifix (vor 1491). Der Meister des Marien-

181

Veit Stoß – Bildschnitzer der Spätgotik

Maria stirbt nicht. Sie entschläft. Von Paulus gehalten, gleitet sie unendlich langsam zu Boden. Ihre schlanken Hände scheinen eine stumme Sprache zu sprechen. Das Gesicht ist so jungfräulich und zart, als ob all die Jahre und all die Schmerzen spurlos an ihr vorübergegangen wären. Die Apostel wirken dagegen kräftig, beinahe wuchtig, überdimensional groß. In den Gesichtern der Jünger spiegelt sich die Trauer über den Tod Mariens. Jeder der Zwölf, die den Apokryphen zufolge aus allen Teilen der Erde herbeigeströmt sind, um die Gottesmutter zu beklagen, drückt seine Trauer auf andere Art aus. Petrus sucht in der Heiligen Schrift nach Worten des Trostes. Johannes, mit jugendlichem Lockenkopf, hebt den Mantel, vielleicht um sich die Tränen abzuwischen oder um ihn Maria behutsam umzulegen. Dahinter ringt ein Jünger im Schmerz die Hände und bildet mit seinen Armen einen Baldachin über Petrus und Maria. Nur Thomas, der Zweifler, schaut gen Himmel und erblickt als einziger die Himmelfahrt Mariens. Christus, umgeben von Engeln, hält seine Mutter, bevor sie vor das Antlitz Gottvaters tritt, um die Krone der Herrlichkeit zu empfangen.

Der Schöpfer dieses Meisterwerkes heißt Veit Stoß (1447-1533). Er war es, der zwischen 1477 und 1485 den Hauptaltar der Marienkirche in Krakau schuf und damit das größte erhaltene spätgotische Altarwerk. Die Verehrung, die Veit Stoß bis heute in Polen erfährt, hätte sich der deutsche Bildschnitzer vermutlich selber nie träumen lassen. Schon in der Schule hören die Kinder von den Werken des Wit Stwosz. Im 19. Jahrhundert malten ihn zahlreiche Künstler, wie etwa Matejko, der den »Geblendeten Veit Stoß, geführt von seiner Tochter« darstellt. Die polnischen Kunsthistoriker haben sich immer wieder mit der »stwoszologia«, der Stoß-Forschung, beschäftigt. Hinter all dieser Forschung stand vermutlich auch oftmals der Wunsch, Veit Stoß, etwas zu »ent-deutschen«, vielleicht doch noch ein polnisches Element zu finden. Als sich die Theorien von seiner polnischen Herkunft durch nichts belegen ließen, versuchte man, ihn als Schweizer auszugeben. Auch vor der Kunst macht der nur allzu bekannte Nationalitätenstreit nicht Halt, selbst der Künstler und sein Werk werden für politische Zwecke instrumentalisiert. Irrwitzigster Auswuchs dieser nationalen Nutzbarmachung von Kunst – nur mit umgekehrtem Vorzeichen – ist wohl die Interpretation deutscher Kunsthistoriker während des Dritten Reiches, die in

Veit Stoß' Werken in Polen die Verkörperung »deutscher Selbstbehauptung im Osten« sahen.

Veit Stoß wurde vermutlich 1447 in Horb am Neckar geboren. Geburtsdatum und -ort sind allerdings nicht eindeutig gesichert. Während seiner Wanderjahre in Schwaben und am Oberrhein lernte er neben dem Werk Schongauers und Gerhaert van Leydens die niederländische Kunst kennen. Hier sammelte er einen Erfahrungsschatz, aus dem er in späteren Jahren reichlich schöpfte. 1477 gab Veit Stoß sein ererbtes Nürnberger Bürgerrecht auf und zog nach Krakau, um dort den Hauptaltar der Marienkirche zu schnitzen. Den Auftrag hatte ihm die deutsche Gemeinde in Krakau erteilt, die zu dieser Zeit einen einflußreichen Teil des Krakauer Bürgertums ausmachte und die heilige Messe in der Marienkirche feierte. Nur eine Generation später wäre dies schon kaum denkbar gewesen. Dann waren es die Könige oder der Großadel, die die deutschen Künstler in Polen beauftragten. Das deutsche Bürgertum Krakaus ließ sich damals schnell polonisieren und durch Einheirat in den polnischen Adel nobilitieren.

In Krakau war und blieb Stoß – im Gegensatz zu Nürnberg, wo er neben Albrecht Dürer, Adam Krafft oder Peter Vischer bestehen mußte – der einsame Große des spätgotischen Stils, dem nur wenige Jahre später der triumphale Einzug der Renaissance in die königliche Hauptstadt ein Ende setzen sollte. Mit dem Krakauer Altar schuf Stoß ein Werk, das schon durch seine Dimensionen, 14 m hoch und 11 m breit, beeindruckt. Entscheidender als die Größe aber sind die Qualität der Skulpturen und die ungewöhnliche Komposition. Wie ein mittelalterliches Bühnenspiel wird das Mysterium von Tod, Himmelfahrt und Krönung Mariens dargestellt. Alle Figuren sind gleichermaßen in die Handlung einbezogen. Mit einem bis ins Detail gehenden Realismus und einer besonderen Dynamik schuf Stoß ein unkonventionelles Werk, das bis heute den Gläubigen wie den Besucher tief beeindruckt.

In seiner Krakauer Lebensperiode – bis 1496 lebte der Künstler in der polnischen Hauptstadt – schuf Veit Stoß außer dem Marienaltar auch andere bedeutende Meisterwerke, so etwa das Grabmal von König Kasimir IV. Jagiello (1492) aus rot-gefleckten Marmor im Waweldom und das Steinkruzifix (um 1491) in der Marienkirche.

Nach 20 Jahren wieder zurück in Nürnberg, scheint Stoß mit dem Aufenthalt in der polnischen Hauptstadt die erfolgreichste und glücklichste Phase seines Lebens hinter sich gelassen zu haben. Durch betrügerische Manipulation und den Konkurs eines reichen Kaufmanns, dem Stoß Geld geliehen hatte, wird er um einen großen Teil seines in Krakau verdienten Vermögens gebracht, so daß der Künstler in einer Wechsel- und Urkundenfälschung den einzigen Ausweg sah. Er landete im Gefängnis und wurde öffentlich gebrandmarkt. Als »irriger und geschrayiger Mann« findet er in den Stadtakten Erwähnung. Streitsüchtig und gewalttätig, wie es heißt, hat er in den weiteren 37 Jahren seines Lebens darum gekämpft, seine verlorene Ehre wieder herzustellen. Auch in dieser Zeit schuf Veit Stoß bedeutende Werke, so den »Englischen Gruß« (1517-1518) in der St. Lorenzkirche zu Nürnberg oder den Altar im Bamberger Dom (1520-1523), dennoch wird er vermutlich mit Sehnsucht an das ferne Land im Osten zurück gedacht haben, in dem er als angesehener Künstler mit den Adligen und Königen verkehrte und wo er unvergängliche Werke schuf.

Beatrix Müller

altars schuf hier ein einprägsames Bild des menschlichen Sterbens.

Bevor es weiter Richtung Wawelhügel geht, sollten Sie unbedingt die Reste der Stadtmauer sowie das Universitätsviertel anschauen. Am Ende der ulica Florianska liegen das Florianstor (Brama Floriańska) und die *Barbakane* (Barbakan, s. S. 162) ❸. Bis auf diesen kleinen Teil wurden die Stadtbefestigungen im 19. Jahrhundert abgerissen und in ihrem Verlauf Grünanlagen, sogenannte Planty, angelegt. Nicht weit vom Florianstor liegt das *Czartoryski Museum* (ul. Pijarska 15; Fr 12-18, Sa-Di 10-16 Uhr) ❹ mit einer anspruchsvollen Sammlung westeuropäischer Malerei. Hier wird das wohl berühmteste Bild, das Polen besitzt, ausgestellt, »Die Dame mit dem Hermelin« von Leonardo da Vinci. In der ulica Floriańska bilden ein Kaffee und ein Stück Torte in der *»Jama Michalikowa«* einen ernstzunehmenden Besichtigungspunkt unseres Stadtrundgangs. Die Originalausstattung im Wiener Sezessionsstil machen dieses Café zu einer Rarität.

Die ulica Swietej Anny führt zu dem Komplex der *Jagiellonenuniversität* (Uniwersytet Jagieloński) ❺ von 1364. Sie ist damit nach Prag die zweitälteste Universität in Mittel- und Osteuropa (Wien 1365, Heidelberg 1386), erlangte allerdings erst um 1400 größere Bedeutung, als Königin Hedwig von Anjou (Jadwiga) der Universität ihren gesamten Schmuck schenkte und sich selbst mit den aus Holz geschnitzten Insignien der Macht auf dem Wawel bestatten ließ. Das Hauptgebäude, das Collegium Maius aus dem 15. Jahrhundert wird, dem klösterlichen Modell entsprechend, durch hohe Mauern von der Stadt getrennt (ul. Jagielońska; Universitätsmuseum Mo-Sa 12-14, der Hof 9-18 Uhr). In dem schönen Arkadenhof versammelten sich am 6. November 1939 auf Einladung der deutschen Besatzungsmacht 184 Professoren und Dozenten der Universität zur Semestereröffnung. Sie alle wurden ins Konzentrationslager Sachsenhausen gebracht.

Auf dem Weg zum Königsschloß Wawel, die ulica Grodzka und dann ul. Kanonicza entlang, kommen Sie an einigen interessanten Kirchen vorbei, darunter die erste *Dominikanerkirche* Polens (kościół dominikanów) ❻, die *Peter und Paul-Kirche* (kościół św. Piotra i Pawła), der erste barocke Bau in Polen ❼, die romanische *Andreaskirche* (kościół św. Andrzeja) ❽ , in der die Bewohner Krakaus 1241 Schutz vor den plündernden Mongolen fanden, und schließlich die *Franziskanerkirche* (kościół franciszkanów) ❾ mit den wundervollen Jugendstilfenstern von Stanisław Wyspiański (um 1900, s. S. 77). Der Vertrag mit dem Künstler wurde von den Franziskanern beinahe gelöst, als die Madonna auf einem der Glasfenster barfuß und mit dem Gesicht einer Krakauer Bauersfrau erschien. Schließlich wurde sie hinter den Hauptaltar verbannt. Das Glasfenster mit dem Bild Gottvaters im Westen der Kirche sollte man an einem sonnigen Nachmittag betrachten – ein unvergleichliches Farbenspiel in einem ge-

Aus dem Mittelalter stammen die Rituale des Erzvereins des Guten Todes

schichtsträchtigen Raum. Hier ließ sich 1386 der Fürst Litauens, des letzten nichtchristlichen Staates Europas, taufen.

Auf einem Fußgängerweg bergauf, im Sommer gesäumt von Musikanten und Postkartenverkäufern, erreichen Sie den *Wawelhügel* mit dem *Königlichen Schloß* und der *Kathedrale* (katedra i zamek na Wawelu) ❿, Zeugnis der einstigen Größe des Landes. Legenden erzählen von der ältesten Geschichte des Hügels. In einer Höhle unter dem Wawelhügel am Weichselufer wohnte ein furchterregender Drache, der stets nach menschlicher Nahrung verlangte. Bis ein kleiner Schuster auf die Idee kam, dem Drachen ein mit Schwefel gefülltes Schaf zum Fressen zu geben. Der Drache bekam solchen Durst, daß er so viel Weichselwasser soff, bis er platzte. Die kleine Drachenhöhle ist zu besichtigen. Auch heute thront am Eingang ein Drache, der alle paar Minuten Feuer speit.

Seit ewigen Zeiten wird auf dem Wawelhügel kontinuierlich gebaut. Aus dem 10. Jahrhundert stammt beispielsweise eine Rundkirche (rotunda Feliksa i Adaukta), die im Rahmen der ständigen Ausstellung »Wawel zaginiony« (verlorener Wawel) besichtigt werden kann. Die Krönungskathedrale entspricht in ihrem heutigen Aussehen dem dritten, gotischen Bau. Die Fülle an kostbaren Stücken im Kircheninnern, von denen jedes für sich genommen schon einen Besuch wert ist, kann ohne einen detaillierten Sonderführer nicht beschrieben werden. Stichwortartig seien hier wenigstens die »Highlights« der Kathedrale genannt: das elegante Grabmal Kasimirs des Großen aus Sandstein und rotem Marmor, die russisch-ortho-

Die Krakauertrachten vor der Attika der Tuchhallen

doxen Fresken in der Hl.-Kreuz-Kapelle sowie das Grabmal Kasimirs III. des Jagiellonen von Veit Stoß in der gleichen Kapelle. Ein wahres Juwel ist die *Sigismundkapelle* (kaplica Zygmuntowska), einigen Kunsthistorikern zufolge der schönste Renaissancebau nördlich der Alpen. Zwischen 1517 und 1533 erbaut, ist sie jenseits der Alpen auch eines der ältesten Beispiele dieses damals revolutionären Stils. Der erste deutsche Renaissancebau, die 1509-1518 erbaute Grabkapelle der Fugger in der St. Annakirche in Augsburg wirkt dagegen noch sehr viel »mittelalterlicher«. In der Gruft des Krakauer Doms ruhen fast alle polnischen Könige seit dem 16. Jahrhundert, die Nationalhelden Kościuszko und Piłsudski sowie die großen Dichter Mickiewicz und Słowacki – damit in ihrer gesellschaftlichen Stellung den Königen gleich. Das schon im 14. Jahrhundert erbaute Königliche Schloß wurde durch seinen Renaissance-Umbau am stärksten geprägt. Ab 1502 legten florentinische Architekten ganz im Stil der italienischen Renaissance einen riesigen Arkadenhof an. Nur das steile Dach ist eine Konzession an die hiesigen Klimabedingungen, damit Regen und Schnee leichter vom Dach abrutschen können. Im Inneren des Schlosses (Di, Do, Sa, So 10-15, Mi, Fr 12-18 Uhr) begeistert die Sammlung der 136 Gobelins. Vom Namen der französischen Stadt Arras, einem der wichtigsten Teppichzentren, abgeleitet, heißen sie auf polnisch »arrasy«. Der letzte Jagiellonen König, Sigismund II. August, ließ sie in Flandern eigens für sein Wawelschloß anfertigen.

Kazimierz liegt östlich des Wawelhügels. Noch vor 200 Jahren hätte Sie dieser 20minütige Spaziergang in eine andere Stadt geführt. Der Na-

Die alte Synagoge von Krakau-Kazimierz ist heute ein Museum

me geht auf Kasimir den Großen zurück, der hier eine neue Stadt gründete, die in Konkurrenz zu dem bei vielen unbeliebten Krakau stand, in dem zum großen Teil Deutsche wohnten. Sehenswert sind hier u.a. die gotische *St. Katharinenkirche* (kościół św. Katarzyny) ❶ und die *Fronleichnamskirche* (kościół Bożego Ciała) ❷ sowie die barocke *Paulinerkirche auf dem Felsen* (kościół Paulinów na Skałce) ❸. Hier soll König Boleslaw II. der Kühne (Śmiały) den für Krakau bedeutendsten Heiligen, den hl. Stanislaus, ermordet haben. Aber so richtig berühmt machte Kazimierz erst die jüdische Gemeinde, die einen Stadtteil von Kazimierz nach 1495 zu voller Blüte brachte. Von den 68.000 (1938) jüdischen Bewohnern Kazimierz' überlebten nur 200 die Vernichtungslager der Nationalsozialisten. Geblieben ist die kleine *Renaissancesynagoge R'emuh* (ul. Szeroka 40; weiterhin für sakrale Zwecke benutzt) ❹ mit dem berühmten Friedhof von 1533. Auf der gleichen Straße liegt die sogenannte *Alte Synagoge* (Stara Synagoga, um 1500, 1557-1570 umgebaut) ❺. Sie ist neben den Synagogen in Prag, Worms und Toledo eine der ganz wenigen erhaltenen jüdischen Gebetshäuser aus dem Mittelalter und der frühen Neuzeit (heute Museum der jüdischen Geschicte und Kultur, Mi-So 9-15, Fr 11-18 Uhr). Der restliche Teil des jüdischen Kazimierz hat seine Bewohner, nicht aber die Armut verloren und doch hat dieses Viertel eine besondere, anziehende Atmosphäre. Eine Gesamtsanierung ganz Kazimierz ist geplant, die Durchführung schreitet aber nur sehr langsam voran.

Stalinistisches Scheusal
Nowa Huta und die Salzmine in Wieliczka

Die Umgebung Krakaus, Kleinpolen genannt, bietet zahlreiche Sehenswürdigkeiten. Angefangen bei der Schwarzen Madonna in Częstochowa (Tschenstochau) über unzählige Burgen und Kirchen bis zu einer abwechslungsreichen Naturlandschaft. Im Umkreis von nur 100 km von Krakau gibt es fünf Nationalparks. Für Touren in die Berge müssen Sie weit mehr als einen Tag einplanen.

Der Begriff Galizien ist allgemein sehr viel geläufiger als Kleinpolen, umfaßt aber nur den südlichen und östlichen Teil bis nach Lwów (Lemberg). Im Gegensatz zu dem alten historischen Namen Kleinpolen entstand der Name Galizien während der Ersten Polnischen Teilung 1772, um die fiktiven Ansprüche Österreichs auf das mittelalterliche Halitsch- und Wladimir-Herzogtum (verändert zu Galizien und Lodomerien) zu untermauern. Zu der Geschichte dieser Region gehören seit jeher Übervölkerung und Emigrationswellen nach Amerika, die blutigen Bauern- und Ukraineraufstände sowie die Welt des galizischen Judentums. Aus Kleinpolen, bzw. Galizien, stammen unter anderem so berühmte Polen wie der Schriftsteller Joseph Conrad oder Papst Johannes Paul II. Bis heute umgibt diese Region ein Hauch von Exotik: Berge mit unzähligen kleinen Getreidefeldern, Dörfer mit strohgedeckten, hellblau gestrichenen Häusern, Marterln – jene ureigenen Wegkreuze – und Holzkirchen, die am Sonntag bis auf den letzten Platz besetzt sind. Dann sieht man die Dorfbewohner in ihren prächtigen Trachten. Doch auch diese Idylle ist bedroht: von Monat zu Monat treten mehr Betonkästen anstelle der Holzhütten, ersetzen Traktore die Pferde, werden die kunstvoll verzierten Filzhosen der Tatrabewohner gegen Jeans eingetauscht.

Die jungen Männer aus diesen Dörfern machten sich 1950 auf den Weg und sangen vor Freude darüber, sich an dem Bau der sozialistischen Musterstadt *Nowa Huta* beteiligen zu dürfen. Um die riesige Stahlhütte »Lenin« herum entstand schon bald eine im sozrealistischen Stil (s. S. 167) erbaute Stadt für über 220.000 Arbeiter. Was damals den frohen Arbeitern verschwiegen wurde, war eine Reihe von Absurditäten: Nowa Huta lag auf den fruchtbarsten Böden ganz Polens, dafür mußte das für die Stahlgewinnung notwendige Eisen über Tausende von Kilometern aus Rußland auf speziellen, breiten Eisenbahnlinien herangeschafft

Umweltverschmutzer auch mit neuem Namen: die Hütte von Nowa Huta

werden. Die giftige Luft zerstörte Stück für Stück das kulturelle Erbe Polens, das königliche Krakau. Für diese so offenkundig unsinnige Investition gab es nur eine logische Erklärung: eine Art ideologisch gesunde »Menschenspritze« sollte in das dekadente, bürgerlich-klerikale Krakau implantiert werden und dieses durchmischen. Aber auch hier funktionierte der machiavellistische Plan Stalins nicht. An dem Sturz des kommunistischen Systems beteiligten sich mehr als nur die »Intelligenzler« Krakaus. Gerade die Arbeiter von Nowa Huta waren aktiv dabei. Die Hoffnung auf ein Paradies auf Erden konnte den Traum vom Himmel nicht ersetzen. Ende der siebziger Jahre kapitulierte der Staat und erlaubte den Bau der ersten Kirche in Nowa Huta. Die kościół Matki Boskiej Królowej Polski, also die Kirche der Muttergottes in der Siedlung Bieńczyce ist eine der wenigen schönen Beispiele moderner Architektur in Polen. Man fühlt sich an Le Corbusiers Kirche in Ronchamp erinnert. Der Rest von Nowa Huta ist reine Tristesse: die noch immer qualmende Hütte, nun von »Lenin« in »Sendzimir-Huta« umbenannt (wobei kaum jemand weiß, wer Sendzimir war), stalinistische Architektur mit dem inzwischen leeren Sockel des Lenindenkmals, bei dem in der Nacht seines Sturzes spontan eine Freudenfeier entstanden sein soll. Die Freude war jedoch nur von kurzer Dauer, langlebiger sind dafür die niederdrückenden Betonblöcke aus der Zeit der »Stagnation« und die aggressiven Skins, die man seit einiger Zeit auf der Straße sieht. Man meint, an jeder Ecke die Angst vor der Zukunft zu spüren: was wird aus

Unterirdische Schätze in Salz: Wieliczka

uns, wenn das Monster, die Stahlhütte, geschlossen wird?

Wenn Nowa Huta nur auf wenige Touristen anziehend wirkt, – den anderen wird man es nicht verdenken können – ist die in der Nähe liegende Salzmine *Wieliczka,* von der UNESCO zum Welterbe der Menschheit erklärt, die touristische Attraktion Nummer eins. Ob Sie aber je das Glück haben werden, die weltberühmte Salzmine zu besichtigen, ist ungewiß. 1992 brach ein unterirdischer Fluß in die Stollen. Die wertvollsten Teile des Bergwerks sind seitdem ebenso wie die Stadt akut gefährdet. Mit der seit dem 12. Jahrhundert betriebenen Salzmine ginge ein unermeßlicher Schatz verloren. Seit dem 14. Jahrhundert machten die Gewinne des Salzes ein Drittel der gesamten Staatseinkünfte Polens aus. Auf neun Niveaus, die bis 327 m tief reichen, und eine Gesamtlänge von knapp 300 km (!) besitzen, erwartet Sie hier eine faszinierende Welt: Salzseen und natürliche Grotten. Die technische Ausstattung der Mine, beispielsweise die gigantischen Baugerüste stammen z.T. noch aus dem 17. Jahrhundert. Die wohl größte Attraktion stellen die aus Salz gemeißelten Skulpturen und Flachreliefs dar, die oft unbekannte Bergleute schufen. In der 50 m langen und 12 m hohen »Kapelle der seligen Kinga«, deren heutige Ausstattung vom Ende des 19. Jahrhunderts stammt, mit zahlreichen Altären aus Salz, gaben sich schon so manche wohlhabenden Exzentriker das Jawort. Schon Goethe und Balzac bewunderten das Naturkunstwerk von Wieliczka. Zu Ihrem Trost: die letzten Nachrichten klingen optimistisch, so daß hoffentlich auch Sie sich in die Liste der ehrwürdigen Besucher von Wieliczka einreihen werden können.

Auschwitz (Oświęcim)

Über die einzige Stadt in Polen zu schreiben, deren Name von allen Deutschen, gleich ob rechter oder linker Couleur, in der deutschen Schreibweise gebraucht wird, fällt schwer. Sollte sie in einem Reiseführer als besondere – womöglich mit drei Sternchen versehene – Attraktion aufgenommen werden? Sie gehört dazu und gleichzeitig auch nicht, zumal der Besuch von Auschwitz nur für seelenlose Menschen dem Besuch in der Marienburg oder Tschenstochau gleicht.

Die Zahl »1.500.000 Opfer« kann gelesen, aber kaum verstanden werden. Dieser Ort ist ›einmalig‹, nicht nur unter den nationalsozialistischen Todesfabriken sondern auch in der Geschichte. Einmalig in der Enthumanisierung und Bürokratisierung des hier praktizierten Tötungsprozesses, kann er kaum mit anderen grausamen Auswüchsen des Ideologiewahns, mit dem Archipel GULAG des NKWD oder den »Killing fields« der Roten Khmer verglichen werden.

Es gab zwei – genauer gesagt sogar drei – Lager in Auschwitz: das Stammlager I war ein »normales« Konzentrationslager wie Dachau, Sachsenhausen oder Mauthausen, so wie wir sie aus den Beschreibungen eines Kurt Tucholsky oder Ernst Wiechert kennen. Dort gab es eine, wenn auch kleine, Chance zu überleben. Auschwitz II, Birkenau (Brzezinka) dagegen war zum größten Teil kein Konzentrationslager, sondern ein Vernichtungslager, in dem »der Aufenthalt von Menschen nicht vorgesehen war«. Derartige Lager werden Sie in Deutschland vergeblich suchen, es gab sie aber zur Genüge in Polen: Treblinka (700.000 Tote), Bełżec (600.000 Tote), Sosibór (250.000 Tote), Chełmno n. Nerem (Kulmhof, 360.000 Tote), Majdanek (auch KZ, 360.000 Tote). Hier wurden die Menschen aus den Zügen auf die Rampe getrieben; dann kam das Sortieren der Gepäckstücke und Kleider; schließlich die Gaskammer. »Zwischen zwei Toren des Fußballspiels der Lagermannschaften wurde ein ganzer Transport von Juden verbrannt«, schrieb Tadeusz Borowski, selber KZ-Insasse und Autor der vermutlich literarisch besten und erschütterndsten Erinnerungen, »Bei uns in Auschwitz«. So viel man auch darüber liest: Auschwitz wird nie zu verstehen sein. Auch nicht in seiner Irrationalität: noch 1944, als die Russen bereits an der Weichsel standen, scheute der deutsche Staat keine Mühe, ein paar Dutzend Juden aus dem sonnigen Rhodos über mehrere tausend Kilometer nach Auschwitz zu bringen, um sie hier zu töten.

Auschwitz entstand im April 1940 als Konzentrationslager für die polnische intellektuelle Elite, die nach den Vorstellungen der Nationalsozialisten »eliminiert« werden mußte. Später wurden hier auch Häftlinge aus nahezu allen europäischen Staaten inhaftiert, von denen ungefähr 100.000 infolge der schweren Zwangsarbeit, durch Seuchen und vor Hunger starben, vergast oder erschossen wurden. Das etwa drei Kilometer von Auschwitz entfernt liegende Brzezinka (Birkenau) war eine reine Todesfabrik, in der ab 1941 weit über eine Million Juden getötet wurden. Bis vor kurzem noch geisterte durch alle Veröffentlichungen des Ostblock die Zahl von vier Millionen Toten; eine Zahl, die die Sowjets 1945 aus der Kapazität der Krematorien errechneten. Außer diesem unglücklichen Zahlenspiel beeinträchtigt noch etwas die Würde dieses Platzes: der Streit unter den Opfern um den Vorrang ihres Martyriums. So etwa sind auch allgemeine Informationstafeln zu verstehen, aus denen nicht zu entnehmen

Der Ort des Grauens

ist, daß 90% der Opfer Juden waren. Die Tafeln sollen jetzt geändert werden. Ebenso beschämend ist der Streit um den Bau eines Karmeliterinnenklosters direkt neben dem Gelände des Stammlagers (s. S. 111). Und noch eins: Auschwitz zerfällt – die Holzbaracken vermodern, die Berge von Menschenhaar der Opfer werden zu Staub, die Schuhhalden zu einer unerkennbaren Masse. Selbst das relativ hohe Budget reicht zur Erhaltung nicht aus. Mit 42 Millionen DM berechnete die beauftragte Ronald-Lauder-Stiftung aus New York die Kosten der Restaurierung von Auschwitz und Birkenau. Daß die Natur gehindert werden muß, über dieses vielleicht größte menschliche Verbrechen den Vorhang des Vergessens zu breiten, findet seinen Sinn in der Aufschrift am Eingang des Vierten Deutschen Blocks: »Wer die Geschichte nicht erinnert, ist verurteilt, sie neu zu durchleben.«

(Die beiden Lager – heute das Gedenkmuseum – sind täglich geöffnet, Sommer 8-18, Winter bis 15 Uhr)

Schwarze Madonna und Adlernester
Ojców und Częstochowa (Tschenstochau)

Nordwestlich von Krakau erstreckt sich der sogenannte Jura Krakowsko-Częstochowska, eine Karstformation mit tiefen Tälern, freistehenden bizzaren Kalksteinfelsen und großen Höhlen. Zahlreiche Burgruinen vervollständigen das malerische Bild. Sie stammen meistens aus der Zeit Kasimirs des Großen (1333-1370) und sollten den Handelsweg nach Schlesien sichern. Den schönsten Teil des Juras, in dem man sich an das bayerische Altmühltal erinnert fühlt, bildet das zwischen Kraków und Olkusz gelegene Ojców-Tal. In dem Tal liegt der kleinste Nationalpark des Landes, der aber einer der wertvollsten ist. So wachsen hier viele endemische Pflanzen, beispielsweise Betulia Oycoviensis, eine Art Birke, die hier das erste Mal beschrieben wurde. Von *Ojców* bieten sich viele Wanderungen auf markierten Pfaden an, z.B. zu der Schlucht »wąwóz Kraków« oder zu der Höhle »jaskinia Łokietka«. Nach der Legende hatte in dieser Höhle der spätere König Wladislaw I. der Ellenlang (Łokietek) vor den Truppen des böhmischen Königs Wenzel I. Zuflucht gefunden.

Auf einer befahrbaren Straße durch das Tal geht es an der sogenannten Herkulessäule (maczuga Herkulesa) vorbei – hier haben die Erosionsprozesse ein besonders bizarres Gebilde entstehen lassen – nach *Pieskowa Skała,* in dem hoch über dem Tal eine imposante Burg thront. Ursprünglich eine Wehrburg, wurde sie im 16. Jahrhundert zu einem Renaissancepalast umgebaut, der in der Tradition des Königlichen Schlosses auf dem Wawel steht. Besonders schön ist der Arkadenhof mit einer Reihe von in Stein gehauenen Fratzen, Maskarons. Die im Stil verschiedener Epochen rekonstruierten Räume im Innern sind mit Möbeln und Gegenständen aus dem Wawel-Schloß ausgestattet (Di-So 10-15 Uhr). Auf dem Weg nach Tschenstochau kommt man an weiteren Burgruinen vorbei; das schönste Photomotiv geben wohl die »Adlerhorste« von *Ogrodzieniec, Mirów, Bobolice* und *Olsztyn* ab. Westlich der alten Silberminenstadt Olkusz wartet eine besondere Attraktion: die einzige Wüste Europas. *Błędowska Pustynia* – so heißt sie – erstreckt sich auf ca. 30 Quadratkilometern und besitzt alles, was eine echte Wüste auszeichnet: Sanddünnen, eine Oase, ... und angeblich echte Fatamorganen. Einer, der diese

Eines von vielen Adlernestern: die Burg von Ogrodzieniec

Sandkastenversion einer Wüste zu nützen wußte, war General Rommel. Er ließ hier sein Afrikakorps trainieren. Von einem Hügel beim Dorf Klucze bietet sich der schönste Ausblick der Gegend.

Częstochowa (Tschenstochau) mit dem hochverehrten Bild der Schwarzen Madonna ist für viele ein Begriff, der weit über die Grenzen Polens hinausgeht. Wer mit großen Erwartungen hierher kommt, wird von der Realität zunächst enttäuscht sein. Die Stadt selbst macht einen eher provinziellen Eindruck mit ihren ungepflegten Häusern und den ausgedehnten Industrieanlagen. Zum eigentlichen Ziel, dem Muttergottesbild, das in der Klosteranlage auf dem Hellen Berg, Jasna Góra, aufbewahrt wird, führt die breite Muttergottes Allee. Kunstgeschichtlich bietet die Klosteranlage zwar durchaus Interessantes, jedoch keine außergewöhnlichen Schätze. Ein Besuch Częstochowas – wenn er nicht religiös motiviert ist – dient eher einem soziologisch-historischen Phänomen: dem polnischen Katholizismus. Der große Tag des Ortes ist Mariä Himmelfahrt am 15. August. Unzählige Pilgergruppen, die bereits mehrere hundert Kilometer zu Fuß zurückgelegt haben, verwandeln die Klosteranlage in ein riesiges Menschenmeer. Hier wird dann gebetet, gesungen, gegessen, geschlafen ... Schon Tage vorher wird dem heiligen Bild die Ehre erwiesen, indem die Gruppen langsam daran vorbeidefilieren. Lassen Sie sich von diesem Strom mitziehen, dem Gedränge werden Sie in Tschenstochau auch an anderen Tagen kaum entgehen können. An keinem anderen Ort in Polen wird die Bedeutung und Macht der katholischen Kirche so unverwechselbar vor Augen geführt.

Wie kam der Ort zu solcher Bedeutung? 1382 stiftete der polnische

Kopie der Schwarzen Madonna auf einem der Klostertore

Herzog Wladislaw aus Oppeln den ungarischen Paulinern eine Kirche und kurze Zeit später schmückte er sie mit dem wundertätigen Bild einer Madonna. Es war schwarz wie einige andere geschnitzte oder gemalte wundertätige Madonnen auch, so z.B. in Fátima, Montserrat, Guadalupe und Altötting. Keiner weiß genau, woher es stammt. Man behauptete, der Evangelist Lukas selber hätte es gemalt. Einige Forscher vermuten, die »Schwarze Madonna« sei ein Byzanz verpflichtetes, gotisches Bild aus Italien. Einer anderen These zufolge handele es sich um eine russische Ikone, die der Herzog bei einem Kriegsüberfall dort erbeutet und dann aus Buße der Kirche geschenkt habe. Die Frage nach der Herkunft ist nicht mehr eindeutig zu klären, da das Bild 1430 bei einem Hussitenüberfall stark zerstört und später von russischen Malern vollständig erneuert worden ist. Damals begann die glänzende Karriere des Bildes als Wundermacher: die Pferde, die die »Schwarze Madonna« nach Böhmen bringen sollten, scheuten und weigerten sich, eine solch schändliche Tat zu unterstützen. Nach der volkstümlichen Überlieferung stammen die zwei Einschnitte auf der Wange der Madonna von den Schwertern der Hussiten. Allerdings gab es in Byzanz die Tradition der sogenannten verwundeten Bilder, bei denen Gewaltanwendung wie z.B. Säbelhiebe vorgetäuscht wurden, um die Verehrung des Kunstwerks zu fördern. 1655 habe das Kloster der Madonna seine Errettung vor den schwedischen Invasoren zu verdanken gehabt. Während der zweimonatigen erfolglosen Belagerung zog täglich eine Prozession mit dem Bild die Mauerlinie entlang, um den Verteidigern Mut zu verleihen. Auch 1770 in dem erfolgreichen Kampf gegen die Russen sowie 1945, als beim

Tschenstochau und polnische Fahnen: Katholizismus und Patriotismus

Abzug der Deutschen eine nasse Lunte die Sprengung der gesamten Anlage verhinderte, sprachen viele diese Wunder der Kraft der »Schwarzen Madonna« zu.

Um das Kloster zu erreichen, müssen Sie zunächst vier Tore in den Bastionsbefestigungen »erobern«. Mit jedem Tor werden die Souvenirverkäufer weniger. Hinter sich lassen Sie Stände, an denen allerlei Krimskrams angeboten wird; Plastikarmbänder, Schlangen, Kreuze, Gummiteufelchen, die auf Wunsch die Zunge herausstrecken, Zuckerwatte und – die neueste Attraktion – silberne Luftballons mit dem Konterfei des segnenden Papstes. Im Innern wird es ernster: die Klosterkirche mit einer prachtvollen barocken Ausstattung, der Rittersaal mit Bildern, die die spannende Geschichte des Klosters illustrieren, die Schatzkammer mit wertvollen Votivgaben verschiedener Könige und Nationalhelden (Mo-Sa 9-11.30, So 9-13, Mo-Sa 15.30-17.30 Uhr) und schließlich die Kapelle Mariae Geburt. Hier befindet sich das Gnadenbild. Es wird mit einer Silberplatte aus dem Jahr 1673 verhüllt und nur zu bestimmten Stunden unter Fanfarenklängen feierlich geöffnet (gewöhnlich ist das Bild von 6-12, 15.30-16.40 und 19-19.45 Uhr zu sehen). Dann können Sie einen Blick auf die »Schwarze Madonna« werfen. In den Zeiten großer Bedrängnis, »historischen Unwetterzeiten«, schenkte dieser Blick den Bewohnern Polens die Zuversicht, mit ihren bösen Nachbarn nicht ganz alleine auf der Welt zu sein.

Wo sich die Luchse Gute Nacht sagen
Hohe Tatra, Pieniny und Bieszczady

Die Karpaten, neben den Alpen die längste Erhebung Europas, reichen von Rumänien bis an die Weichselquellen. Auf polnischem Gebiet unterscheidet man mehrere Gebirgsketten: die Beskiden, Bieszczady, Pieniny und die Hohe Tatra. Im Gegensatz zu den abgerundeten und stark bewaldeten Kämmen der Beskiden oder Bieszczady sind die Pieniny ein niedriges, aber stark zerklüftetes Kalksteingebirge. Die Hohe Tatra hat dagegen alpinen Charakter. Sogar bei einem sehr gedrängten Reiseprogramm sollten Sie sich eine Floßfahrt in Pieniny und den Blick auf die Hohe Tatra nicht entgehen lassen.

Von Kraków geht es südwärts über Myślenice und Chabówka. Ein kurzer Abstecher zu der manieristischen Wallfahrtskirche und den phantasievollen Kalvarienkapellen in Kalwaria Zebrzydowska ist besonders am Karsonntag, wenn die Passion Christi nachgestellt wird, lohnend. Weiter führt der Weg über zwei Pässe der Beskiden, so daß es dem Fahrer fast wie eine Ewigkeit erscheint, bis er mitten im Podhale, einem flachen Talkessel unterhalb der Tatra steht. Genau 100 km von Kraków entfernt, befinden Sie sich in Poronin, kurz vor Zakopane, dem Ort, in dem Lenin 1913 und 1914 den Sommer verbrachte. Seit zwei Jahren stehen die Gebäude des ehemaligen Lenin-Museums verwahrlost leer und sind dem Verfall nahe. Podhale, wörtlich Voralmen, gehört zu den vier großen Regionen um die Tatra: Liptov im Süden, Orawa (Arwa) im Westen, Podhale im Norden und Spisz (Zips) im Osten. Die Bergbewohner, auf polnisch Górale, leben zwar überall in den Beskiden, aber für ganz »echte« Goralen halten sich eigentlich nur diejenigen aus Podhale. Tatsächlich zeichnen sich ihre Sprache, ein Dialekt des Polnischen mit einer anderen Betonung, ihre Musik, Bauweise und Traditionen durch viele Eigentümlichkeiten aus, die z.T. auf den Einfluß der Hirten des Balkans zurückzuführen sind. Sie bezeichnen alle »Nicht-Goralen« herabschauend als »ceper« und haben einen legendären Sinn für Humor sowie ein stark ausgeprägtes Ehrgefühl. Trotz aller Versuche der Nationalsozialisten, aus ihnen ein ur-arisches »Goralenvolk« zu machen, blieben sie loyale und patriotische Polen, zu denen sie sich – wenn auch als besondere Gruppe – immer zugehörig fühlten.

In Podhale bemerkt man sofort eine rege Bautätigkeit. Überall entstehen neue Häuser in dem sogenannten »Zakopane-Stil«. Der relative Reichtum dieser Gegend geht nicht auf die kargen Böden zurück sondern auf den Fremdenverkehr (in Zakopane, Bukowina und anderen Dörfern können sie bei fast jedem Goralen Zimmer mieten) und auf die unzähligen Verwandten aus »Hàmerika«, meist aus Chicago. Der »Zakopane-Stil« wurde Anfang des 20. Jahrhunderts von der Goralenarchitektur abgeleitet und zu einer Art polnischer Nationalarchitektur stilisiert. Die besten Beispiele in Zakopane sind: die Villa »Pod Jedlami« und »Koliba«. Die ursprüngliche Dorfarchitektur sieht man am schönsten in dem Dorf Chochołów, 20 km südwestlich von Zakopane, wo die Häuser mit hölzernen Giebelwänden zur Straße ausgerichtet sind.

Zakopane selbst ist ein vom Smog geplagter Urlaubsort, entlang dessen Hauptstraße, Krupówki, Horden gelangweilter Flachlandbewohner im Matsch auf und ab spazieren; im Winter, um ihre nagelneuen modischen Skianzüge zur Schau zu stellen. Außer dem Tatra Museum (Muzeum Tatrzańskie, Di-So 9-15 Uhr), in dem die Folklore der Goralen gezeigt und die Natur der Berge veranschaulicht wird, einer Privatgalerie mit Werken des eigenwilligen Collage-Künstlers Władysław Hasior (galeria Hasiora, ul. Jagielonska) und einem Hauptboulevard hat Zakopane kaum noch etwas zu bieten. Der Ort dient als Ausgangspunkt für Bergwanderungen.

Das Gebirge der *Hohen Tatra* mißt etwa eine Länge von 50 km und liegt nur zu einem Drittel in Polen. Der höchste Gipfel auf dem polnischen Territorium, Rysy, erreicht 2499 m ü.d.M. Neben der Kampinos Heide bei Warschau ist die Hohe Tatra der größte polnische Nationalpark, in dem u.a. die alpine Landschaft mit Tälern und Seen, die Vegetationsgürtel (Mischwald-, Nadelwald-, Latschenkiefer- und ab 1800 m Almengurt), Pflanzen (z.b. Zirbel) und Tiere (Murmeltiere, Gemsen, Braunbären, Steinadler etc.) geschützt werden. Die lohnendsten Ausflugsziele von Osten nach Westen: Morskie Oko, Meeresauge, einer der schönsten Tatraseen, Dolina Pięciu Stawów (Fünfseen-Tal), Kasprowy Wierch (1985 m, bequem mit der Seilbahn zu erreichen), Giewont (1909 m; direkt über Zakopane) und das Dolina Kościeliska (Kościeliska-Tal). Von den acht Berghütten aus (nach Anbruch der Dunkelheit wird sich immer ein Platz für Sie finden) können Sie sich auch in höhere Berge wagen: z.B. auf den mit Eisenketten und Klammern gesicherten Adlerpfad (Orla Perć), der atemberaubend von einem Gipfel zum anderen führt. Aber Vorsicht! Die unberechenbare Tatra fordert jährlich einen hohen Blutzoll, und die schon legendären Helfer des freiwilligen Tatra Rettungsdienstes (GOPR) sind auch schon mal zu spät gekommen.

Etwa 50 km nordöstlich von Zakopane liegen die Pieniny, ein kleines Kalksteingebirge (Nationalpark). Um es zu erreichen, sollten Sie über *Nowy Targ* (Neumarkt) fahren, am besten am Donnerstag, wo hier der große Goralen Markt

Podhale mit Tatra-Panorama im Hintergrund

stattfindet. Ihnen bietet sich ein buntes Bild mit den hübschen Volkstrachten, Pferden, Schafen, Schweinen, den Respekt einflößenden Tatraschäferhunden, sowie mit Produkten aus ... Rußland und Chicago – Geschenke der Verwandten aus Amerika!

Weiter auf dem Weg in die Pieniny liegt *Dębno*, allgemein für die schönste Holzkirche Polens gehalten (15. Jahrhundert; Schlüssel in einem Nebenhaus). Sie wurde aus Lärchenholz ganz ohne Metallnägel ausschließlich mit Holzdübeln erbaut. Die Wände und die Decke sind vollständig mit wunderschöner spätgotischer Schablonenmalerei überzogen. Die Hauptattraktion von *Pieniny* ist die Dunajec-Schlucht, die Sie auf einer Floßfahrt durchqueren können. Keine Angst! Die Wasserschnellen zwischen den zerklüfteten Bergen sind nicht so gefährlich wie sie zuerst erscheinen. Von Mai bis September (9-16 Uhr; ca. 2-3 Std. Dauer) werden je zehn Leute von einem garantiert lustigen Pieniny-Goralen auf dem Floß von dem Dorf Kąty bis nach Szczawnica befördert. Trotz der touristischen Vermarktung lohnt die Fahrt auf jeden Fall.

Wenn es Sie, von so viel Kunstdenkmälern ermüdet, in die Natur hinauszieht, sind Sie in *Bieszczady* gerade richtig. Der »wilde Südosten« ist über Sanok oder Ustrzyki Dolne schnell erreicht. Die Bieszczady sind mehrere, bis zu 1346 m hohe Gebirgsketten, die von tiefen Tälern durchschnitten werden. Ganz charakteristisch sind die unbewaldeten Almen auf den Bergspitzen, die *połoniny*. Das dünn besiedelte Gebiet hat eine einzigartige, reiche Fauna: große auf Bäumen lebende Äskulapnattern, Braunbären, Wildkatzen, Luchse und Wölfe leben hier noch. Um sie zu schützen, errichtete man den Bieszczady-Nationalpark. Noch lange nach dem Krieg kämpfte hier die Ukrainische Aufständische Armee (UPA) für die Unabhängigkeit der Ukraine. Verbrannte Dörfer und die weitgehende Entvölkerung dieses Gebiets waren die Folgen. In der sogenannten Weichselaktion (Akcja Wisła) wurden 1945 insgesamt etwa 120.000 Ukrainer in die Westgebiete Polens umgesiedelt. Die einzigen Zeugen der ursprünglichen Bevölkerung sind die wunderschönen orthodoxen Holzkirchen, entweder im Freilichtmuseum von Sanok, oder in ihrer authentischen Umgebung von Smolnik, Równia oder Komańcza. Lange Zeit zogen die Bieszczady nur Rucksacktouristen, Hippies und Zivilisationsmüde an. Erst im Laufe der Zeit wird sich zeigen, ob diese Region angesichts der seit kurzem zaghaft einsetzenden touristischen Vermarktung ihre Eigenart erhalten kann. Bis jetzt brauchen Sie aber noch immer eine gute Karte mit eingetragenen Zeltplätzen, um diese Gegend zu erkunden. Die schönsten Wege gehen von Ustrzyki Górne (nicht mit Ustrzyki Dolne zu verwechseln) aus, einer Siedlung auf der reizvollen Panoramastraße, der sogenannten Pętla Bieszczadzka: nach Połonina Caryńska und Wetlińska, nach Wielka Rawka, Tarnica oder Halicz.

Von Bieszczady nach Krakau zurück bietet es sich an, über *Przemyśl* zu fahren. Die Stadt wurde erst 1340 endgültig polnisch; allerdings bis heute mit einer bedeutenden ukrainischen Minderheit. Die in der Nähe verlaufende polnisch-ukrainische Grenze trennt Kleinpolen bzw. Galizien in zwei Teile, die bis 1939 immer zusammengehörten. Tatsächlich ist sie nicht einmal eine ethnische Grenze, da diese westlicher verlief. Schon die Umgebung von Przemyśl war eher ukrainisch als polnisch. Die Städte auf der heutigen ukrainischen Seite (z.B. Lwów/Lemberg) besaßen wiederum eine überwältigende polnische, bzw. polnisch-jüdische Mehrheit; im Gegensatz zu den mehrheitlich ukrainischen Dörfern. Eine komplizierte Situation, die das bis heute schwierige polnisch-ukrainische Verhältnis geprägt hat. Nur 10 km vom Stadtzentrum entfernt bietet der Ort Krasiczyn eine große Sehenswürdigkeit: das Renaissanceschloß der Krasicki-Familie ist mit seiner bezaubernden Silhouette mit vier ganz unterschiedlich gestalteten Türmen das vielleicht schönste ganz Polens. Es steht stellvertretend für solch grandiose Adelsschlösser im Süden Polens wie Wiśnicz, Baranów oder Ujazd-Krzyżtopor, die in die ursprüngliche Landschaft gebettet, von der Macht und Prunksucht der Magnaten im polnischen Reich des 16. und 17. Jahrhundert zeugen. Krasiczyn wurde 1592-1614 errichtet, mit einem Arkadenhof und einer Fassade mit Darstellungen der polnischen Könige und antiken Helden in Sgraffito-Technik. Bis 1994 soll das Schloß seinen alten Glanz zurückbekommen und dann als Kongreßzentrum und Hotel dienen.

Der Himmel bleibt grau
Oberschlesien (Górny Śląsk)

Schlesien (Śląsk) blickt auf eine bewegte Geschichte zurück. Als sich die germanischen Silinger von hier zurückzogen, kamen vom 6. Jahrhundert an slawische Stämme und ließen sich nieder. Seit dem 10. Jahrhundert war Schlesien Teil des polnischen Staates mit Bischofssitz in Breslau. Nach der Zersplitterung Polens in einzelne Herzogtümer im 12. Jahrhundert verloren die schlesischen Herzöge allmählich die Verbindung nach Krakau. Dafür blickten sie eher nach Westen, begünstigt durch die deutsche Ostkolonisation. So nahm die Bedeutung der polnischen Sprache im Laufe des späten Mittelalters zusehens ab. Schlesien fiel an Böhmen, später an die Habsburger; 1742 wurde es von Preußen annektiert. Die spätere Differenzierung zwischen Oberschlesien und Niederschlesien beruhte auf der ethnischen Zugehörigkeit. Während in Niederschlesien im 18. und 19. Jahrhundert ausschließlich deutsch ge-

Oberschlesien: Fabrikschlote und Kraftwerke neben Wohnhäusern

sprochen wurde, bediente sich die Mehrheit der Oberschlesier – mit Ausnahme der Oberschicht und der Stadtbevölkerung – des Polnischen bzw. eines von deutschen Wörtern durchsetzten Dialekts, des Slonzakischen, abfällig auch Wasserpolnisch genannt. Als in Oberschlesien 1921 ein Plebiszit abgehalten wurde, votierten immerhin etwa 40,4% der Bevölkerung, die seit mindestens 700 Jahren keinen Kontakt mit dem polnischen Staat gehabt hatten, für den Anschluß an Polen. Trotz des letztendlich für Deutschland positiven Ergebnisses und nach einem blutigen Aufstand wurde Oberschlesien aufgeteilt: 1/3 des Abstimmungsgebiets ging an Polen, darunter die wichtigsten Industrieanlagen, und 2/3 an Deutschland. In der Zwischenkriegszeit hieß der deutsche Westen Oberschlesiens Mittelschlesien, damit jeder wußte, was er noch zu vermissen hatte. Als am 31.8.1939 eine SS-Einheit einen polnischen Angriff auf den Sender Gleiwitz vortäuschte, um Hitler damit den Vorwand zum »Zurückschießen« zu geben, war die kurze Schonfrist für diese Region beendet. Nachdem nach 1945 fast ganz Schlesien an Polen fiel und die Mehrheit der Bevölkerung vertrieben wurde, ist die genaue Grenzziehung zwischen Ober- und Niederschlesien (Górny und Dolny Śląsk) noch schwieriger. Mit Górny Śląsk (Oberschlesien) bezeichnet man meist nur das industrielle Ballungszentrum um Kattowitz, weiter westlich liegt Opolszczyzna (das Oppelnerland) und Dolny Śląsk (Niederschlesien) mit Wrocław (Breslau).

Heute hat Schlesien eine homogene polnische Bevölkerung mit Ausnahme der Dörfer und Städtchen um Oppeln, in denen damals die »schlesischen Autochtonen« bleiben durften und heute die über 300.000 Menschen zählende deutsche Minderheit lebt.

Ist ein Ausflug in die *Industriezentren Oberschlesiens* also überhaupt empfehlenswert? Die Fahrt lohnt sicherlich. Erwarten Sie jedoch keine klassische Urlaubsregion. Sie werden vielmehr ein Gebiet kennenlernen, das schon 1986 von der Warschauer Regierung als »ökologische Katastrophe« bezeichnet wurde. Die Lebenserwartung liegt hier wesentlich unter der für Polen durchschnittlichen. Die Sonne sieht hier immer so aus, als ob sie einen dicken Schleier trüge. Nicht nur die Wände sämtlicher Gebäude sind grau, auch die Menschen machen einen grauen, niedergedrückten, beinahe kümmerlichen Eindruck.

Das oberschlesische Industriegebiet (GOP-Górnośląski Okręg Przemysłowy) besteht aus 14 Städten und mit 3.000.000 Bewohnern. In einigen Städten erreicht die Bevölkerungsdichte ca. 4.400 Menschen pro Quadratkilometer. Hier befinden sich ca. 50 Kohleminen, 17 Eisenhütten, 8 Buntmetallhütten, 11 Koksereien, 37 Kraftwerke, 80 Metallverarbeitende Betriebe und Maschinenfabriken sowie 70 Chemiefabriken. Die ersten Fabrikanlagen entstanden im 18. Jahrhundert im Zuge der friderizianischen Wirtschaftspolitik, die letzten in der Zeit Giereks (1970-1980), der als ehema-

Die deutsche Minderheit in Polen
– Chance oder Gefahr?

Angehörige der deutschen Minderheit in einem Dorf bei Turawa

Wie auf einer »deutschen Insel im polnischen Meer« fühlen sich die Angehörigen der Minderheit nach den Worten eines ihrer Parlamentsabgeordneten. Ein Blick auf die Landkarte bestätigt diese Einschätzung: Fast alle Gemeinden im Ostteil der oberschlesischen Woiwodschaft Oppeln, der rund 200 Kilometer von der deutschen Grenze entfernt ist, haben seit den ersten freien Kommunalwahlen in Polen im Frühjahr 1990 einen deutschstämmigen Bürgermeister. Dazu sind sie stark im benachbarten Kohlerevier von Kattowitz und Gleiwitz vertreten. Bei den Parlamentswahlen im Herbst 1991 erreichten die Deutschen Freundeskreise, wie sich die Organisation der Minderheit nennt, sogar sieben Mandate im Sejm und einen Sitz im Senat in Warschau.

Wie kommen Deutsche nach Polen? – »Wir sind nicht nach Polen gekommen, sondern die Polen sind zu uns gekommen«, erklärt ein Ortsvorsteher. Schließlich gehörte ihr Siedlungsgebiet bis zum Ende des Zweiten Weltkrieges seit Jahrhunderten zum Deutschen Reich. Daß sich in mehr als zwei Dutzend Verbandsgemeinden Oberschlesiens die Mehrheit der Einwohner zur Minderheit bekennen, während sie in Niederschlesien, Pommern und Ostpreußen, die ebenso deutsch waren, nur schwach oder sporadisch vertreten ist, stellt eine der Besonderheiten im schwierigen Verhältnis zwischen Polen und Deutschen dar.

Die polnische Führung ging nämlich davon aus, daß die zweisprachigen Oberschlesier und Masuren, die im Deutschen Reich lebten, eigentlich Landsleute seien. So wiederholen polnische Geschichtsbücher übereinstimmend, daß vor dem Krieg 1,5 Millionen Polen in Deutschland gelebt hätten. Deutsche Historiker sehen dies anders: Für sie fühlte die Mehrheit der ursprünglichen Bevölkerung, die masurisch und den »wasserpolnisch« genannten oberschlesischen Dialekt sprach, zum deutschen Staat gehörig. Sie führen etwa an, daß bei den Reichstagswahlen von 1930 im anderthalb Millionen zählenden Oberschlesien ganze sieben Prozent der Stimmen auf polnische Kandidaten entfallen waren.

Die Idee, daß die zweisprachigen Oberschlesier (polnisch: Ślązak, ausgesprochen: Schlonsak) »zum Mutterland zurückgekehrt« seien, bewog die Führung in Warschau, sie weitgehend von der Vertreibung der Bevölkerung der deutschen Ostgebiete auszunehmen. Heute erklären Vertreter der Minderheit, sie seien geblieben, nicht weil sie für Polen optiert hätten, sondern weil sie nicht ihre Häuser und Höfe hätten verlieren wollen, zumal es westlich von Oder und Neiße, die die neue polnische Westgrenze markieren sollten, nur zerbombte und von Flüchtlingen überfüllte Städte gegeben habe.

Für manche polnischen Politiker und Publizisten sind die Angehörigen der Minderheit aber keine echten Deutschen. Sie seien »Volkswagen-Deutsche«, nach dem Motto: »Heimat ist da, wo die Wurst hängt.« Die Zugehörigkeit zur deutschen Volksgruppe bringt in der Tat Vorteile mit sich, sofern man sie nachweisen kann: Man bekommt in der Regel ohne große Schwierigkeiten den deutschen Reisepaß – auch wenn die Doppelstaatsbürgerschaft eigentlich sowohl in Polen als auch in der Bundesrepublik verboten ist. Wenn man dann noch einen Wohnsitz in der Bundesrepublik nimmt – und sei es einen fiktiven –, so hat man Anspruch auf Beihilfen vom Sozialamt.

In der Woiwodschaft Oppeln ist deutlich zu sehen, wie diese Gelder ebenso wie das in der Bundesrepublik Erarbeitete angelegt werden: Im Siedlungsgebiet der Minderheit sind fast alle Häuser neu gestrichen, auf vielen Dächern thront eine nach Westen gedrehte Satellitenschüssel, über die die Tagesschau, die Schwarzwaldklinik und die Lindenstraße ins Haus kommen. Die jüngere Generation hat allerdings Schwierigkeiten mit der deutschen Sprache. Bis zur politischen Wende des Jahres 1989 durfte an den oberschlesischen Schulen kein Deutsch gelehrt werden.

Ohnehin läßt sich eine Grenze zwischen Polen und Deutschstämmigen nicht ziehen: Fast alle haben polnische Familiennamen, sind katholisch und reden im Alltag polnisch. Überdies sind die Nachkommen der zurückgebliebenen ehemaligen Reichsbürger längst vielfach mit den in ihre Heimatprovinz gekommenen Polen versippt und verschwägert. Doch haben sich in den ehemals deutschen Ostgebieten mehr als 300.000 Erwachsene in den Deutschen Freundeskreisen zusammengeschlossen. Daß diese Vereine nach dem Ende der Parteiherrschaft wie Pilze aus dem Boden geschossen sind, hat die polnische Gesellschaft zunächst schockiert, hatte man doch jahrzehntelang aus dem Munde der Parteipropagandisten gehört, daß es keine Deutschen mehr im Lande geben würde.

Aufmerksam beobachten die polnischen Medien alles, was sich im Siedlungsgebiet der Minderheit tut. Für Aufregung sorgte etwa die Restaurierung von deutschen Kriegerdenkmälern aus dem Ersten Weltkrieg, an die einige Bürgermeister noch Gedenktafeln für die Gefallenen des Zweiten Weltkrieges anbrachten. Solche Aktionen von Kirchturmpolitikern belegen indes, daß die Minderheit mitunter noch weit davon entfernt ist, eine Brücke zwischen Deutschen und Polen zu werden, so wie es die Politiker in Bonn wie in Warschau wünschen.

Thomas Urban

liger Bergarbeiter dieser Region große Aufmerksamkeit schenkte. So wurde hier 1976 die »Huta Katowice« geöffnet, der letzte Moloch des Sozialismus, in dem 30.000 Arbeiter jährlich 4.5 Millionen Tonnen Stahl produzieren sollten. Wie überall in Polen waren auch die Bergarbeiter Oberschlesiens am Sturz des Systems maßgebend beteiligt. So kam es kurz nach Ausrufung des Kriegsrechts 1981 in der Kohlenmine »Wujek« zu einem Streik der Arbeiter, der in einem Massaker endete.

Heute blasen die zahllosen Schornsteine unentwegt schwarze Rauchschwaden in den Himmel. Nicht einmal der reichste Staat der Welt könnte sich die einzig sinnvolle Maßnahme gegen diese nicht zu verantwortende Umweltzerstörung leisten, nämlich alle Betriebe zu schließen und damit Millionen von Menschen auf die Straße zu setzen. Bis zum Jahre 2010 soll ein großangelegter Umstrukturierungsplan der polnischen Kohleindustrie realisiert werden. Ob er eingehalten und von den Arbeitern so hingenommen wird, ist allerdings sehr fraglich.

Aus touristischer Sicht gibt es hier nicht viel zu sehen: *Katowice* (Kattowitz) mit ca. 370.000 Einwohnern besitzt ein modernes Zentrum mit einer riesigen Sporthalle, genannt »Spodek«, Untertasse, die tatsächlich an ein UFO erinnert, und einem Denkmal zu Ehren der schlesischen Aufständischen in Gestalt zweier riesiger Flügel (1967 von Kazimierz Gustaw Zemła). Zwischen Katowice und Chorzów (Königshütte) liegt ein großer Woiewodschaftspark

Hotel Bristol in Zabrze

(Wojewódzki Park Kultury i Wypoczynku), der als grüne Lunge innerhalb der Städtezusammenballung gedacht ist. Dort befinden sich Attraktionen unterschiedlichster Art, die durch eine Seilbahn miteinander verbunden sind. Wenn Sie nach einem längeren Besuch in Oberschlesien schon der Meinung sind, daß es in Ihren Lungen röchelt und Sie zu oft husten müssen, gehen Sie in den Park: ein Freizeitpark, Planetarium, ein Zoo und ein Freilichtmuseum der oberschlesischen Architektur lassen die Umgebung für kurze Zeit vergessen. Der oberschlesischen

Realität käme allerdings ein Spaziergang durch Chorzów (Königshütte), Zabrze (Hindenburg) oder Gliwice (Gleiwitz) näher. Die Wohnhäuser grenzen hier z.T. direkt an die riesigen Kraftwerkschlote und Aufzugräder der Bergwerke. Die ältesten Bergwerke, noch aus dem 18. Jahrhundert, in *Tarnowskie Góry* (Tarnowitz), etwa 15 km nördlich von Bytom (Beuthen), sind durchaus sehenswert. In einer Zink-Bleierzmine (ul. Jedności Robotniczej 52; Mi-Mo 9-14 Uhr) sind die Gänge von 1.700 m Länge in 30 m Tiefe zur Besichtigung freigegeben. Noch spannender ist die Besichtigung des Schwarzen Forellenschachts (Sztolnia Czarnego Pstrąga; Anmeldung erforderlich: PTTK, ul. Krakowska 12, Tel.: 85 49 96) hier fahren Sie in einem Boot, nur von einer Karbidlampe beleuchtet, 30 m unter der Erde durch stockschwarze Kanäle.

Das Zentrum der deutschen Minderheit ist *Opole* (Oppeln), auch wenn die meisten der 130.000 Bewohner nach dem Krieg aus dem ehemaligen Ostpolen zugewandert sind. In der teilweise erhaltenen, teilweise rekonstruierten Altstadt befinden sich einige interessante Denkmäler. Das häßliche Rathaus ist eine graue, nazistische Nachbildung des Palazzo Vecchio in Florenz aus dem Jahr 1936. Schon schöner sehen die mittelalterlichen Markthäuser mit ihren vorgeblendeten barocken Fassaden aus. Interessant sind ferner die zwei Kirchen Oppelns: der gotische Dom zum Heiligen Kreuz (kościół Św. Krzyża) mit dem Grabmal des letzten Herzogs von Oppeln, Johannes dem Guten (Jan II., gest. 1532), sowie die Franziskanerkirche (kościół franciszkanów) aus der Mitte des 14. Jahrhunderts mit der St. Annakapelle, in der sieben der Oppelner Herzöge ruhen.

30 km südlich von Oppeln liegt *Góra Świętej Anny* (Annaberg), der über 400 m hohe »deutsch-polnische Schicksalsberg« und wichtiger Wallfahrtsort der Schlesier. Seine besondere Bedeutung erhielt der Berg 1921, als in dem sogenannten III. Schlesischen Aufstand die propolnischen Insurgenten den von den Freikorps verteidigten Berg nicht einnehmen konnten. 1989, gerade als die Mauer gefallen war, sollte nach einer ungeschickten Idee von bundesdeutscher Seite ausgerechnet hier, auf dem einstigen Kampfplatz, das deutsch-polnische Versöhnungstreffen stattfinden. Nach polnischen Mißfallensäußerungen wurde der schlesische Teil des Kohl-Besuches um etwa 100 km weiter nach Westen verlegt, nach Krzyżowa (Kreisau), dem Schloß des Widerstandkämpfers Helmuth James Graf von Moltke. Auf dem Annaberg kann man eine barocke Wallfahrtskirche sowie den Kalvarienberg mit 30 Marienkapellen (1700-1709) besichtigen. Westlich davon steht inmitten eines ehemaligen NS-Amphitheaters für 60.000 Zuschauer das bombastische Denkmal der Schlesischen Aufstände von Xawery Dunikowski aus den 50er Jahren. Der ursprünglich weite Blick in das Odertal wird durch die qualmenden Schornsteine der Koźle-Kędzierzyn Chemiewerke ergänzt.

Wo Picassos Friedenstaube entstand
Wrocław (Breslau)

Mit ungefähr der gleichen Bevölkerungszahl wie vor dem Krieg (1991: 645.000 Einwohner) spielt die Hauptstadt Schlesiens wie eh und je eine zentrale Rolle. Allerdings kamen 1945 an Stelle der vertriebenen Deutschen die vertriebenen Polen, die das polnische Lwów (Lemberg) in ihren Herzen trugen. Das ist vermutlich der Grund, warum die Stadt einen besonderen Charakter hat, sogar wenn der singende östliche Akzent mit dem Generationswechsel verloren gegangen ist. Mit einer Universität (40.000 Studenten), vielen modernen Theaterbühnen, Museen, der größten polnischen Bibliothek, »Ossolinski« aus Lemberg, und Fe-

Wertvolles Baudenkmal: Das Rathaus in Wrocław

stivals der klassischen Musik und des Jazz von Weltruf kommt Breslau – was die kulturelle Kreativität und das kulturelle Angebot angeht – vermutlich gleich nach Krakau und Warschau. Wegen der ausgedehnten Grünanlagen nennen manche Breslau auch »die grüne Stadt«. Andere sehen diese Grünanlagen nur als ungeschickte Verschönerungsversuche der nicht vollständig wiederaufgebauten Stadt an. Konzeptlos und kalt wirkt auf sie das heterogene Nebeneinander aus alten Baudenkmälern, stalinistischer Architektur und sozialistischen Wohnsilos.

Dramatisch klingt die Geschichte dieser Stadt: im Jahre 1000 wurde hier ein Bistum gegründet, das Gnesen untergeordnet war. Da dieses Abhängigkeitsverhältnis formal erst 1821 gelöst wurde, wurde es – in dem deutsch-polnischen Nationalitätenstreit – oft als Begründung für den »ewig polnischen Charakter der Stadt« angeführt. Wann das Polnische bzw. Slawische endgültig aus den Dörfern Niederschlesiens verschwand ist nicht eindeutig festzustellen. Sicher ist, daß schon im späten Mittelalter die deutsche Sprache und Kultur in Breslau vorherrschend waren.

Nachdem 1226 Wratislavia, so der lateinische Name, die Stadtrechte bekommen hatte, entwickelte sich auf dem südlichen Ufer der Oder – im Norden lag die slawische Herzogsresidenz der Piasten – eine deutsche Stadt. Die faktisch schon vorher erfolgte Loslösung Schlesiens von Polen bestätigte der polnische König Kasimir der Große im Jahr 1335. In den folgenden Jahrhunderten erlebte die Handelsstadt an der sogenannten Hohen Straße (Nürnberg – Krakau – Kiew) ihre große Blütezeit. Es folgen die Reformation und der Dreißigjährige Krieg. 1741 geht die bis dahin habsburgische Stadt an Preußen über.

Aber nichts bis dahin Erlebtes war mit den Schrecken des Jahres 1945 vergleichbar. Nach der mehrere Monate andauernden Verteidigung der zur Festung erklärten Stadt (15.2.-6.5.1945) waren 70% der historischen Bausubstanz in Schutt und Asche gelegt. Ganze Straßenzüge mußten einem Flughafen weichen, damit ein einziges Flugzeug starten konnte, mit dem der Gauleiter Hanke entfloh, der zuvor den Befehl gegeben hatte, die Stadt bis zum letzten Blutstropfen zu verteidigen. Mit der Vertreibung der alteingesessenen Bevölkerung in den Jahren 1945-1947 wurde aus Breslau Wrocław. Auf dem Weltkongreß der Intellektuellen im Dezember 1948 malte Picasso hier seine berühmte Friedenstaube, die zum weltumfassenden Symbol gegen den Krieg wurde – so mahnend erschienen ihm die Trümmer dieser Stadt.

Dennoch hat Breslau auch heute eine ganze Reihe an Bauten von europäischem Rang zu bieten. Ausgangspunkt ist der *Marktplatz*, dessen Größe (207 x 172 m) die einstige Bedeutung der Stadt erahnen läßt. In der Mitte steht das *Rathaus*, das in seinem heutigen Aussehen zwischen 1343 und 1528 erbaut wurde. Den Krieg überstand es weitgehend unversehrt. Der aus beinahe jeder Ver-

Der ehrwürdige Breslauer Dom

öffentlichung über Wrocław bekannte Ostgiebel ist ein wahres »Bravourstück der mittelalterlichen Architektur«. Das kunstvolle Blendmaßwerk erinnert an den Flamboyantstil Englands oder Frankreichs. Faszinierend sind die kleinen Gnomen oder Dämonen an den Fensterbänken, die hier eine apotropäische Funktion haben, d.h. das Böse soll durch die Darstellung seiner selbst abgeschreckt und so das Gebäude vor bösen Geistern beschützt werden. Die prachtvollen Innenräume sollten Sie unbedingt besichtigen (Muzeum Historyczne: Mi-So 10-16 Uhr, am Wochenende länger).

An der Westseite des Marktes sehen Sie schön restaurierte Bürgerhäuser; eines davon, der Vasa-Hof (Dwór Wazów), wurde zu einem eleganten Restaurant und einem luxuriösen Hotel umgestaltet.

Die Jesuiten-Hochschule nördlich vom Markt an der Oder wurde 1702 von Kaiser Leopold I. gestiftet. 1811 verlegte man die Universität »Viadrina« von Frankfurt an der Oder hierher. Der wichtigste Teil der Anlage ist das heutige *Collegium Maximum* (1728-1740) mit der Aula Leopoldina, einem Gesamtkunstwerk aus Architektur, Freskenmalerei und Skulptur (1731-1732, täglich 9-15.30 Uhr). Das gedämpfte Licht unterstreicht die Pracht und Monumentalität des mit Gold verkleideten Raumes. Er bildet den Rahmen für die Zeremonien, die hier heute abgehalten werden: Verleihungen der Doktorwürde honoris causa oder Ernennungen neuer Professoren.

Im Osten der Altstadt auf der ulica Purkyniego steht ein schwer einzuordnendes modernes Rundgebäude, das eine der größten Attraktionen eines jeden Schulausflugs beherbergt: das *Rundgemälde der Raclawice-Schlacht* (Panorama Racławicka; Do-Di 8.30-20 Uhr, Voranmeldung empfehlenswert). Vor allem in der zweiten Hälfte des 19. Jahrhunderts erfreuten sich derartige Gemälde, die in einem runden Gebäude aufgespannt wurden und somit Dreidimensionalität vortäuschten, großer Beliebtheit. Später wurden sie vom Kino verdrängt. 15 m hoch und über 100 m lang stellt dieses 1893-1894 gemalte Rundgemälde von Jan Styka die siegreiche Schlacht gegen die Russen von 1794 dar. Bis 1944 in Lwów, wurde es nach Wrocław gebracht und hier erst 1985 wieder ausgestellt. In den Jahren zuvor hielt man das Bild zurück, da es angeblich Ressentiments gegen die Russen hätte provozieren können.

Auf der ehemaligen Dominsel, Ostrów Tumski – hier lag das Zentrum des herzöglichen, slawischen Wrocław – befindet sich neben der eleganten *Kreuzkirche* (kościół św. Krzyża; 1288-1400) die *Kathedrale des hl. Johannes des Täufers* (katedra św. Jana Chrzciela). Sie ist eine imposante gotische Basilika mit Doppelturmfassade, deren Spitzhelme vor kurzem aufgesetzt wurden. Gehen Sie zu den drei Kapellen des Chorumgangs: Während die südliche Elisabethkapelle (1680-1700) ein Beispiel des italienischen Hochbarocks darstellt, ist die mittlere Marienkapelle mit der Grabplatte eines Breslauer Bischofs, vom berühmten Nürnberger Gießer Peter Vischer geschaffen, noch vollständig gotisch. Die ovale Kurfürstenkapelle (1716-1724) ist das prominenteste Beispiel des habsburgischen Barocks. Sie ist ein Werk des Schöpfers von Schloß Schönbrunn und der Karlskirche in Wien, Fischer von Erlach.

Außerhalb der Stadtmitte sollten Sie den *jüdischen Friedhof* (cmentarz żydowski) und die Jahrhunderthalle nicht versäumen. Der vier Hektar große Friedhof im Süden der Stadt (ulica Ślęza) wurde 1856 angelegt. Hier ruhen zahlreiche berühmte Persönlichkeiten, unter ihnen Ferdinand Lassalle, der Gründer der deutschen Sozialdemokratie. Wiederum östlich des Stadtzentrums in dem Szczytnicki Park befindet sich die Hala Ludowa, die ehemalige *Jahrhunderthalle*, die anläßlich der Feier des hundertsten Jahrestages der Befreiung Breslaus von Napoleon (1914) von Max Berg errichtet wurde. Diese Stahlkonstruktion mit einer Kuppel von 65 m Durchmesser war die gewagteste und größte Kuppelkonstruktion der Welt seit dem römischen Pantheon und damit ihrer Zeit weit voraus (zu Sonderausstellungen geöffnet, sonst beim Portier fragen). Nun kann man sich leicht vorstellen, daß die Breslauer Architekturakademie in den 20er Jahren weltweit eine der wichtigsten Zentren der modernen Architektur war, bis die Nationalsozialisten sie schlossen und viele ihrer Mitglieder zur Emigration zwangen (z.B. Erich Mendelsohn, den Erbauer des Einsteinturms in Potsdam).

Zisterzienserklöster und Friedenskirchen
Niederschlesien (Dolny Śląsk)

Niederschlesien, polnisch Dolny Śląsk, im Südwesten Polens gelegen, erstreckt sich von den Bergketten der Sudeten bis zu dem Flachland Großpolens. Beeindruckende Zeugen der Vergangenheit, malerische Ritterburgen und die prächtigen Klöster der Gegenreformation erwarten den Reisenden ebenso wie eine vielfältige Landschaft, die sich Ihnen z.B. in dem Vogelparadies bei Milicz (Militsch) nördlich von Trzebnica (Trebnitz), oder auf Wanderwegen durch die einsame Bergwelt des Ślęża (Zobten) erschließt. Besonders viele Städte mit einem mittelalterlichen Stadtkern sowie eine beträchtliche Anzahl an Landschlössern sind in dieser Region erhalten. Der oft beklagenswerte Zustand der einst herrschaftlichen Landhäuser ist zwar ein ganz Polen betreffendes Problem, fällt hier in Niederschlesien aber besonders schmerzlich auf. Im Gegensatz zu der privaten Landwirtschaft in ande-

Die Abtei von Legnickie Pole (Wahlstatt): am Ort einer Mongolenschlacht

ren Gegenden Polens wurden hier die großen deutschen Gutshöfe kollektiviert. Kolchosenarbeiter wurden in den Herrenhäusern angesiedelt, die wohl nur ein gering ausgeprägtes Bewußtsein für denkmalpflegerische Belange hatten.

Für die folgenden Ausflüge bietet sich Breslau als Ausgangspunkt an. Nur 25 km nördlich von der Odermetropole liegt *Trzebnica* (Trebnitz), der berühmte Wallfahrtsort bei dem Grab der heiligen Hedwig (Jadwiga), der Patronin Schlesiens (1267 heiliggesprochen). Hedwig, die Frau des schlesischen Herzogs Heinrich I., dem Bärtigen (Henryk Brodaty; er schwor bei Gott, seinen Bart nie mehr zu schneiden), gründete hier 1202 das erste schlesische Zisterzienserinnenkloster. Nachdem sie sieben Kinder geboren hatte, entschied sich Hedwig für das asketische Klosterleben. Ihr Tod wird auf das Jahr 1243 datiert. Die Klosterkirche aus der ersten Hälfte des 13. Jahrhunderts wurde im Barock entscheidend umgestaltet. Zu den interessantesten Teilen der Anlage gehört das spätromanische Portal hinter der Vorhalle. Dargestellt ist der auf seiner Harfe musizierende König David, Bathseba und eine Dienerin. Vor dem Hauptaltar befindet sich das Doppelgrabmal (1680) von Heinrich I. und dem hier 1296 auf der Durchreise verstorbenen Hochmeister des Deutschordens, Konrad von Feuchtwangen. Rechts an die Kirche schließt die St. Hedwig-Kapelle an, die 1268 in reiner französischer Gotik errichtet wurde. Am Grab der Heiligen lagen schon immer frische Blumen; in Zeiten, in denen die Heilige Hedwig hieß, ebenso wie in Zeiten, in denen man sie Jadwiga nannte.

Empfehlenswert ist ein Ausflug ins westlich von Breslau gelegene Legnica (Liegnitz) und vor allem nach *Legnickie Pole* (Wahlstatt). Wenn Sie über Görlitz oder Cottbus nach Polen einreisen, kann Legnickie Pole den Anfang oder das Ende Ihrer Polenreise bilden. Der Weg führt über die alte, von Hitler erbaute Autobahn, die bis vor kurzem in solch desolatem Zustand war, daß die Ortskundigen auf der linken, weniger zerstörten Spur fuhren. Nach knapp 60 km dieser inzwischen weitgehend asphaltierten Straße sehen Sie auf der linken Seite zwei große barocke Türme mit Helmen, die an Bischofsmitren erinnern. Sie wurden an dem Ort der berühmten Liegnitzer Schlacht errichtet (daher der polnische Name: Legnickie Pole, also Liegnitzer Feld und auf deutsch Wahlstatt). Die von Batu, dem Enkel Tschingis Chans angeführte mongolische Armee errang hier – u.a. unter Einsatz von Giftgas! – 1241 einen entscheidenden Sieg über die vereinigten deutsch-polnischen Truppen. Der schlesische Herzog Heinrich II., der Fromme (Henryk Pobożny), Sohn der heiligen Hedwig, fiel auf dem Schlachtfeld. Nur der plötzliche Tod des Chans der Mongolei im fernen Karakorum und der Wunsch des Anführers Batu, bei der Wahl des nächsten Chans dabei zu sein, rettete möglicherweise das Abendland vor einer Katastrophe. Neben einer kleinen gotischen Kirche (Schlachten-

Ein architektonisches Juwel unter vielen: Schloß Książ (Fürstenstein)

museum, Di-So 11-17 Uhr) steht in Wahlstatt eine riesige Benediktinerabtei. Die von Kilian Ignaz Dientzenhofer aus Prag von 1727 bis 1731 errichtete Klosterkirche ist ein wahres Meisterwerk. »Ultrabarock« wurde der Stil genannt, bei dem kaum eine gerade Linie zu finden ist. Die Fassade ist abwechselnd konkav und konvex geschwungen, windschiefe Gurte und Joche, die ineinander fließen, gliedern das Innere. So entsteht ein bewegter Außen- und Innenkörper. Den hochbarocken Innenraum vervollständigen die Fresken des bekannten Barockmalers und Baumeisters Cosman Damian Asam aus München. Dargestellt wird die hl. Hedwig, die ihren toten Sohn auf dem Schlachtfeld an seinen sechs Zehen erkennt. Mongolensoldaten schwingen Drachenköpfe, aus denen, wie ein mittelalterlicher Chronist schreibt, »ein stinkender Geruch kam, der viele edle Ritter in Ohnmacht fallen ließ« – alles zusammen ein beeindruckender Augengenuß.

An der alten Straße zwischen Breslau und Oppeln liegt *Brzeg* (Brieg). Das Schloß (1541-1560) mit Prunktor und dreiflügeligem Arkadenhof eines der feinsten von ganz Schlesien, wird nicht nur Kunstliebhaber begeistern. Es gilt als einer der wenigen Bauten der italienischen Renaissance in Schlesien und wurde vermutlich dem Wawel-Schloß von Krakau nachempfunden. Besonders prächtig ist das Tor. In zwei Reihen übereinander sind die Könige und Herzöge der Piastendynastie Polens (oben) und die von ihnen abstammenden Herzöge Schlesiens dargestellt (sehenswerte Innenausstattung: Mi-So 10-16 Uhr). In einem

Die Schweidnitzer Friedenskirche

ganz anderen Stil präsentiert sich das imposante Rathaus auf dem Marktplatz. Nur ungefähr 15 Jahre nach dem Schloß erbaut, zeigt es die gängige den Niederlanden oder Norddeutschland verpflichtete Bauweise Schlesiens aus dem 16. Jahrhundert: steile Giebeldächer, dreieckige Flügelfassaden und hohe Türme. Der Unterschied zu dem Italien verpflichteten eleganten Schloß ist eindeutig.

Aber auch der Südwesten, in Richtung Riesengebirge (Karkonosze), ist einen Ausflug wert. Auf dieser Strecke fällt ein großer einsamer Berg auf: *Ślęża* (Zobten, 718 m). Der Wanderer findet hier heute ein herrliches Gebiet mit Aussichtspunkten in die phantastische Umgebung. Geheimnisvolle Steinfunde lassen auf die Bedeutung Ślężas als Kultstätte heidnischer germanischer und später slawischer Stämme schließen. In der Nähe des Berges liegt *Świdnica* (Schweidnitz), im Mittelalter ein wichtiger Handelsplatz. Die stolzen Bürgerhäuser und die St. Stanislaus und Wenzel Kirche (kościół św. Stanisława i Wacława) mit dem höchsten Turm ganz Schlesiens (102 m) zeugen von der einstigen Bedeutung des Ortes. Ein wirklich einmaliges Denkmal, das auch den Kunstmuffel interessieren wird, liegt außerhalb der Stadtmitte: die Dreifaltigkeitskirche (kościół protestancki Trójcy Świętej). Laut Verordnung mußte sie außerhalb der Stadt liegen, durfte nur aus Holz, Lehm, Sand und Stroh errichtet werden, keine Türme besitzen und mußte zudem innerhalb eines Jahres fertig sein – so hart waren die Bedingungen, unter denen den Protestanten Schlesiens 1658 der Bau dreier sogenannter Friedenskirchen erlaubt wurde. Nur unter dem Druck Stockholms hatte das katholische Wien, seinerzeit Herr über Schlesien, die Erlaubnis dafür erteilt. Am meisten beeindruckt der Kontrast zwischen dem bescheidenen Fachwerk des Außenbaus und der Pracht im Innern, der ja bei einer protestantischen Kirche keineswegs erwartet wird. Der für 7.500 Menschen konzipierte Raum droht vom Gold des Altars, der Kanzel und der Orgel beinahe erdrückt zu werden. Den Gesamteindruck vervollständigen die Malereien der Holzdecke.

Die sterbenden Wälder Rübezahls
Das Riesengebirge (Karkonosze)

Die Karkonosze bzw. das Riesengebirge mit der Śnieżka (Schneekoppe) ist die höchste Erhebung der Sudeten und erreicht an der polnisch-tschechischen Grenze eine Höhe von bis zu 1602 m. Eine einzigartige Landschaft mit hohen, aber sonderbar abgerundeten Bergen sowie zahlreichen Baudenkmälern – darunter die prächtige Klosteranlage von Krzeszów (Grüssau) – machen dieses Gebiet zum idealen Urlaubsziel.

Die größte Stadt am Fuße des Riesengebirges ist *Jelenia Góra* (Hirschberg) mit ca. 100.000 Einwohnern. Zum Verweilen lädt der schöne original erhaltene Marktplatz mit seinen Laubenhäusern ein.

Eher als Jelenia Góra (Hirschberg) ist aber *Karpacz* (Krummhübel) ein idealer Ausflugsort ins Riesengebirge. Das kleine Städtchen, sowohl vor als auch nach dem Krieg ein beliebter Urlaubsort, liegt so günstig, daß Sie direkt vom Hotel aus zur Bergtour auf die Schneekoppe starten können. Oder Sie fahren mit dem Sessellift auf die Mała Kopa und gehen zu Fuß weiter (etwa 1-1½ Stunden). Hier bieten sich etliche Alternativrouten an. So kann man z.B. entlang der Grenze nach Westen auf dem sogenannten »Freundschaftsweg« gehen, dessen Name auf Grund ständiger Paßkontrollen, Verbotsschilder und bis zu den Zähnen bewaffneter Grenzsoldaten lange Zeit eher nach einem düsteren Witz klang. Steigen Sie Richtung Bierutowice ab und legen z.b. an dem schönen Bergsee (Mały Staw) in einer der vielen Bauden, so der Name der alten Berghütten des Riesengebirges, eine Pause ein. Von dem oberen Grenzkamm, der sich etwa über 50 km hinzieht, sieht man die einzigartige Berglandschaft: ein unvergeßlicher Anblick auf die Heimat Rübezahls. Aus Granit geschaffen, verläuft der Bergkamm zwischen den Almen und Latschenkiefern ganz flach, bricht dann aber in fünf steilen kesselförmigen glazialen Tälern nach Norden jäh ab. Eine andere Kuriosität dieser Berge sind die riesigen Erosionsfelsen, die einsam in die Landschaft ragen. Ihre oftmals phantastischen Formen regten die Phantasie der Bewohner an, die die Felsen Kamel oder Sonnenblume tauften. Um diese Landschaft zu schützen, wurden zwei Nationalparks gegründet – in Polen und in Böhmen. Wie wenig es noch helfen kann, zeigen die Wipfel der Bäume: es ist bereits ein Totenwald. Die Sudeten sind das vom Waldsterben vermutlich am stärksten betroffene Gebiet ganz Europas. Der saure Regen

Śnieżka (Schneekoppe) im Winter

kommt je nach Windrichtung aus Oberschlesien, dem böhmischen Kohlerevier oder aus den Braunkohlewerken der ehemaligen DDR.

Wenn Sie dieser Anblick zu sehr betroffen macht, dann fahren Sie weiter nach Bierutowice, einem Teil von Karpacz. Sie finden hier ein Bauwerk, das man in dieser Gegend keineswegs vermutet: die *Vang Kirche*. Sie stammt direkt aus Norwegen. Der norwegische Maler Johann Christian Dahl konnte die im 13. Jahrhundert erbaute Holzkirche vor der Zerstörung retten und hier 1844 mit Unterstützung Friedrich Wilhelms IV. weihen lassen. Der Name dieser sogenannten Stab- oder Mastkirchen – 25 solcher Gotteshäuser sind in Norwegen noch erhalten – geht auf ihre Konstruktion zurück, die sich immer auf einen oder vier gewaltige Holzpfähle stützt. Die Silhouette der Vang Kirche mit ihren vorspringenden Dächern und den Drachenköpfen erinnert an ein Wikingerschiff. Einige Forscher sahen darin den Beweis für die symbolische Rückwendung zu der vorchristlich germanischen Religion mit deren Vorstellung vom heiligen Schiff. Eindeutig original sind die Masten und die Portale, deren Flechtwerke voller symbolischer Darstellungen sind: geflügelte Drachen, Gesichter mit Doppelzungen und die Midgard-Schlange, die sich in den Schwanz beißt, um so einen Ring zu bilden. Solange dieser besteht, bleibt die Welt erhalten. Ein Mythos der angesichts der toten, abgestorbenen Bäume ringsum fast gespenstisch erscheint.

Schönheit von gestern
Szczecin (Stettin) und Umgebung

»Szczecin kehrte 1945 zum Mutterland Polen zurück« – so die offizielle, bis vor kurzem noch allgemein gültige Formulierung von polnischer Seite. Letztlich war es Stalin, der Dank der Maxime »teile und herrsche« aus Stettin Szczecin machte. Stettin, der Berlin am nächsten gelegene Hafen der Vorkriegszeit, war somit für die spätere DDR verlorengegangen, die sich mit dem Ausbau des Hafens von Rostock begnügen mußte.

Szczecin (400.000 Einw.) liegt westlich der Oder, also historisch in Vorpommern. Heute ist es wirtschaftlich wie verkehrstechnisch mit den östlicheren Gebieten, also mit dem alten Hinterpommern verbunden. In Polen heißt das ganze Gebiet von Stettin bis an die Kaschubei westlich vor Danzig Pomorze Zachodnie, Westpommern.

Von dem schönen Stettin der Vorkriegszeit ist nicht viel geblieben. Man hat zwar die wichtigsten Bauten sorgfältig restauriert, dazwischen klaffen aber noch unbebaute Flächen und dehnen sich sozialistische Wohnblocks aus. Erhalten ist dafür die sogenannte Erweiterte Stadt westlich des Stadtzentrums aus der Zeit nach 1873. Als Vorbild diente der Ausbau von Paris durch Eugène Haussmann mit seinen breiten Boulevards und den sternförmig auf zentrale Plätze zulaufenden Straßen. Gerade dieses eher heruntergekommene Stadtviertel wollte eine norwegische Firma 1990 sanieren. Die Beauftragten wurden aber für Deutsche gehalten und die Verhandlungen daraufhin nicht wieder aufgenommen; ein groteskes Beispiel für die unterschwelligen Ängste dieser Stadt, die Berlin immerhin sehr viel näher liegt als Posen, der nächsten größeren polnischen Stadt.

An zentraler Stelle am Oderufer steht, nach dem Krieg sorgfältig restauriert, das *Schloß der Gryfiden* (zamek Książąt Pomorskich). Die Gryfiden, eine slawische Herzogfamilie, die im Laufe der Jahrhunderte zunehmend die deutsche Sprache und Kultur übernahm, residierte in dem gotischen Gebäude, das im 16. Jahrhundert vollständig umgestaltet wurde. Das Schloß wird heute als Kulturzentrum mit Ausstellungsräumen, Konzertsaal und Cafeterien genutzt. Eine phantasievolle Renaissance-Attika, die an einer originalgetreuen Rekonstruktion zunächst zweifeln läßt, schließt den sonst schlichten Bau ab. Tatsächlich ist eine derartige Mauerbekrönung in einem Stich des Baseler Kupferstechers Matthäus Merian aus dem 17. Jahrhundert überliefert.

Nordöstlich des Schlosses befindet sich die *Peter-und-Paul-Kirche* (kościół św. Piotra i Pawła). Hier soll die erste Kirche Stettins gelegen haben, die der polnische Herzog Boleslaw der Schiefmund (Krzywousty) 1124 stiftete, und in der der hl. Otto von Bamberg predigte. Diese kurze polnische Zeit endete spätestens 1181, als die Herzöge Pommerns den Titel von Reichsfürsten bekamen. Die Peter-und-Paul-Kirche ist ein schönes Beispiel eines spätgotischen Backsteinbaus mit einer interessanten Giebelfassade. Die Terrakotta-Köpfe an den Seitenwänden – abwechselnd ein weiblicher und ein männlicher Kopf – zieren den Bau. An dem naheliegenden Plac Holdu Pruskiego steht das *Königstor* (brama Hołdu Pruskiego), eines der beiden erhaltenen neuzeitlichen Stadttore von 1726-28. Es wurde als Erinnerung an den Verkauf der Stadt durch die Schweden an die Preußen errichtet (1720), nachdem die Schweden Stettin von der 1637 ausgestorbenen Gryfidendynastie übernommen hatten. 1729 wurde ganz in der Nähe in einem bis heute existierenden Palais (ulica Farna) die Prinzessin Sophie Friederike Auguste von Anhalt-Zerbst geboren. Weltweit berühmt ist sie unter dem Namen Katharina die Große, Zarin Allrußlands, geworden. Ein kurzer Spaziergang in Richtung Oder führt Sie zu der *Hakenterrasse* (Wały Chrobrego), der schönsten Stelle und Aushängeschild der Stadt. Die Uferpromenade, benannt nach dem Stettiner Oberbürgermeister Haken, wurde in wilhelminischer Zeit mit drei pompösen Gebäuden, die inzwischen unter Denkmalschutz stehen, gebaut: dem Stadtmuseum (heute Muzeum Narodowe), dem Regierungsgebäude und dem Landesfinanzamt. Mit ein wenig Glück sehen Sie von hier eines der imposanten Segelschiffe unten am Kai liegen. Weiter südlich unterhalb des Schlosses erstreckte sich die Altstadt, die 1944 einem Teppichbombardement zum Opfer fiel. Von der einst reichen hanseatischen Stadt blieben nicht viel mehr als drei Gebäude: das *Alte Rathaus* (Stary Ratusz), in dessen Kellergewölben jetzt ein Weinkeller untergebracht ist, das im 15. Jahrhundert erbaute *Haus der Bankierfamilie Loitz* (heute liceum plastyczne) und die kleine *Johanniskirche* (kościół św. Jana). Auch die *Jakobikirche* (kościół św. Jakuba) an dem Plac Orła Białego sollte man nicht versäumen, selbst wenn der spätgotische Backsteinbau zum großen Teil wiederaufgebaut wurde.

Vierzig Kilometer westlich von Stettin liegt *Stargard Szczeciński* (Stargard in Pommern). Die gotische Marienkirche von Stargard läßt diesen Ausflug zum Pflichtprogramm eines jeden Kunstfreunds werden. Sie gilt als das wertvollste Baudenkmal ganz Pommerns. Die gewaltige zweitürmige Basilika mit Chorumgang und Kapellenkranz entstand um 1400 und wird als einer der gelungensten Entwürfe Hinrich Brunsbergs angesehen. Seinem Stil mit den vielen glasierten Ziegeln und der figürlichen Außendekoration

Die Zuckerwatte am Ostseestrand erfreut sich großer Beliebtheit

sind Sie schon an der Peter-und-Paul-Kirche in Stettin begegnet. Jetzt erwartet Sie hier aber Brunsbergs Meisterwerk!

Zwei Inseln liegen vor der polnischen Küste: *Wolin* (Wollin) und ein kleiner Teil von *Uznam* (Usedom). Ein Ausflug dorthin verspricht nicht nur ein besonderes Naturerlebnis, gepaart mit Badefreuden, sondern auch ein kunsthistorisches Juwel: die teils spätromanische, teils gotische Kathedrale von *Kamień Pomorski* (Cammin). Kamień Pomorski war seit dem 12. Jahrhundert über 400 Jahre lang das Bistum Hinterpommerns. Im Sommer werden internationale Orgelkonzerte auf der Domorgel aus dem 17. Jahrhundert veranstaltet.

Der Weg von Kamień Pomorski nach Międzyzdroje (Misdroy) führt durch einen schönen Buchen- und Eichenwald, der zu dem *Woliński Nationalpark* gehört und ein ideales Wandergebiet ist. Innerhalb des Nationalparks wird auch eine Steilküste ähnlich der auf Rügen geschützt, die bis zu 100 m tief hinabfällt. In einem gesonderten Reservat für Wisente bemüht man sich, diesen Urtieren optimale Lebensbedingungen zu verschaffen. Międzyzdroje und Świnoujście (Swinemünde) sind mit ihren langen Sandstränden beliebte Urlaubsorte.

Eine geschäftstüchtige Stadt
Poznań (Posen)

»Posen hat zu viele Kirchen, eine langweiliger als die andere«, so Heinrich Heine über die fünftgrößte Stadt (ca. 600.000 Einw.) Polens. Entgegen Heines Aussage verdient Posen mehr, als – wie bei vielen Reisenden – nur eine Pause auf dem Weg von Warschau nach Berlin zu sein. Die historische Bedeutung Posens kann kaum überbewertet werden. Hier, inmitten der Region Großpolen, entstand im 10. Jahrhundert der polnische Staat. 968 wurde ein Bistum gegründet. Der erste christliche Fürst Polens, Mieszko I., residierte hier ebenso wie in Lednica bei Posen oder in Gnesen. Nach der Sitte des frühen Mittelalters wanderte der Herzog mit seinem Hof von einer Pfalz zur anderen. Daher ist der Streit, ob eher Gniezno (Gnesen) oder Posen die Ehre, erste Hauptstadt Polens zu sein zukommt, gegenstandslos.

Auf der der Herzogresidenz gegenüberliegenden Wartheseite entstand 1253 eine Handelsstadt nach dem Magdeburger Recht. Ihre Geschicke gleichen denen anderer polnischer Städte. Nach einer Blüte im 15. und 16. Jahrhundert folgte der Niedergang im 18. Jahrhundert. 1793 wurde die Stadt Preußen einverleibt.

Das friedliche Miteinander der Deutschen (30-40% der Gesamtbevölkerung der Region) und Polen fand in der zweiten Hälfte des 19. Jahrhunderts mit einem gescheiterten polnischen Aufstand 1848 und dem bismarckschen Kulturkampf (1871-1887) ein jähes Ende. Indem der Einfluß der katholischen Kirche auf die Posener Dorfbevölkerung eingeschränkt wurde, sollte sie – den damaligen deutschen Vorstellungen gemäß – leichter zu germanisieren sein. Das Polnische wurde aus den Schulen verdrängt, der Einfluß der katholischen Kirche eingegrenzt, deutsche Bauern sollten durch das sogenannte Ansiedlungsgesetz angezogen werden. Im Gedächtnis eines geschichtsbewußten Polen blieb die Erinnerung an die »pruskie rugi«, die Ausweisung von 26.000 Polen und Juden in das russische Teilungsgebiet 1885/86. Unvergessen ist auch der Streik der fast 50.000 polnischen Schulkinder in Września (Wreschen) 1906 oder der berühmte »Wagen des Drzymała«. Dieses Beispiel zeigt eine besondere Art des Kampfes innerhalb eines Rechtsstaates. Als einem polnischen Bauern die Erlaubnis zum Hausbau nicht erteilt wurde, lebte er fortan in einem Wohnwagen. Am Ende gingen die deutschen

Nonnen vor dem Posener Dom

Hoffnungen jedoch nicht auf: die polnische Mehrheit um Posen nahm zu und erlangte – wohl aus dem Widerstand heraus – ein ausgeprägtes Nationalbewußtsein.

Das einmal in Bewegung gesetzte Rad des Nationalitätenkonflikts konnte nicht leicht wieder zum Stehen gebracht werden. Nach 1918 zielte die polnische Politik auf die Verdrängung der Deutschen. 1939 wurden etwa eine Million Polen aus dem um Posen geschaffenen Warthegau gewaltsam vertrieben. Das Ende der Naziherrschaft brachte wiederum die Vertreibung aller Deutschen aus dem Posener Land mit sich.

Den Posenern werden als Ergebnis dieses langen Miteinanders »typische deutsche Eigenschaften« nachgesagt; die Posener seien geschäftig bis geizig, nüchtern bis phantasielos, zuverlässig aber wenig gastfreundlich. Den positiven Teil dieses Rufes nutzen einige Posener allerdings auch ganz bewußt. Geschäftstüchtig organisieren sie alljährlich die neben Leipzig größte Industriemesse des ehemaligen Sowjetblocks und berufen sich, wie z.B. die gebürtigen Posener Krzysztof Skubiszewski (seit 1989 polnischer Außenminister) und die 1992 gewählte Regierungschefin Hanna Suchocka, auf die »Posener Nüchternheit«, die ein Realpolitiker besitzen müsse. Tatsächlich führt Posen und Umgebung alle Wirtschaftsstatistiken an. So vergleicht der Staatspräsident Lech Wałęsa in der für ihn typischen bildhaften Sprache Posen und Großpolen mit einer Lokomotive, die das ganze Land in Richtung marktwirtschaftlicher Reform voranschiebe.

Der älteste Teil Posens liegt östlich der Warthe, auf einer ehemaligen Insel, in dem heutigen Bezirk Ostrów Tumski. Dort befindet sich die *Kathedrale*. Die Doppelturmfassade der mächtigen gotischen Basilika wird von barocken Helmen gekrönt. In den Räumen des Untergeschosses veranschaulichen Modelle den ottonischen und den romanischen Vorgängerbau. Immer wieder mußte die auf Eichenpfählen und morastigem Boden errichtete Kirche ihre Gestalt ändern. Der heutige Außenbau wurde nach den Zerstörungen 1945 stark regotisiert. Im Innern fesseln eine Reihe wertvoller Renaissance-Grabmäler und die Goldene Kapelle die Aufmerksamkeit des Besuchers. Die Goldene Kapelle, die man ihrem Namen nach schnell findet, mit Stellvertreter-Grabmälern der ersten polnischen Herrscher, erbaute der Italiener Maria Lanci 1835-1841 in einem Stil, der wohlwollend als Neobyzantinismus bezeichnet werden kann.

Zweifelsohne befindet sich das schönste Bauwerk Posens auf dem Altstädter Markt: das 1550-1560 von einem italienischen Architekten mit dem klangvollen Namen Giovanni Battista Quadro di Lugano vollständig umgestaltete *Rathaus*. Eine dreigeschossige Loggia mit Arkadengängen bildet die Schaufassade, die oben mit einer hohen Attika schließt. Aus der Rathausuhr kommen jeden Tag zur Mittagszeit zwei Böcke hervorgesprungen. Damit erinnert man an zwei dieser Tiere, die durch ihre Flucht über die Dächer auf einen

Brand aufmerksam gemacht hatten, der verhängnisvolle Folgen für die Stadt gehabt hätte. Das historische Museum im Rathaus (Di, Do 9-15, Mi, Fr 12-18, So 10-15 Uhr) verdient schon wegen des Prachtsaals im ersten Stock einen Besuch. Vor dem Rathaus steht eine Kopie eines mittelalterlichen Prangers, der in alter Tradition durch die Geldstrafen von unzüchtig gekleideten Mädchen finanziert wurde. So wie in anderen mittelalterlichen Städten fehlen auf dem Altstadtmarkt neben dem Rathaus auch die Krämerbuden nicht, die allerdings rekonstruiert sind. Hier wurde mit Salz, Heringen und Kerzen gehandelt. Den Markt schließen die Stadtwaage, eine klassizistische Hauptwache sowie zwei häßliche Exemplare der Architektur unseres Jahrhunderts.

Von den zahlreichen Kirchen Posens verdient die Jesuiten *Pfarrkirche* (kościół farny, ul. Gołębia, südlich des Marktes) Ihre Aufmerksamkeit. Dieser barocke Bau besticht durch sein phantasievolles Spiel mit architektonischen Scheinkonstruktionen. Im Innern überraschen riesige Marmorsäulen, die keinerlei statische Bedeutung für die Kirche haben.

Zuletzt ein Wort zum *Nationalmuseum* (Muzeum Narodowe, plac Wolności, Di-So 9-18 Uhr) Posens. Die Galerie westeuropäischer Malerei gehört zu den besten in ganz Polen (Ribera, Zurbarán, Bellini, Bronzino u.a.) und geht auf die Sammlung Athanasius Raczynskis zurück. Aus der Sammlung dieses polnischen Patrioten, dessen Berliner Palast dem

Das Renaissance-Rathaus mit Loggia

Reichstagsgebäude weichen mußte, stammen einige der Prunkstücke der Gemäldegalerie in Berlin-Dahlem.

Das heutige Stadtzentrum erstreckt sich westlich der Altstadt, entlang der ulica św. Marcina. Ihren historischen Namen, Straße des hl. Martin, bekam sie 1990 zurück, da man den Namen der Nachkriegszeit, »Straße der Roten Armee«, für nicht mehr zeitgemäß erachtete. Heute säumen moderne Hochhäuser und historistische Bauten die ulica św. Marcina, darunter das neoromanische Schloß von Wilhelm II. oder die Gebäude der heutigen Adam-Mickiewicz-Universität. Eindrucksvoll ist das Denkmal zu Ehren der Arbeiter, die 1956 rebellierten und von der Miliz niedergemetzelt wurden.

Wo man die Könige krönte
Großpolen (Wielkopolska) und Kujawien

Als Wielkopolska, Großpolen, bezeichnet man das Posener Land. Es ist das Siedlungsgebiet der Polanen, die im Jahre 966 den christlichen Staat Polen gründeten. Erst später (990) kam das Land um Krakau hinzu. Man nannte es Małopolska, Kleinpolen.

In Großpolen baute man die ersten Kathedralen; hier – genauer in Gniezno (Gnesen) – wurden zahlreiche polnische Könige gekrönt. Hier saß schließlich eine Adelsschicht, deren politisches Interesse auf Schlesien oder Preußen gerichtet war, die aber wenig Sinn für die ständig unruhige Ukraine oder für die Militärinterventionen in dem Zarenreich zeigte. Östlich von Großpolen liegt an der Weichsel, etwa zwischen Włocławek (Leslau) und Bydgoszcz (Bromberg), Kujawien, das im Mittelalter zeitweise ein selbständiges Herzogtum war.

Auf zwei Tagesausflügen von Posen aus können Sie wenigstens einen

Die großpolnische Landschaft mit ihren charakteristischen Windmühlen

Eindruck von dieser Region bekommen. Der kürzere Ausflug führt nach Süden, der längere über Gniezno (Gnesen) nach Strzelno und Biskupin. Wer ganz knapp kalkulieren muß, sollte wenigstens den Dom zu Gniezno anschauen.

Etwa 20 km südlich von Posen liegt der *Wielkopolski Nationalpark* (Wielkopolski Park Narodowy), eine glaziale Landschaft mit Seen und Mischwäldern. Blaue und rote Wandermarkierungen, ausgehend von Mosina oder dem kleinen Bahnhof Osowa Góra, werden Sie zu den schönsten Stellen des Parks führen, z.B. zu dem romantischen Górecki-See. Knappe 10 km östlich des Parks liegt *Rogalin* mit dem barocken Schloß der Familie Raczyński. Nach weiteren 10 km ostwärts erreichen Sie *Kórnik,* in dem das märchenhafte Schloß der Familie Działyński steht. Im Stil der englischen Neogotik wurde es 1845-1860 von dem damaligen Besitzer Tytus Działyński in Anlehnung an einen älteren Entwurf von Karl Friedrich Schinkel erbaut. In den gut erhaltenen Innenräumen (Di-So 9-16 Uhr) fühlt man sich in die aristokratische Welt des vergangenen Jahrhunderts versetzt. Der repräsentative Saal im ersten Stock ist ein schönes Beispiel der damals weit verbreiteten Vorliebe für einen Hauch Exotik im heimischen Polen: er ist der maurischen Alhambra in Granada nachempfunden.

Der zweite Ausflug durch Großpolen führt Sie zeitlich viel weiter zurück. *Gniezno* (Gnesen), eine Stadt, die heute einen eher verschlafenen, provinziellen Eindruck macht, scheint ihre großen Tage vergessen zu haben. Wäre da nicht die das Stadtpanorama beherrschende Kathedrale.

Der Bau aus dem 14. Jahrhundert mit zwei wuchtigen Türmen steht an der Stelle der vorromanischen und romanischen Kathedrale. Er steht für die Bestrebungen des großpolnischen Adels, das Zentrum des Landes wieder von Krakau nach Westen zu verschieben. Die dreischiffige Basilika mit Chorumgang besitzt ganz ungewöhnliche Gewölberippen. Sie sind aus Werkstein und nicht wie der Rest des Gebäudes aus Backstein und wurden reich mit pflanzlichen und figürlichen Motiven skulptiert. Aufmerksamkeit verdient auch das aus Silber getriebene Grabmal des hl. Adalbert (poln. Wojciech), 1662 hergestellt, das nach einem spektakulären Kunstraub 1986 teilweise zerstört, jetzt aber wieder rekonstruiert wurde. Szenen aus dem Leben dieses für Polen vermutlich wichtigsten Heiligen stellt die berühmte Gnesener Tür dar, eine Bronzetür aus dem 12. Jahrhundert, die in Magdeburger oder Lütticher Werkstätten gegossen wurde. Insgesamt 18 Szenen (Leserichtung: von links unten nach oben und wieder rechts herunter) zeigen den Prager Bischof Adalbert, wie er von Gnesen zu den Pruzzen aufbricht, um diese zu missionieren, eine Messe zelebriert und predigt. Schließlich wird der hl. Adalbert von den Pruzzen ermordet. Boleslaw der Tapfere (Chrobry) kauft den Pruzzen den Leichnam des Heiligen gegen sein Gewicht in Gold ab, und

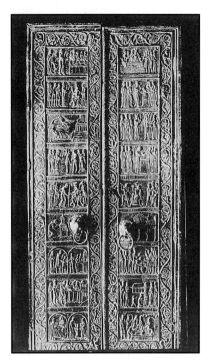

Die Bronzetüren von Gniezno (Gnesen) zeigen die Vita des ersten Heiligen Polens, des Hl. Adalbert/Wojciech, und sind eines der hervorragendsten Beispiele romanischer Kunst. Eine Seltenheit ist hier die Darstellung der heidnischen Pruzzen

man bestattet ihn feierlich in Gnesen.

Weiter im Osten an der Straße nach Toruń liegt, bereits in Kujawien, *Strzelno* (Strelno) mit zwei romanischen Kirchen, die große Berühmtheit erlangten. Die Prämonstratenserinnenkirche der Hl. Dreifaltigkeit (św. Trójcy) mit einer Barockfassade birgt im Innern eine große Überraschung. Rein durch Zufall wurden hier nach dem Zweiten Weltkrieg vier skulptierte romanische Säulen entdeckt. Zwei davon sind, in Blendarkaden eingestellt, weibliche Personifizierungen der Tugenden und Laster. Genausowenig wie die Herkunft dieser extrem seltenen Säulenform ist die Funktion der zweiten romanischen Kirche Strzelnos, der Hl. Prokop Kirche geklärt, die gleich neben der Klosterkirche liegt. Ihre Form, die einer Burgkapelle auf kreisrundem Grundriß entspricht, ist für den Abteibereich höchst ungewöhnlich.

Auch *Biskupin*, nördlich von Gniezno in der Nähe der Stadt Znin gelegen, verdankt seine Berühmtheit einem Zufall. Ein Lehrer bemerkte 1933 in dem Sumpfgebiet in der Nähe des Dorfes Unmengen von Holzteilen. Bei Ausgrabungen entdeckte man eine Siedlung der Lausitzer Kultur, die als die besterhaltene in ganz Europa gilt. Diese Wehrsiedlung, die etwa zwischen 700 und 400 v. Chr. bewohnt war, zählte ungefähr 1000 Einwohner, die in 106 identischen Häusern gelebt hatten, woraus man schließt, daß es keine ausgeprägte soziale Gliederung gab. Die Siedlung wurde durch Wellenbrecher und einen 6 m hohen, mit Eichenstämmen verstärkten Erdwall geschützt. Um sie vor dem Zerfall zu bewahren, schüttete man einen großen Teil der Anlage wieder zu und rekonstruierte nur das Eingangstor und eine Häuserreihe (im Sommer: 8-18 Uhr).

Eine zusätzliche Attraktion ist die Schmalspurbahn, die zwischen Gąsawa und Żnin verkehrt und am Ausgrabungsort sowie beim Museum zur Geschichte der Schmalspurlokomotiven in Wenecja anhält.

Von Ordensburgen und Lebkuchen
Toruń (Thorn) und das Kulmerland

Im Zweiten Weltkrieg fielen den Berichten der Einwohner zufolge nur zwei Bomben auf Toruń (Thorn, 200.000 Einwohner), so daß wir noch heute die ganze Pracht des mittelalterlichen Thorns, aber auch die etwas provinzielle Architektur der preußischen Garnisonsstadt bewundern können. Doch nicht nur ihre Bauten machen diese Stadt mehr als sehenswert. Thorn ist auch eine lebendige, sympathische Stadt mit einer bedeutenden Universität, zahlreichen Cafés und Restaurants. Kulinarische Spezialität sind die Thorner Lebkuchen, die zu unterschiedlichsten Ornamenten und Figuren geformt werden. Besonders schöne Exemplare bekommen Sie auf der ulica Żeglarska zwischen dem Markt und der Johanniskirche. Die Lebkuchen sind ein wahrer Augen- und Gaumenschmaus, nur Ihre Zähne werden davon nicht begeistert sein.

Die ersten Deutschordensherren, die Ritter mit dem schwarzen Kreuz auf weißem Umhang, gründeten 1233 Thorn und gaben der neuen Stadt

Die im Krieg nicht zerstörte Altstadt von Thorn übt einen großen Reiz aus

Jam Matejkos »Tannenbergschlacht« (Nationalmuseum Warschau, Ausschnitt mit dem Tod des Hochmeisters Ulrich von Jungingen)

den Namen ihres Besitzes in Palästina: Toron. Zu dem Stadtkern Thorns, der heutigen Altstadt, kam 1264 die Neustadt. Diese beiden Organismen wurden als Mitglieder der Hanse bald neben Danzig zu den bedeutendsten Städten des Ordenslandes Preußen und standen ab 1454 unter polnischer Obhut. Im Gegensatz zu Danzig büßte Thorn zusammen mit ganz Westpreußen – also von Thorn über Marienburg bis an die Ostseeküste – 1569 endgültig seine Autonomie ein und wurde zu einer polnischen Provinz unter vielen. So mußten beispielsweise in der vorher rein protestantischen Stadt nun den Katholiken gegenüber Konzessionen gemacht werden. Das stark polonisierte Thorn wurde 1792 preußisch und nach Ende des Ersten Weltkriegs wieder polnisch.

Die Besichtigung Thorns beginnt man am besten auf dem Marktplatz beim *Kopernikus Denkmal* (1853). Der große Astronom Nikolaus Kopernikus wurde hier 1473 geboren (s. S. 76/249). Der Marktplatz wird von einem gewaltigen Backsteinbau in der Mitte beherrscht, dem *Rathaus*. Weder in Polen noch in Deutschland gab es im Mittelalter ein Rathaus von vergleichbarer Größe. Die Vierflügelanlage mit hohem Turm stammt vom Ende des 14. Jahrhunderts. Auch wenn Sie kein Architekturliebhaber sind, werden Sie die drei gotischen Backsteinkirchen Thorns, die zu den wertvollsten ganz Polens zählen, beeindrucken. Die an den Markt angrenzende *Marienkirche* (kościół NPM, nach 1351) gehörte dem Franziskanerorden und besitzt, den strengen Ordensregeln entsprechend, keinen Turm. Der Kirchenraum ist sehr schmal und wirkt dadurch besonders hoch. Aus der Bauzeit stammen auch die großen Wandmalereien mit den schlanken Heiligen, die an die langgezogenen Figuren eines Modigliani erinnern und tatsächlich auf italienische Vorbilder zurückgehen. Schon von weitem sind der massive Turm der *Pfarrkirche St. Johannes* (kościół św. Jana, 14.-15. Jahrhundert) und ihre charakteristischen drei Dächer zu sehen. Die Innenausstattung ist zum großen Teil erhalten, mit Ausnahme des wertvollsten Werkes. Die Skulptur einer »schönen Madonna«, links in der Apsis, ist leider nur die Kopie des 1944 verschollenen Originals. Schließlich kommen Sie zu der *St. Jakobuskirche* (kościół św. Jakuba,

Der ewige Streit um den Deutschen Orden

1190 wurde in Palästina der Deutsche Ritterorden, auch Deutscher Orden oder Deutschorden genannt, gegründet. Die polnische Bezeichnung »Krzyżacy« wird häufig falsch mit Kreuzritter übersetzt. 1230 kamen die Ordensritter an die Weichsel und wurden von dem polnischen Herzog Konrad von Masowien mit dem nördlich von Toruń (Thorn) gelegenen Kulmerland belehnt. Der Orden hatte die Aufgabe, die heidnischen Pruzzen zu christianisieren. Die Pruzzen, ein Volk, das eine dem Lettischen und Litauischen verwandte Sprache sprach, wurde von dem Deutschen Orden erobert und verschwand allmählich aus dem Weltgeschehen. An seine Stelle trat der theokratische, zentralistisch verwaltete Ordensstaat Preußen. Er hatte sich die Aufgabe gestellt, den letzten heidnischen Staat Europas – Litauen – zu christianisieren. 1308-1309 eroberte der Ordensstaat das ethnisch und kirchlich-administrativ mit Polen verbundene Herzogtum Pommerellen, zu dem auch Danzig gehörte. Damit machte sich der Orden seinen früheren Gönner zum Erzfeind. Polen christianisierte Litauen selbst (1386), ging mit diesem Staat eine Personalunion ein und schlug die Ordensritter 1410 vernichtend. Diese größte Schlacht des Mittelalters auf deutschem Boden wurde zwischen zwei Dörfern ausgetragen: Tannenberg (Stębark) und Grünfelde (Grunwald). Aber den entscheidenden Schlag versetzten dem Orden seine eigenen Stadtbürger und Adligen 50 Jahre später, die es – der »sozialistischen Planwirtschaft« des Ordens überdrüssig geworden – vorzogen, sich einem weniger repressiven und weit entfernt residierenden Schutzherren zu unterstellen, nämlich dem polnischen König in Krakau. 1454 brach ein Aufstand aus, der sich zum sogenannten Dreizehnjährigen Krieg (»Städtekrieg«) gegen die Ordensbrüder entwickelte und mit der Teilung des Deutschordenslands Preußen 1466 endete. Den westlichen Teil erhielt Polen, im östlichen Teil wurde die Ordensherrschaft 1525 abgeschafft und in ein unter polnischem Lehnsverhältnis stehendes protestantisches Herzogtum verwandelt, das spätere Ostpreußen.

Soweit die historischen Fakten. Noch vor 200 Jahren schien es so, als ob der Deutsche Orden seinen ehrwürdigen Platz in den Annalen der Geschichte eingenommen hätte, ansonsten aber allgemein vergessen wäre. Erst seit der ersten Hälfte des 19. Jahrhunderts wurde der Deutsche Orden aus der fernen Vergangenheit geholt und Deutschen wie Polen gleichzeitig als Symbol vor Augen geführt. Die Deutschen sahen in den Deutschen Ordensrittern die edlen Vorkämpfer der Germanisierung des Ostens und die Boten der dortigen Kulturentwicklung, Parolen, die angesichts des neuen Selbstbewußtseins nach der Reichsgründung 1870 und des Nationalitätenkampfes in Posen eine breite Resonanz fanden. Im August 1914 schlug der damalige Generaloberst Hindenburg die russischen Truppen unter General Samsonow bei Hohenstein, nur 20 km von dem einstigen Schlachtfeld Tannenberg (Grunwald) entfernt. Durch diesen geographischen Glücksfall konnte man die Schlacht 1914 als zweite Tannenbergschlacht betiteln, als Revanche für die erste verheerende Niederlage. Als 1920 der sogenannte »polnische Korridor« entstand und in verstärktem Maße während der NS-Zeit, wurde der Orden immer wieder als leuchtendes Beispiel des Deutschtums im Osten Europas strapaziert; wenn auch nicht ohne Widersprüchlichkeiten. Einerseits wurde der Mythos vom Deutschen Orden gepflegt, er selbst aber gleichzeitig aufgelöst, da der friedlich seinen karitativen Aufgaben nachgehende religiöse Orden nicht in Hitlers Vorstellungen paßte. Nicht nur in der Roman-Literatur spiegelt sich die Verherrlichung des mittelalterlichen Deutschen Ordens wider. In vielen wissenschaftlichen Arbeiten über den Orden wurde zu unrecht behauptet, daß ausnahmslos alles, was im Ordensland Preußen an kulturellen Leistungen vollbracht wurde, direkt dem Deutschen Ritterorden zu verdanken sei. Dabei vergaß man ganz die Leistungen der Zisterzienser und des Bürgertums.

Für die Polen wurde der Deutsche Orden zum Inbegriff des deutschen »Dranges nach Osten«, einer aggressiven germanischen Expansionspolitik. Zwei wichtige Kunstwerke im Polen des 19. Jahrhunderts nehmen das Thema der Ordensritter auf und machten den Orden und seine Geschichte einem breiten Publikum bekannt: Jan Matejkos gigantisches Historienbild »Die Grunwaldschlacht« (1878; Nationalmuseum Warschau) und der Roman »Die Kreuzritter« von Henryk Sienkiewicz (1900), dem Verfasser von »Quo Vadis«. Er stellt die Ritter als grausame und arrogante Räuber dar. Auch wenn beide Werke im größeren historischen und kunsthistorischen Zusammenhang zu sehen sind – die Kunstwerke sollten durch die Erinnerung an große historische Momente Polens dem geteilten Land Trost schenken – ist die ungeheure Wirkung dieser Werke über Generationen hinweg kaum zu überschätzen. So verglich man den Deutschordensritter mit einem preußischen Beamten aus der Zeit des Kulturkampfes oder später mit dem SS-Henker während der deutschen Besatzung des Landes 1939-1945. Symptomatisch dafür ist ein Plakat der Nachkriegszeit. Der Sieg bei Tannenberg 1410 und die Erstürmung Berlins 1945 werden symbolisch nebeneinander gestellt; als Beweis für eine ungebrochene Tradition der teutonischen Kampfeslust und deren Zähmung durch die slawischen Armeen. Historische negative Erfahrungen übertrug man viel zu leicht auf die Kulturgeschichte. Oftmals wurden noch vor kurzem in Polen, sämtliche kulturellen Leistungen im preußischen Ordensstaat allen anderen zugeschrieben, sei es den alten Pruzzen, Stadtbewohnern, den Zisterziensern etc., nur nicht den verhaßten Ordensrittern. Man verfing sich dabei natürlich schnell in zahlreichen Widersprüchen. So waren auch die Stadtbewohner, die gegen den Orden standen und 1454 den Schutz des polnischen Königs suchten, größtenteils Deutsche. So schlug der Versuch auf beiden Seiten fehl, die Denkweisen eines Nationalstaates des 19. und 20. Jahrhunderts auf das Mittelalter zu übertragen.

In die Schwarz-Weiß-Malerei über den Deutschen Orden kommt neuerdings etwas Farbe. Seit etwa 20 Jahren gibt es einen regen wissenschaftlichen Gedankenaustausch zwischen bundesdeutschen und polnischen Historikern. Bücher werden gemeinsam verfaßt, gemeinsam Konferenzen organisiert, um die unterschiedlichen Meinungen zu diskutieren. Neben einigen neueren deutschen Veröffentlichungen zu dem Thema steht das für ein breites Publikum geschriebene Buch des polnischen Historikers Henryk Samsonowicz, der auch über Fachkreise hinaus bekannt ist und der erste nicht-kommunistische Bildungsminister Polens war, für die differenzierte Betrachtung der Geschichte des Deutschen Ordens.

nach 1309) in der Nähe des Neustädter Marktes. Die schöne Basilika mit dem kunstvollen Strebewerk wird aufgrund der hohen Qualität mit einem ganz anderen Bau in Verbindung gebracht: mit der Burg in Radzyń Chełminski (Rehden). Möglicherweise stammen beide Bauten von demselben Architekten, der aus dem Umkreis des Deutschen Ordens stammte und weitreichende Kenntnisse besaß. So sucht man die Vorbilder des Buchstabenfrieses an Portal und Apsis sogar in der byzantinischen oder islamischen Kunst.

Wenn Sie auf der ulica Szeroka von dem Neustädter zum Altstädter Markt gehen, wird Sie ein kurzer Umweg Richtung Weichsel zu den Ruinen der ehemaligen *Deutschordensburg* (zamek krzyżacki) bringen. Die Burg aus dem 13. Jahrhundert wurde nach 1454 Stück für Stück abgetragen. Die Bürger wollten jegliche Erinnerung an den verhaßten Deutschen Orden beseitigen und wünschten sich auch für die Zukunft keine neuen Herren über die Stadt. Erhalten blieb kurioserweise einzig und allein der Dansker, der Toilettenturm.

Von den Resten der Stadtmauer ist der *schiefe Turm* (Krzywa Wieża) in der Südwestecke der Altstadt am interessantesten. Der obere Teil des Turmes neigt sich ca. zwei Meter nach vorn, was bei der geringen Gesamthöhe der Anlage zu einem höchst fragil wirkenden Bau führt, den man meint abstützen zu müssen. Bei Touristen sehr beliebt ist der Versuch, sich mit den Füßen direkt an die Wand zu stellen und in dieser Stellung das Gleichgewicht zu halten. Versuchen Sie es einmal. Bisher blieb noch keiner stehen!

Die gewaltige Fassade der Deutschordensburg Radzyń Chełmiński (Rehden)

Zu einem Besuch in Thorn gehört einfach auch ein Bummel durch die engen Gassen, auf dem jeder für sich interessante Ecken finden wird, kleine Schätze, das Stadtpanorama vom Weichselufer ... Erst dann entfaltet sich der ganze Reiz dieser wunderschönen Stadt. Bei einer Pizza beim Italiener oder einem Guiness im Irish Pub verdaut man am besten die vielen Eindrücke und Entdeckungen des Tages.

Nördlich von Thorn, etwa zwischen der Weichsel, der Drwęca (Drewenz) und der Osa (Ossa), erstreckt sich das *Kulmerland*, polnisch Ziemia Chełmińska. Der in Palästina entstandene Deutsche Orden startete von hier 1230 die Eroberung der Pruzzen. Die Ritter errichteten binnen kürzester Zeit über das ganze Kulmerland ein engmaschiges Netz von Klosterburgen, die nur einen Tagesritt voneinander entfernt sein sollten. Die Stadt *Chełmno* (Kulm), malerisch am Weichselufer gelegen, gab der Region ihren Namen. Chełmno konnte ihren mittelalterlichen Charakter mit der fast vollständig erhaltenen Stadtmauer und zahlreichen Kirchen bis heute bewahren. Die Kulmer Stadtrechte (1233) galten für die große Mehrheit aller Städte des Deutschen Ordens als vorbildlich. Die größte Attraktion der Stadt ist das manieristische Rathaus. Es ist einer der wenigen Bauten in den preußischen Ländern, an denen man den Einfluß der italienischen Architektur – über Krakau vermittelt – ablesen kann. Das Rathaus macht der Stilbezeichnung Manierismus alle Ehre. Schon die Anordnung der Fenster, die in jedem Stockwerk nach oben hin mehr werden, spricht für das spielerische Element dieser Architektur. Man hat den Eindruck, der Architekt wolle den Bau eigentlich auf den Kopf stellen. Die uns schon bekannte Attika darf natürlich auch hier nicht fehlen.

Die Burgruine von *Radzyń Chełminski* (Rehden) an der Straße zwischen Wąbrzeźno (Briesen) und Grudziądz (Graudenz) erinnert eindrucksvoll an die mittelalterlichen Herren des Landes. Die Burg vom Anfang des 14. Jahrhunderts ist ein gutes Beispiel für das klassische Modell des sogenannten Kastelltyps. Sie bildet ein Quadrat mit vier Flügeln, vier Ecktürmen und einem Bergfried in der Nordwestecke des Hofes (nur in den Fundamenten erhalten). Die Anlage wird von einer zweiten Mauerlinie (Parchammauer) umgeben und mit einer Vorburg gegen Süden abgesichert. Im ersten Stockwerk lagen die Repräsentationsräume: die Kapelle, der Remter, also der Speisesaal, der Kapitelsaal und das Dormitorium. Den besten Eindruck bekommen Sie nachmittags, wenn die untergehende Sonne die Südfassade mit ihrem regelmäßigen rautenförmigen Netz aus schwarz gebrannten Backsteinen beleuchtet. Ein unvergeßlicher Anblick!

Eine weitere Deutschordensburg liegt etwa 40 km von Thorn entfernt, abseits der Straße nach Olsztyn (Allenstein). Das mächtige Burgviereck in *Golub* (Gollub) schließt mit einer bei Deutschordensburgen ungewöhnlichen Attika, die auf einen

Das manieristische Rathaus von Chełmno (Kulm)

Umbau im 16. Jahrhundert im Auftrag einer polnischen Prinzessin zurückgeht. Die Burg bietet alljährlich im August die phantastische Kulisse für die Ritterspiele. Nach Golub kommen dann die Ritter ganz Europas mit ihren edlen Rössern und Rüstungen, um sich dem Kampf mit Schwert, Beil oder Lanze zu stellen.

Die größte Feste Europas – Marienburg

An der Nogat, einem Weichselarm, südöstlich von Danzig, liegt die Stadt Malbork mit der Marienburg. Allein die Ausmaße der Anlage sind beeindruckend. Sie ist die flächenmäßig größte Wehranlage in Europa. Die Postkartenansicht bietet sich vom westlichen Nogatufer, am besten in der Nachmittagssonne. Man erkennt von hier aus klar die einzelnen Teile der Burg. Im Süden schließt die nach 1945 wenig einfühlsam wiederaufgebaute Stadt direkt an die Wehrmauer der Burg an. Die Vorburg lag im Norden. Heute werden Sie dort parken und sich vielleicht in der zum Restaurant umfunktionierten ehemaligen Kapelle stärken. Südlich der Vorburg liegt das Mittelschloß (nach 1318) mit den Räumen für die Ordensgäste, in denen die Besucher eine eindrucksvolle Bernsteinausstellung erwartet. Daran schließt der Hochmeisterpalast (1383-1399) an, ein blockhafter, kompakter Bau mit großen Fenstern, Zinnen und einem Zeltdach. Seit 1991 ist dieser Teil nach siebzehnjährigen Restaurierungsarbeiten dem Publikum wieder zugänglich und gehört nun mit seinem Sommer- und Winterremter zu den schönsten und wertvollsten Teilen der Burg. In den beiden Remtern können Sie ein herrliches Palmengewölbe bewundern.

Der große quadratische Bau südlich vom Hochmeisterpalast ist die uns schon von Radzyń oder Golub bekannte typische Deutschordensburg. Sie war Sitz des sogenannten Komturs, des Gebietsvorstehers. Dieses Gebäudeviereck mit einem vorgelagerten Toilettenturm, dem Dansker, und einem Bergfried stammt aus der Zeit nach 1270, als der Hochmeister noch in Italien residierte. Zu den wichtigsten Teilen dieses Hochschlosses gehört das Portal der Schloßkirche, die »Goldene Pforte«, sowie die darunter liegende St. Anna Grabkapelle.

Bei aller Bewunderung ist jedoch Vorsicht geboten, denn auch hier gilt, daß nicht alles Gold ist was glänzt. Die Marienburg wurde schon im Barock umgebaut, diente später als preußische Kaserne und sollte danach ganz abgerissen werden. Was Sie jetzt sehen, ist teilweise das Ergebnis des von romantischen Vorstellungen bestimmten Wiederaufbaus aus der ersten Hälfte des 19. Jahrhunderts. Erst ab 1882 versuchte sich Konrad Steinbrecht an einer wissenschaftlichen Rekonstruktion der Burg. Die verheerenden Zerstörungen aus dem Zweiten Weltkrieg, als die zur Festung erklärte Burg 1945 erbittert verteidigt wurde, versuchten polnische Restauratoren in langjähriger Arbeit zu beheben. Allerdings ist die Rekonstruierung der Schloßkirche bis heute noch nicht abgeschlossen. Ein scharfer Beobachter erkennt an einem Stück Mauer gleich drei unterschiedliche Ziegelsteinarten – das Ergebnis der verschiedenen Restaurierungskampagnen.

Die Burg kann nur im Rahmen einer öffentlichen Führung (auch deutschsprachige Führer) besichtigt werden (Di-So 9-17, im Winter 8.30-15.30 Uhr).

Eine selbstbewußte Stadt
Gdańsk (Danzig)

Ein »deutsches Juwel in der polnischen Krone« und »Tor zur Welt für die multinationale res publica« nannte der englische Historiker Norman Davies die Handelsstadt an der Ostseeküste. Er bezog sich auf die 300jährige Existenz des freien Danzigs innerhalb der polnischen Krone, die nach der 150 Jahre andauernden Bevormundung durch den Deutschen Orden 1454 begann und in der Zweiten Polnischen Teilung 1793 endete. Mit ca. 50.000 Einwohnern, hauptsächlich Deutschen aber auch Holländern, Schotten und Polen, war Danzig um 1600 größer als Krakau und die mächtigste Stadt der Monarchie. Von hier wurden über 70% des polnischen Außenhandels abgewickelt. Danzig prägte eigene Münzen, besaß eine gesonderte Gerichtsbarkeit und hatte eine eigene Bürgerwehr. Beinahe alle Könige hielten sich längere Zeit in der Stadt

Das wiederaufgebaute Danzig mit Johanneskirche und Toter Weichsel

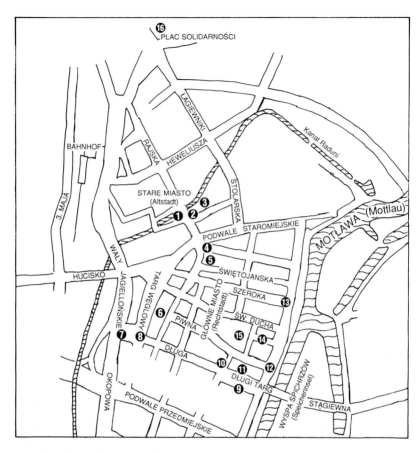

auf, die ihnen alle Ehre erwies, als Gegenleistung aber die Bestätigung ihrer Autonomierechte wie selbstverständlich erwartete.

Im 20. Jahrhundert erfuhr die Stadt ein grausames Schicksal: 1939 bildeten die Schüsse des Linienschiffs Schleswig Holstein auf die Westerplatte den Auftakt zum Zweiten Weltkrieg, an dessen Ende von dem »Juwel« nur noch Ruinen stehen sollten.

Das heutige Gdańsk zu definieren fällt schwer: eine Glanzleistung des Wiederaufbaus und ein Kunststück der Restauratoren oder eine unnötige, inzwischen schon verschmutzte Disneylandversion der einstigen Patrizierstadt, gesäumt von menschenfeindlichen Betonsilos? Eine siegessichere, stolze Stadt, aus der auffallend viele Vertreter der politischen Elite des Landes stammen oder eine Stadt der Neureichen mit ihren protzigen Mercedes oder BMW, die nicht so recht in das Straßenbild passen wollen. Zum Straßenbild der Ostseestadt gehören mittlerweile auch die deutschen Touristen, die auf der Suche nach ihrer Vergangenheit in Massen die Straßen der Innenstadt bevölkern. Seit dem enormen Preisanstieg von 1990 vermißt man die Skandinavier, die in ihrem Alkoholkonsum selbst die trinkfesten Polen übertrafen.

Zunächst geht der Blick auf den Langen Markt (Długi Targ), die Prachtstraße Danzigs mit dem Rathaus, dem Artushof und dem Neptunbrunnen. Angesichts dieser herrlichen Architektur vergißt man die wechselvolle Geschichte der Stadt, die jüngsten politischen Unruhen und die wirtschaftlichen Probleme ebenso wie die Frage nach der historischen Echtheit der Gebäude. Nur das Staunen über die künstlerische Leistung, die architektonische Harmonie und die unverwechselbare Atmosphäre zählt: Danzig – »Juwel in der polnischen Krone«.

Als Ausgangspunkt für den Stadtrundgang bietet sich das Hotel »Hevelius« auf der gleichnamigen Straße an. Obwohl Sie sich hier schon mitten in der Altstadt befinden, läßt sich noch nichts von dem historischen Danzig des Wiederaufbaus ahnen. Die Bombardements durch englische und amerikanische Flugzeuge, die erbitterten Kämpfe um die Stadt im März 1945 sowie das anschließende Wüten der Sowjeteinheiten hinterließen ein Bild der Verwüstung: 90% des historischen Stadtkerns waren in Schutt und Asche gelegt. Von den zwei städtischen Organismen, der Altstadt (Stare Miasto) und der Rechtstadt (Główne Miasto), hatte nur die letzte das Glück, nach dem Zweiten Weltkrieg wieder auferstehen zu dürfen; in der Altstadt baute man lediglich die wichtigeren Baudenkmäler wieder auf.

In der Nähe des »Hevelius«-Hotels befindet sich die *Große Mühle* ❶ von 1350, die als der größte erhaltene mittelalterliche Industriebetrieb Europas gilt. Bis 1945 waren die 18 Mühlräder und ein riesiger Backofen in Betrieb. Die gesamte Bevölkerung Danzigs bezog von der Großen Mühle ihr Brot, als die Stadt 1308-1454 zum Deutschordensstaat gehörte. Gegenüber der Großen Mühle (Wielki Młyn) erhebt sich die *Katharinenkirche* (kościół św. Katarzyny) ❷ aus der zweiten Hälfte des 14. Jahrhunderts mit ihrem markanten Turm. Hier ist der berühmte Astronom und Vater der Selenographie, Johann Hevelius (1611-1687), begraben. Vermutlich genau an dieser Stelle lag die kleine Siedlung Gydanyzc, von der aus der Prager Bischof Adalbert, polnisch Wojciech, seine Missionsfahrt zu den Pruzzen im Jahre 997 antrat. Hinter der Katharinenkirche liegt die gotische *Brigittenkirche* (kościół św. Brygidy) ❸, die – erst in den 70er Jahren wiederaufgebaut – zur »Pfarrkirche der Solidarność« wurde. Die eindrucksvolle moderne Innenausstattung steht in spannungsreichem Kontrast zu dem gotischen Sterngewölbe.

Nun geht es in die Rechtstadt. Linker Hand treffen wir auf die großen *Markthallen* ❹ aus dem 19. Jahrhundert. Hier herrscht immer reges Treiben, eine willkommene Abwechslung auf unserem Stadtrundgang. Zu Verkaufsständen mit Aalen, köstlich fetten Krakauer Würsten, den berühmten polnischen

237

Salzgurken oder Gänseschmalz in Gläsern kommt das Angebot westlicher Billigläden: Bananen, Bierdosen, Plastik-Brauseflaschen, Remoulade ... Die westlichen Waren werden hier verglichen mit den Monatslöhnen zu horrenden Preisen angeboten.

Nur wenige Schritte entfernt lockt die *Nikolaikirche* (kościół św. Mikołaja) ❺ den Kunstfreund. Sie ist die einzige Kirche des Stadtkerns, die den Krieg unversehrt überstanden hat. Seit 1227 gehörte die Nikolaikirche dem aus Krakau gekommenen Dominikanerorden, in der Spätgotik wurde sie allerdings vollständig umgestaltet. Weiter geradeaus stoßen Sie auf das *Große Zeughaus* (Wielka Zbrojownia) ❻, das kurz nach 1602 von Anthonis van Opbergen errichtet wurde, dem bedeutendsten Danziger Baumeister seiner Zeit. Der gebürtige Holländer baute u.a. auch das »Hamletschloß« Kronborg im dänischen Helsingør. Die Fassade mit ihren von Beschlagwerk umrahmten Giebeln und Skulpturen besticht durch besondere Eleganz. Unser nächstes Ziel ist das *Hohe-* (Brama Wyżynna) ❼ und das *Goldene Tor* (Złota Brama, 1612-14) mit dem Stockturm und der Peinkammer sowie dem Gebäude der St.Georgs Bruderschaft (Dwór Bractwa św. Jerzego) ❽. Dieser Gebäudekomplex war der repräsentative Zugang zur Stadt. Alle polnischen Könige, die Danzig einen Besuch abstatteten, zogen durch dieses Tor ein. So prangt neben dem Wappen Königlich Preußens und dem der Stadt der polnische Adler an der prominentesten Stelle des Hohen Tors. Am Goldenen Tor ist ein Spruch zu lesen, der über die Jahrhunderte nichts von seiner Aktualität und Gültigkeit verloren hat: »Concordia res publicae parvae crescunt – discordia magnae concidunt« – »Durch Eintracht wachsen selbst kleine Staaten, durch Zwietracht stürzen selbst große«. Das Goldene Tor bildet den unmittelbaren Zugang zur *Langgasse* (ulica Długa). Die Langgasse, die prächtigste Straße der Rechtstadt, führt Richtung Osten auf den *Langen Markt* (Długi Targ) ❾. Der Lange Markt, eigentlich kein Platz sondern eine breite Straße, wird von prächtigen Bürgerhäusern aller Stilepochen gesäumt, die man hervorragend restauriert hat. Vor allem zwei manieristische Häuser sind hervorzuheben: das sogenannte *Löwenschloß* (Nr. 35, Lwi Zamek) und das *Goldene Haus,* auch Steffenshaus genannt (Nr. 41). Vergoldete Reliefs und Ornamente überziehen seine Fassade. Eine Reihe antiker Größen krönt das vierstöckige Gebäude, darunter Kleopatra, Ödipus, Achilles und Antigone.

Unser nächstes Ziel ist das Rechtstädtische Rathaus mit dem *Neptunbrunnen* (Fontanna Neptuna) ❿ . Den Brunnen aus der ersten Hälfte des 17. Jahrhunderts ziert der mit einer Harpune versehene göttliche Herrscher der Meere. Die Symbolik ist eindeutig und trifft die historische Realität: Danzig war tatsächlich Herrscher über die Ostsee. Das *Rechtstädtische Rathaus* (Ratusz Głównego Miasta) mit seinem über 80 m hohen Turm ist wohl der be-

Der Artushof mit Neptunbrunnen

rühmteste gotische Profanbau Danzigs. Die Turmspitze mit einer vergoldeten Statue des polnisch-litauischen Herrschers Sigismund II. August sowie die Innenräume gehören schon dem Manierismus an. Die prunkvolle Ausstattung des Roten Saales, in dem sich die Ratsherren versammelten, übertrifft alles andere. Nicht nur die Wände, sondern auch die Decke wird hier zum Ausstellungsort für Kunst: 25 große Bilder, durch phantasievolle Rahmen miteinander verbunden, verkleiden den Raum (Di-Do 10-16, Sa 14-18, So 11-16).

Hinter dem Neptunbrunnen erhebt sich die Fassade des *Artushofs* (Dwór Artusa) ❶. Der Name erinnert an König Artus und seine Ritter der Tafelrunde. Das Gebäude diente den Kaufleuten für ihre Versammlungen, geschäftlichen Verhandlungen und gesellschaftlichen Ereignisse nach Vorbild des Adels.

Städtebaulich war Danzig immer zur Motława (Mottlau) und zur Weichsel hin ausgerichtet. Die wichtigsten Straßen verliefen auf den Fluß und den *Hafenkai* (Nadbrzeże Motławy) ❷ zu. Akzente im Stadtbild setzten die prächtigen Tore, so das Brotbänkertor (Brama Chlebnicka), das Grüne Tor (Zielona Brama) am Ende des Langen Marktes und das Frauentor (Brama Mariakka). Der Hafenkai war schon seit jeher nicht nur Warenumschlagplatz, sondern auch Treffpunkt. Hier herrschte schon immer so wie heute noch reges Treiben: Stände, an denen allerlei Waren feilgeboten werden, Touristen, die sich von Zigeunerinnen die Zukunft vorhersagen lassen, Kinder mit bunten Luftballons... Unter den Auslagen darf natürlich

Bernstein – das Gold der Ostsee

Der Name »Bernstein« kommt von dem niederdeutschen Wort für »Brennen«. Bernstein ist eigentlich nichts anderes als ein fossiles Harz von aus dem Eozän stammenden Nadelbäumen und so sind 350 Grad Celsius ausreichend, um ihn zum Schmelzen zu bringen. Bernsteine kommen in verschiedenen Färbungen vor: von fast durchsichtigem Gelb bis Dunkelbraun. Der sogenannte »schwarze Bernstein« dagegen ist genaugenommen kein Bernstein, sondern Gagat, eine seit jeher zu Schmuck verarbeitete Abart der Braunkohle. Der Wert des Bernsteins wird vor allem nach der Klarheit des Stückes und nach den sogenannten Einschlüssen bestimmt. Unter Einschlüssen versteht man die für alle Ewigkeit verdammten Urtierchen, von kleinen Mücken bis hin zu imposanten Eidechsen, die vor 35 Millionen Jahren in dem Harz ertranken. Finden kann man den begehrten Bernstein überall an der Ostseeküste, vor allem in Polen und im Baltikum. Besonders während heftiger Stürme spült das Meer das kostbare Gut an Land. In den frühen Morgenstunden im Oktober und März füllt sich die Küste mit Menschen, die wie im Goldrausch die Algenhaufen durchwühlen. Bernstein wird auch mit Netzen aus dem Meer gefischt oder durch Einsatz von Baggern im Tagebau gewonnen. Die industrielle Bernsteingewinnung machte einen kleinen Ort im Samland, Palmnicken, schon lange vor dem Zweiten Weltkrieg bekannt. Der Tagebau in diesem heute für Individualreisende immer noch unzugänglichen Ort wird weiter fortgesetzt. Palmnicken heißt heute auf russisch Jantarnyj, was übersetzt nichts anderes als »aus Bernstein« bedeutet. Die größten Mengen dieses wertvollen Materials werden, was manche erstaunen mag, aber nicht an der Ostsee gewonnen, sondern in der Karibik, in der Dominikanischen Republik.

Schon die alten Pruzzen erkannten den Wert des Bernsteins und exportierten ihn über die vier Bernsteinwege bis nach Rom. Der Deutsche Orden besaß das Monopol im Bernsteinhandel. Er führte das sogenannte Bernsteinregal ein, eine Art wirtschaftlich nutzbares Hoheitsrecht. Die Küstenbewohner mußten den Bernstein dem Deutschen Orden abliefern und bekamen dafür Salz. Unbefugtes Sammeln wurde mit dem Tod durch Erhängen bestraft. Die Galgen stellte man als Abschreckung entlang der Küste auf. Erst 1811 wurde der private Besitz des gelben Harzes erlaubt.

Berühmt für die besonders kunstvolle Verarbeitung des Bernstein waren Danzig und Königsberg. Danzig konnte seinen Ruf als Bernsteinzentrum bis heute behalten. Das Angebot reicht von großen wertvollen Stücken bis zu dem sogenannten Preßbernstein, der aus kleinen Teilchen zusammengepreßt wurde.

Mit dem Bernstein wird zumeist gleich das sogenannte Bernsteinkabinett assoziiert. Die kostbare Zimmerverkleidung aus dem »Gold der Ostsee«, die ursprünglich – in Königsberg hergestellt – für Charlottenburg bestimmt war, wurde Peter dem Großen geschenkt und in seiner Sommerresidenz Zarskoje Selo aufgebaut. 1941 raubten die deutschen Truppen dieses von vielen als achtes Weltwunder betrachtete Werk. 1944 verließen etwa 30 mit den Einzelteilen der Zimmerverkleidung voll beladene Lastwagen Königsberg in eine unbekannte Richtung, so daß die Suche nach dem vermuteten Versteck bis heute eine beliebte Beschäftigung der Presse während des Sommerlochs ist. Also setzen Sie Ihre Suche nach dem Bernstein nicht nur an den Ostseestränden fort!

das »Gold der Ostsee«, der Bernstein nicht fehlen. Er wird hier in allen nur erdenklichen Varianten und Qualitäten bis hin zu gekonnten oder weniger gekonnten Plastikimitaten verkauft. Zum Wahrzeichen Danzigs wurde das *Krantor* (Żuraw) ❽, das 1442-1444 erbaut und im 17. Jahrhundert erweitert wurde. Der riesige Holzkran, der sich über den Fluß hinweg erhebt, besaß zwei große senkrechte Treppräder. Mit dem unteren konnten bis zu zwei Tonnen schwere Fässer oder Steine auf die Schiffe verladen werden. Das obere Rad mit einem Durchmesser von 27 m diente zum Aufstellen der Masten. Heute ist im Krantor das Meeresmuseum untergebracht (Di-So 10-16, Do 12-18).

Vom Hafenkai legen die Ausflugsschiffe zur Halbinsel *Westerplatte* ab. Neben dem monumentalen Denkmal für die Gefallenen der ersten Kriegstage kann man in einem der Wachhäuser ein kleines Museum besichtigen. Um die Ereignisse von 1939 zu verstehen, muß man bis in die Vorkriegszeit zurückblicken: 1919 wurde auf einer Fläche von knapp 2000 km^2 innerhalb des polnischen Zollbereichs die Freie Stadt Danzig ins Leben gerufen, die unter der Kontrolle des Völkerbundes stand. Mit einem deutschen Bevölkerungsanteil von 90 % war die Mehrheit der Bewohner gegen diese als künstlich empfundene Lösung, und so war der »Anschluß« an Deutschland spätestens seit Anfang 1939

Der Hafenkai mit dem Krantor: so schön, als ob es nie zerstört gewesen wäre

Hitlers erklärtes Ziel. Der Angriff am 1.9.1939 auf das polnische Munitionsdepot auf der Westerplatte, wo sich etwa 182 Menschen befanden, markiert den Anfang des Zweiten Weltkriegs. Die Verteidigung der Westerplatte wurde zum Symbol des polnischen Widerstands. Sieben Tage lang begannen die polnischen Radionachrichten mit dem Satz: »Die Westerplatte verteidigt sich noch«. Schließlich wurden ihre Verteidiger mit einer Militärparade in Kriegsgefangenschaft geführt. Ganz anders die Verteidiger der Polnischen Post in Danzig. Sie wurden – wie Jan Broński, einer der Protagonisten von Günter Grass »Blechtrommel« – nach der 14stündigen Verteidigung des Postgebäudes verhaftet und später erschossen.

Vom Hafenkai geht es nun in die ehemalige *Frauengasse*, heute ulica Mariacka ⑭, die mit dem Frauentor (brama Mariacka) abschloß. Nur auf dieser Straße sind die sogenannten Beischläge erhalten bzw. vollständig rekonstruiert worden. Die Danziger Beischläge, eine Art kleine Terrasse vor jedem Haus, waren einst charakteristisches Merkmal der Ostseestadt. Nachdem sie ihre ursprüngliche Funktion als Eingänge zu den auf die Straße erweiterten Speicherkellern verloren hatten, dienten sie als Treffpunkte. So auch heute. In den zahlreichen kleinen Galerien und Kunstläden, die sich zwischen

Amateurmaler in der einstigen Frauengasse

den Beischlägen eingerichtet haben, findet auch der anspruchsvolle Käufer schönen Bernsteinschmuck.

Unser nächstes Ziel ist die *Marienkirche* (kościół Mariacki, 1342-1502) ❶❺. Das Gotteshaus beeindruckt nicht nur durch seine Ausmaße – es ist die fünftgrößte Kirche Europas – sondern auch durch die Strenge der Architektur. Nach der Reformation weißgetüncht und 1945 stark beschädigt, wirkt ihr Inneres trotz des herrlichen Sterngewölbes etwas steril. Nur wenige Kunstschätze überlebten den Krieg. In einer Kapelle neben der Vorhalle befindet sich die Kopie von Memlings »Jüngstem Gericht« (das Original wird im Danziger Nationalmuseum aufbewahrt).

Außerhalb des historischen Stadtkerns erhebt sich auf dem Werftgelände das ergreifende *Denkmal* ❶❻ *für die 1970 gefallenen Werftarbeiter* (Pomnik Poległych Stoczniowców von 1980, in der Nähe der ul. Wały Piastowskie). Die drei riesigen Kreuze aus unbearbeiteten Stahlplatten der Schiffe mit drei Ankern, dem Symbol der Hoffnung, gehören zu den eindrucksvollsten Denkmälern Nachkriegspolens. Das Werfttor, der Name Lenin ist inzwischen verschwunden, ist Zeuge der Ereignisse von 1970. Bei dem Massaker an den Werftarbeitern in Gdańsk, Szczecin und Gdynia starben vermutlich weit mehr als hundert Menschen. Genaue Zahlen wurden nie bekanntgegeben (s. S. 68). Zehn Jahre später bildete der Streik der Danziger Werftarbeiter den Auftakt der »Solidarność«-Revolution. Am 31.8.1980 sah sich

Denkmal der gefallenen Werftarbeiter

der omipotente Staat gezwungen, hinter diesem Tor ein Abkommen mit den Werftarbeitern über deren Demokratierechte abzuschließen. Alle späteren Rückschläge – das Kriegsrecht und die wirtschaftliche Misere – änderten nichts an der Tatsache, daß sich damals eine Art Alternativsystem zu der kommunistischen Partei herausgebildet hatte, mit Menschen, die stark genug waren, noch acht Jahre danach die Macht an sich zu reißen. Mit Lech Wałęsa, dem ehemaligen Ministerpräsidenten Jan Krzysztof Bielecki und anderen waren darunter viele Danziger, und ein Spruch machte damals die Runde: Es sei einfacher, die Hauptstadt nach Danzig zu verlegen, als für sie alle – gemeint waren die führenden Politiker – Wohnungen in Warschau zu finden.

Sommerfrische der Zeitgeschichte
Oliwa (Oliva), Sopot (Zoppot) und Gdynia (Gdingen)

Ein Ausflug nach Oliwa, Sopot, und Gdynia sollte bei jedem Aufenthalt in der Hansestadt dabei sein, ob per Taxi, Straßenbahn oder mit der S-Bahn (ab Hauptbahnhof). Diese drei Städte gehören heute zusammen mit Danzig zu dem städtischen Komplex der sogenannten Dreistadt (Trójmieście) mit insgesamt 800.000 Einwohnern.

Oliwa ist eine Gründung der Zisterzienser aus dem Jahre 1188. Wie so oft wählten die Zisterzienser auch hier ein reizvolles Stückchen Land, an dem sie ihre oberste Ordensregel »Ora et Labora« (Bete und Arbeite) realisieren konnten. Der Name, Oliwa, geht vermutlich auf die Ölmühlen zurück, die die Mönche an dem Bach errichteten. Die Klosterkirche bietet eine Attraktion besonderer Art: die vermutlich klangvollste Orgel, die Sie auf Ihrer ganzen Reise finden werden. 1763-1788 konstruierte der Zisterziensermönch Johann Wulf aus Wormditt das Instrument,

Der Wind peitscht über die windige Mole von Sopot (Zoppot)

dessen Wohlklang man während der Vorführungen erleben kann (Mo-Fr 11-16; Sa 11-15; So 15-17 Uhr zu jeder vollen Stunde). Natürlich ist auch die Kirche selbst, die als Grablege für die pommerellischen Herzöge diente, durchaus sehenswert: der Chorumgang mit Grabmälern und das kunstvolle Sterngewölbe im Langhaus ebenso wie der etwas kitschige barocke Hauptaltar. Aus einem eher an Watte erinnernden Wolkengebilde blicken zahlreiche lächelnde Engelsköpfchen hervor.

Ein Arzt der napoleonischen Armee, Jean Georg Haffner, bemerkte schon 1808 die klimatischen Vorzüge des Ortes Zoppot, polnisch *Sopot*, und eröffnete hier 1824 eine Badeanstalt mit sechs Kabinen und Umkleidehäuschen. Damit war der bescheidene Anfang für den elegantesten Kur- und Badeort der Ostsee gelegt. Bis heute ist Sopot bemüht, diese Rolle aufrechtzuerhalten. Bei einem abendlichen Spaziergang in der Fußgängerzone oder auf der Mole, dem 512 m langen Seesteg, kann man sich selber davon überzeugen. Das Grand Hotel aus den 20er Jahren in der Nähe der Mole hat inzwischen seinen Platz im Register der zu schützenden Denkmäler gefunden. Für knapp 200 DM kommen Sie in den Genuß des absoluten Luxus – das mit antiken Möbeln ausgestattete Appartement von General De Gaulle – und dürfen seine inzwischen stark heruntergekommene Pracht genießen. Sie befinden sich in guter Gesellschaft: Von Adolf Hitler (der hier im September 1939 den einzigen von ihm selber schriftlich abgefaßten Befehl all seiner Verbrechen gab, den Euthanasiebefehl) über den Schah von Persien, Fidel Castro bis zu Omar Sharif sind hier die Größen der Zeitgeschichte abgestiegen.

Auf die jüngste Vergangenheit blickt die letzte Ansiedlung der Dreistadt zurück: *Gdynia*, deutsch Gdingen, in der Nazisprache Gotenhafen, wo vor 80 Jahren nichts anderes als ein kleines kaschubisches Dorf stand. Zwischen 1923 und 1927 wurde hier ein großer Hafen gebaut, da Polen in diesem Gebiet nicht auf die Zusammenarbeit mit der Freistadt Danzig angewiesen sein wollte. Schon 1933 wurden in Gdingen wesentlich mehr Tonnen Waren verladen als in jedem anderen Ostseehafen. Nach starken Kriegszerstörungen – das Wrack des Panzerkreuzschiffes »Gneisenau« blockierte den Zugang zum Hafen – wurde die Werftindustrie wiederaufgebaut. Traurige Berühmtheit erlangte die Werft 1970, als die Werftarbeiter von Sondereinheiten der Miliz niedergemetzelt wurden. Der interessanteste Teil der Stadt ist ein breiter, befahrbarer Seesteg, an dessen Kai ein Zerstörer aus dem Zweiten Weltkrieg (heute Museumsschiff) liegt sowie das größte Segelschiff Polens, »Dar Pomorza«. Es wurde 1909 in Hamburg als »Prinz Eitel Friedrich« gebaut und 1929 von Polen abgekauft. Am Kai befindet sich außerdem ein sehenswertes Aquarium mit Piranhas, Haifischen und anderen Seemonstern sowie das Denkmal von Joseph Conrad, dem großen englischen Seeromantiker polnischer Herkunft.

Von der Kaschubei zu den Wanderdünen

Für die Deutschen waren sie nicht deutsch genug, für die Polen nicht polnisch genug, so faßt Oma Koljaiczek aus Günter Grass »Blechtrommel« die Situation der Kaschuben über die Jahrhunderte zusammen. Grass hält sich selbst für einen Kaschuben, der allerdings seine Muttersprache vergessen hätte. Eine Sprache, die dem Polnischen so ähnlich ist, daß sie oft für einen polnischen Dialekt gehalten wird, die aber neben vielen Entlehnungen aus dem Deutschen eine Anzahl urslawischer Wörter beinhaltet. Heute sprechen noch etwa 200.000 Menschen Kaschubisch. Allerdings nimmt die Zahl zusehends ab, da in der Schule auf »hochpolnisch« unterrichtet wird und viele sich schämen, in der Mundart zu sprechen, die mit hinterwäldlerischen Dorfbewohnern assoziiert wird.

Den besten Einblick in die kaschubische Volkskultur, in ihre Architektur, Fischfanggeräte, farbigen Webstoffe und seltenen Musikinstrumente bekommt man entweder im Kaschubischen Museum in *Kartuzy* (Karthaus; Di-So 8-15 Uhr) oder in dem großen Kaschubischen Freilichtmuseum in *Wdzydze* bei Kościerzyna (Berent; Di-So 10-16, Winter 11-14 Uhr). Wie der Name schon verrät, gibt es in Kartuzy auch ein Kartäuserkloster. Das ungewöhnliche Dach der Kirche soll der Form eines Sargs nachempfunden sein und damit an die strenge Ordensregel und die Ermahnung »memento mori« erinnern. Die ursprüngliche Kaschubei liegt aber eher auf dem Land, in den Dörfern. Fahren Sie z.B. abseits der Strecke Kartuzy – Lębork (Lauenburg) nach Chmielno, Brodnica oder Mirachowo und genießen die wunderschöne Landschaft, die mit ihren Wäldern und Seen an Masuren erinnert. Hier gibt es jedoch im Gegensatz zu Masuren eine malerische Vielfalt an kleinen Bauernfeldern, die in Masuren schon in der Junkerzeit

Kaschubisches Weihnachtslied

Wärst du, Kindchen, im
    Kaschubenlande,
wärst du, Kindchen, doch bei uns
    geboren!
Sieh, du hättest nicht auf Heu
    gelegen,
wärst auf Dauen weich gebettet
    worden. (...)

Gänsefleisch und Kuttelfleck
    mit Ingwer,
fette Wurst und goldnen
    Eierkuchen,
Krug um Krug das starke Bier
    aus Putzig.
Kindchen, wie wir dich gefüttert
    hätten
    Werner Bergengrün (Auszug)

Ein kaschubisches Musikensemble

und spätestens nach der Vertreibung und Kollektivierung verschwanden. Die Kaschuben hängen sehr an diesem schönen, aber landwirtschaftlich wenig ertragreichen Land. Sie behaupten, Gott habe sie bei der Landvergabe an alle Völker vergessen. Von einem weinenden Engel auf dies Versäumnis hingewiesen, habe Gott genommen, was in der großen Kiste noch übriggeblieben war: Lehm und Steine, kleine Seen und ein Stück Meeresküste, Flachland und spitze Hügel, dann habe er alles vermischt und so sei die Kaschubei entstanden.

Etwa 30 km von Lębork entfernt, liegt *Łeba* (Leba), ein beliebtes Seebad ohne große Kunstdenkmäler. Und das aus ersichtlichem Grund: vom Treibsand verschüttet, mußte die gesamte Siedlung im 16. Jahrhundert verlegt werden. Um den »Verursacher« dieser Verschüttung zu sehen, müssen Sie ein paar Kilometer westlich fahren (am besten bis zu einem Parkplatz in Rabka) und noch ein Stück zu Fuß zurücklegen. Bereuen werden Sie es nicht: sie stehen plötzlich vor einer grandiosen Wüstenlandschaft. Wie in der Sahara befinden sich auf der Nehrung zwischen der Ostsee und dem Leba-See mondsichelförmige bis zu 40 m hohe Dünen. Die Dünen wandern bis zu einem Meter pro Jahr gen Osten. Dabei verschlingen sie den Wald, der erst nach Jahren als unheimlicher Friedhof der toten Bäume wieder auftaucht. In Europa können mit dieser Landschaft lediglich die »Dune de Pilat« bei Arcachon in Frankreich oder die Dünen auf der kurischen Nehrung konkurrieren. Nicht nur diese Landschaft, sondern auch etwa 250 Vogelarten, seltene Säugetiere und endemische Pflanzenarten machen den hiergelegenen Slowinski Nationalpark so einmalig, der von der UNESCO in die Liste der wertvollsten Naturreservate der Welt aufgenommen wurde.

Die beeindruckende Wanderdüne von Łeba

Wie aus einem Bild Van Goghs
Über Elbląg (Elbing) und Ermland (Warmia) nach Masuren

Danziger Werder (Żuławy Gdańskie) nennt man das flache, teilweise unter dem Meeresspiegel liegende Land östlich von Danzig. Die fruchtbaren Böden mußten dem Meer jedoch erst mühsam abgerungen werden. Hierbei halfen diejenigen, die dies am besten konnten, die Holländer. Seit dem 17. Jahrhundert kamen holländische Einwanderer nach Polen. Recht häufig waren es Mitglieder anderswo unerwünschter Religionsgemeinschaften, z.b. der Mennoniten. Hier bauten sie Kanäle, Schleusen, Windmühlen und veränderten die Landschaft zum Nutzen der Bewohner. Dieses Land mit seinen zahllosen Weichseldelta-Armen, kleinen Fähren und Zugbrücken wirkt beruhigend und malerisch; an manchen Stellen so als sei es direkt einem Bild Van Goghs entnommen. Die Holländer hinterließen auch die »Vorlaubenhäuser« (domy podcieniowe), Häuser mit großen von Holzsäulen gestützen, vorkragenden Frontteilen. Man sieht sie auf dem Weg nach Elbląg in Koszwałdy. Die schönsten Vorlaubenhäuser stehen in Trutnowy, Marynowy und Lipce, einem Vorort von Danzig. Das Werder Gebiet trennt ein Sandwall vom Meer, der im Osten zur Frischen Nehrung wird.

Dort liegen die schon vor dem Krieg bekannten Badeorte Krynica Morska (Kahlberg) oder Stegny (Steegen) sowie das Konzentrationslager Stutthof (Museum: 8-18, Winter 8-15 Uhr) in *Sztutowo*. Zwei Drittel der 70.000 Opfer waren ungarische Juden, die, nachdem das Konzentrationslager zum Vernichtungslager umfunktioniert worden war, im Sommer 1944 dem irrationalen Wahn des NS-Staates zum Opfer fielen. Der Gegensatz zwischen den Gaskammern und den sorglosen Urlaubern am nahen Strand könnte nicht krasser sein.

Der Anblick der Altstadt von *Elbląg* (Elbing) ist sehr lehrreich: so könnte heute Danzig aussehen. Eine Grünfläche, in deren Mitte die rekonstuierte Nikolaikirche (kościół św. Mikołaja) steht, war bis vor kurzem alles, was von einer der reichsten Städte des baltischen Raumes, Danzig ebenbürtig, übriggeblieben war. Das Jahr 1945 überstanden ganze zwölf Häuserfassaden der Altstadt. 1956 wurden die Ruinen im Zuge der sogenannten »Ästhetisierung« der Stadt in eine Rasenfläche verwandelt. Jetzt ist man dabei, die Altstadt in einem behutsamen postmodernen Stil wiederaufzubauen. Etwa 50 Häuser sollten

Polskie dzieci: überall trifft man Kinder

originalgetreu rekonstruiert werden. Dem gingen extensive Ausgrabungen voraus. Wo sonst in Europa bietet sich die Chance, eine ganze, nicht gerade unbedeutende Stadt der frühen Neuzeit auszugraben. Vorausgesetzt, daß kein Kulturpalast bzw. heute wohl eher kein Kaufhausgigant im Stile eines Karstadt, Horten oder Hertie in die Altstadt hineingebaut wird, hat Elbing große Chancen, wieder eine schöne Stadt zu werden.

Etwa 30 km weiter, am Frischen Haff, liegt *Frombork* (Frauenburg), nicht zu unrecht »Stadt des Kopernikus« genannt. Hier verbrachte der 1473 in Thorn geborene Astronom über 30 Jahre seines Lebens. Der Überlieferung zufolge bekam er 1543 an seinem Sterbebett das erste Exemplar seines in Nürnberg gedruckten Buches »De Revolutionibus Orbium Coelestium« überreicht, demzufolge nicht die Erde sondern die Sonne im Mittelpunkt des Weltalls steht. Als unhaltbarer Widerspruch zu den Aussagen der Bibel wurde diese Theorie zunächst nur von Luther und Calvin scharf angegriffen. Erst 1616 brach der Vatikan sein langes Schweigen und setzte das Werk auf den Index der verbotenen Bücher, von dem es erst 1828 wieder entfernt wurde. Aber nicht nur als Ort der Erinnerung an einen großen Astronom ist Frombork einen Ausflug wert. Hier befindet sich der vielleicht schönste Sakralbau des ehemaligen Ordenslandes. Eine gewaltige Kathedrale (1329-1388; Di-So 9-16 Uhr) thront auf dem von Wehrmauern umgebenen Hügel. Ihre Giebelfassade mit

Der Frauenburger Dom samt des Frischen Haffes

zwei achteckigen Türmchen bleibt durch ihre ungewöhnliche Form in Erinnerung. Neben der klangvollen Orgel beachte man eine Gedenktafel aus dem Jahr 1735 für Nikolaus Kopernikus. Eine Kuriosität am Rande sind zwei barocke Grabplatten mit skulptierten Gerippen; der Künstler besaß augenscheinlich nur schwache Anatomiekenntnisse... Einer der Befestigungstürme der Wehranlage des Doms, die Radziejowski-Bastei, kann erklommen werden. Es heißt, der Ausblick reiche sogar bis nach Königsberg.

In Frombork befinden Sie sich schon in der historischen Region *Ermland* (Warmia). Zunächst Bistum im Deutschordensstaat, wurde es 1466 ausgegliedert und als autonomes Bistum Polen einverleibt. Ermland bildete eine katholische Enklave innerhalb des protestantischen Ostpreußens. Die Region hat die Form eines Dreiecks, das bei Frombork bis zum Haff reicht, sich nach Süden ausbreitet und Städte wie Braniewo (Braunsberg), Reszel (Rössel) und Olsztyn (Allenstein) einschließt. Hier liegen die sehenswerten Backsteinkirchen von Orneta (Wormditt) und Dobre Miasto (Guttstadt). Von größtem Eindruck ist aber die Residenz der Bischöfe von Ermland in *Lidzbark Warmiński* (Heilsberg). Außer der Marienburg gibt es keine Burg im ehemaligen Deutschordensstaat, die so gut erhalten ist wie die

Polskie bociany: überall Störche

Heilsberger Burg. In einmalig gutem Zustand sich auch der zweistöckige Kreuzgang um den Hof herum sowie die als Museum genutzten Innenräume mit Fresken und Skulpturen (Mi-So 9-16 Uhr). Sehenswert ist die Schloßkapelle. Barocke Steinmetze setzten in dem gotischen Sterngewölbe Akzente, indem sie an jeder Schnittstelle des Gewölbes pausbäckige Engelsköpfe plazierten. Einen künstlerischen Kontrast bildet die Galerie der modernen Malerei mit einigen qualitätvollen Werken und die ursprünglich aus Wojnowo, dem alten Eckartsdorf der Altgläubigen in Masuren stammende Ikonensammlung.

Die größte Stadt der Region, *Olsztyn* (Allenstein; ca. 200.000 Einwohner), verliert sich in endlosen häßlichen Betonblöcken. Trotzdem lädt das Stadtzentrum zu einem Spaziergang ein: der Rathausmarkt, die Jakobikirche (kościół św. Jakuba) mit seltenem Netzgewölbe, das Hohe Tor und die Burg des ermländischen Kapitels (Museum, Mi-So 10-16 Uhr) sind zu beachten. Von Allenstein fahren Sie entweder östlich in Richtung der etwa 60 km entfernten Masurischen Seenplatte oder nach Süden gen Warschau, wo Sie unterwegs auf keinen Fall das Freilichtmuseum von *Olsztynek* (Hohenstein), sowie die Ordensburg von *Nidzica* (Neidenburg) versäumen sollten.

Paradies der 3000 Seen
Masuren (Mazury)

Schon die geographische Eingrenzung der Region »Masuren« bereitet Schwierigkeiten. Da der Name Ostpreußen in Polen mit dem wenig geliebten Staat Preußen assoziiert und kaum mit einer geographischen Region verbunden wird, führte man 1945 die Bezeichnung »Warmia i Mazury«, Ermland und Masuren, ein. Damit sollte der gesamte, dem polnischen Staat eingegliederte Teil Ostpreußens abgedeckt werden. Heute versteht ein Pole unter »Mazury« (das »Warmia« wird häufig weggelassen) das Land etwa zwischen Suwałki und Iława (Deutsch Eylau), das heißt die Gegend mit den vielen Seen, herrlichen Wäldern und Hügel. Historisch war Masuren ein sehr viel kleineres Gebiet. Es erstreckte sich um die Große Masurische Seenplatte östlich von Ermland, und umfaßte all die Dörfer, deren Bewohner einen Dialekt des Polnischen, das Masurische, sprach.

Die herrliche Landschaft macht eindeutig die besondere Attraktivität Masurens aus. Sie ist das Werk riesiger Eismassen, die dieses Gebiet vor etwa einer halben Millionen Jahre besuchten und erst vor ca. 30.000 Jahren endgültig verließen, d.h. schmolzen. Die so entstandenen Geländeformen füllte das aufgetaute Eis später mit Wasser. So entstanden die berühmten, oft beschriebenen und wunderschönen 3.000 Seen – langgezogene tiefe Rinnenseen, große Flachseen, Stauseen oder, wie kleine Perlen in der Landschaft verstreut, die sogenannten Toteisseen. Die End- und Grundmoränen bilden bis zu 300 m hohe Höhenrücken, z.B. in Dylewska Góra (Kernsdorfer Höhe). Aus der Eiszeit stammen auch die riesigen eratischen Gesteinsblöcke, die von Eis- und Schuttmassen nicht zerrieben wurden und bis heute stolz in der Landschaft prangen, wie z.B. der »Tatarenstein« bei Nidzica (Neidenburg). Die riesigen Mischwälder der noch ursprünglich wirkenden Puszcza Piska (Johannisburger Heide) machen Masuren zu einem Naturparadies, das des öfteren mit Südfinnland verglichen wird. Das gesamte Gebiet ist als Naturpark geschützt, und es gibt eine Reihe der Öffentlichkeit nicht zugänglicher Reservate, in denen u.a. Kormorane, Biber, Höckerschwäne und Sumpfschildkröten ungestört leben. Ornithologen zählen 350 Vogelarten, einschließlich der seltenen Weiß- und Seeadler. Mit etwas Glück können Sie diese Vögel in der Nähe des Śniardwy-, bzw. Spirdingsees entdecken.

Die Stille Masurens

»... Im Rücken der Geschichte«
Die Menschen Masurens

»Im Süden Ostpreußens, zwischen Torfmooren und sandiger Öde, zwischen verborgenen Seen und Kiefernwäldern waren wir Masuren zu Hause – eine Mischung aus pruzzischen Elementen und polnischen, aus brandenburgischen, salzburgischen und russischen. Meine Heimat lag sozusagen im Rücken der Geschichte; sie hat keine berühmten Physiker hervorgebracht; keine Rollschuhmeister oder Präsidenten; was hier vielmehr gefunden wurde, war das unscheinbare Gold der menschlichen Gesellschaft: Holzarbeiter und Bauern, Fischer, Deputatarbeiter, kleine Handwerker und Besenbinder. Gleichgültig und geduldig lebten sie ihre Tage, und wenn sie bei uns miteinander sprachen, so erzählten sie von uralten Neuigkeiten, von der Schafschur und vom Torfstechen, vom Vollmond und seinem Einfluß auf neue Kartoffeln, vom Borkenkäfer oder von der Liebe.« (Siegfried Lenz: »So zärtlich war Suleyken«, Hoffmann und Campe Verlag, Hamburg 1955) – So seien die Masuren gewesen, nach einem, der es schließlich wissen muß. Lenz stammte aus ihrer Mitte, aus Lyck. Heute leben nur noch etwa 10.000-15.000 Masuren und der Streit, ob sie mehr Deutsche oder mehr Polen sind, ist praktisch gegenstandslos geworden.

1870 schrieb der Lemberger Historiker Wojciech Kętrzyński, der sich mit den Masuren so intensiv beschäftigt hatte, daß man nach ihm die Stadt Rastenburg 1945 in Kętrzyn umbenannte: »Obwohl ein Masure weiß und es selbst zugibt, daß er polnisch spricht, wird man von ihm selten hören, daß er Pole sei, eher

Der Pferdewagen dient oft immer noch als Fortbewegungsmittel

noch Preuße. Schon wegen ihrer Religion mag er keine Polen und hegt ihnen gegenüber keine Sympathie (...). Auf der anderen Seite ist er den Deutschen nicht sehr zugeneigt; was sie selbst merken und ihn der Unredlichkeit und Heuchelei bezichtigen«.

Die Polen aus Masowien wanderten seit dem 14. Jahrhundert nach Preußen aus und ließen sich im Süden des Landes, im Bereich der sogenannten »Großen Wildnis«, nieder. So waren die Dörfer um Sensburg, Johannisburg, Ortelsburg oder Neidenburg bis ins 19. Jahrhundert mehrheitlich von den Masuren bewohnt, in den Städten wohnten dagegen überwiegend Deutsche. Seit der offiziellen Annahme des protestantischen Glaubens 1525 verloren die Masuren allmählich das Gefühl der Zugehörigkeit zu den Polen, anders als beispielsweise die ebenso aus Polen zugewanderten katholischen Ermländer.

Obwohl die »Entdeckung« der masurischen Sprache – dieser Begriff wurde etwa 1870 in Deutschland offiziell eingeführt – eine klare politische Zielsetzung verfolgte, entfernte sich die Sprache der Masuren tatsächlich vom Hochpolnisch. Das Masurische behielt z.T. alte Formen und nahm eine Reihe deutscher Wörter auf. Dieser Dialekt wurde von den niedrigeren sozialen Schichten gesprochen, da er – außer zu Hause – nur in der Grundschule und der Kirche gesprochen wurde, nicht aber an weiterführenden Schulen, Ämtern etc. Die deutsche Assimilierung war folglich ein »Muß« für jeden, der über Kirche und Grundschule hinausblickte. Ab 1871, als Deutsch im Sinne des Volkskampfes in allen Schulen als ausschließliche Unterrichtssprache eingeführt wurde, ging die Anzahl der polnisch sprechenden Masuren rapide zurück. Nach einer Volkszählung in Deutschland im Jahre 1910 machten sie nur in fünf Kreisen über 50% der Bevölkerung aus, 15 Jahre später in den gleichen Kreisen nur zwischen 10 und 30%. Die gesprochene Sprache spielte bei der Frage nach einer etwaigen propolnischen Einstellung keine Rolle: knapp ein Prozent entschied sich 1920 in einem Plebiszit, in dem über die Zusammengehörigkeit des südlichen Ostpreußen entschieden werden sollte, für Polen. Zu unsicher schien ihnen das »Experiment namens Polen« angesichts seiner Rückständigkeit und der Roten Armee vor den Toren Warschaus.

1945 wurden alle masurischen Gebiete dem polnischen Staat einverleibt. Aber die Hoffnung der Machthaber, daß die verbliebenen 80.000 Masuren (1947) sich bald als Polen identifizieren würden, erwies sich als Trugschluß. Schon die erste Begegnung verstärkte das bereits vorhandene Mißtrauen. Die Polen, die nach Kriegsende kamen, um zu plündern, machten unter ihren Opfern – Deutsche oder Masuren – keinen Unterschied. Aber auch später, als geregeltere Zustände eintraten, waren die neuen Siedler, die oft selbst aus dem nun sowjetischen Litauen ausgewiesen worden waren, den Masuren keinesfalls besonders freundlich gesonnen. Sie galten als »zu deutsch« und waren nicht katholisch. Aufgrund der »masurischen Abstammung«, wobei die Kenntnis dieses polnischen Dialekts entscheidend war, hatte ein jeder das Recht auf die polnische Staatsangehörigkeit. Der von Seiten des Machtapparats erhoffte Andrang bei dieser sogenannten Verifizierung blieb aber aus. In Wirklichkeit waren es sehr wenige, die sich »das Anstehen nach dem Masurenschein«, wie es die Betroffenen selbst ironisch nannten, zum Ziel machten. So wurden bis zum Ende der Stalinzeit große Dorfversammlungen abgehalten, in denen abwechselnd die Vorzüge der »richtigen Entscheidung« und die bürokratische Schikane für die

»Stursinnigen« nahegelegt wurden. Zudem wuchs das Mißtrauen unter den Masuren, als man den ideologischen Hintergrund erkannte, nämlich das Bestreben, in den ländlichen Gegenden die Kollektivierung durchzuführen. Diese Politik, eine Mischung aus Unwissenheit, Dogmatismus und schlichtweg schlechtem Willen, brachte bald Früchte: bei der Mehrheit dieser Ethnie entstand der Wunsch, so schnell wie möglich nach Deutschland auszuwandern. Spätestens seit 1956 wurde dieser Wunsch in die Tat umgesetzt. Nach der polnischen Statistik wanderten zwischen 1952 und 1984 etwa 105.000 Masuren und Ermländer offiziell in die beiden deutschen Staaten aus, der Großteil in die Bundesrepublik Deutschland. Heute beträgt die Zahl der Masuren (nicht der Einwohner Ermlands) kaum mehr als 10.000. Berichte, die von weit über 10.000 sprechen, sind kritisch zu betrachten und stammen oft von den Funktionären der Vertriebenenverbände, die die Zahl der deutschen Minderheit in Polen gern in die Höhe treiben. Eine Rolle spielt hierbei auch das berühmte Ost-West-Gefälle und der damit verbundene Traum vieler Polen von den ökonomischen Vorzügen der Bundesrepublik. So besinnen sich viele auf ihre deutschen Vorfahren, mag es sie gegeben haben oder nicht.

So endet die Geschichte der Masuren, die Tragik der Menschen, aus denen der polnische Staat zu schnell, zu ungeschickt und mit einer schlechten ökonomischen wie politischen Ausgangsposition »Urpolen« machen wollte. Der Staat scheiterte kläglich; aber – und dies ist viel tragischer –, die Masuren scheiterten auch. Ihre Existenz als eigenständige Volksgruppe hat ein Ende gefunden. Ironie der Geschichte: was der deutsche Staat über Hunderte von Jahren nicht geschafft hat – nämlich aus den Masuren Deutsche zu machen – ist in 45 Jahren der Volksrepublik Polen gelungen. Versuchen Sie es selbst: fragen Sie einen Masuren (oder einen Ermländer oder einen Oberschlesier) nach seiner slawischen Herkunft. Die Assoziationen zum Thema Polen sind so negativ, daß es nur eine Antwort auf Ihre Frage geben kann: »Wir sind und waren schon immer deutsch!«.

Auch die Menschen haben hier im Laufe der Jahrhunderte sichtbare Spuren hinterlassen: die Burgen der Deutschordensritter, die Wallfahrtskirche in Święta Lipka (Heiligelinde) sowie ein wenig rühmliches Denkmal der jüngsten Vergangenheit: Hitlers Hauptquartier bei Kętrzyn (Rastenburg). Masuren hat viel mehr als die touristischen Zentren zu bieten: einsame Seen und endlose Wälder, eine heutzutage in Europa kaum mehr zu vermutende Naturlandschaft warten darauf entdeckt zu werden. Sie besorgen sich am besten am Kiosk oder in einer Buchhandlung die Karte »Wielkie Jeziora Mazurskie« und ziehen auf eigene Faust los. Wollen Sie dieses Paradies jedoch erhalten, so bewahren Sie die schönsten Stellen als Geheimtip für sich.

Beliebter Ausgangspunkt ist *Mrągowo* (Sensburg), ein etwa 20.000 Einwohner zählendes Städtchen, in dem Sie Übernachtungsmöglichkeiten vom einfachen Zeltplatz bis hin zum Hotel »Mrongovia«, einem der

Święta Lipka (Heiligelinde) – ein Denkmal der Gegenreformation

besten Hotels in ganz Polen, finden. Ähnliches gilt für *Mikołajki* (Nikolaiken), etwas weiter im Osten gelegen. Auf Ausflugsschiffen kann man die Gegend von hier aus erkunden. Die vielleicht schönste Route führt über eine Wasserschleuse entlang der Rinnenseen nach Ruciane-Nida (Rudschanne). Mikołajki ist die Heimat des »Stinthengstes«, des Königs der Fische, von dem eine Legende erzählt. Gefangen, versprach er den Fischern all ihre Wünsche zu erfüllen, wenn sie ihn nur wieder ins Wasser ließen. Die gerissenen Fischer erfüllten den Wunsch des Fisches, ketteten ihn aber zuerst an das Ufer. Und so ist der Fisch bis heute (als Skulptur) am Markt sowie unter der Eisenbahnbrücke zu sehen. Von Sorkwity (Sorquitten) kann man per Paddelboot auf dem *Krutynia Fluß* (Krutinnen) bis kurz vor Mikołajki fahren – bis vor kurzem noch ein Geheimtip. Für die gesamte Strecke von 110 km brauchen Sie allerdings etwa zehn Tage. Ein zweitägiger Ausflug bietet sich von dem Dorf Spychowo nach Krutyń an. Man gleitet wie durch einen grünen Tunnel aus dichtem Wald über glasklares Wasser mit funkelnden Steinchen. Diese Naturkulisse und eine beinahe unheimliche Stille machen den unvergleichlichen Reiz dieses Ausflugs aus. Wenn Sie aus Zeitgründen nur einen Vorgeschmack bekommen können, lassen Sie sich in Krutyń von den Dorfbewohnern, die inzwischen auf deutsche Touristen spezialisiert sind, auf Flößen den Fluß entlang staken. Die Preise entsprechen allerdings westlichem Niveau.

Mit der stündlich verkehrenden Fähre ab Wierzba bei Mikołajki erreichen sie das Ufer des *Śniardwy*

(Spirdingsees) in der Nähe des Dorfes Popielno. Manchmal wird der Spidingsee, der mit seinen 110 km² größte masurische See, auch als Meer bezeichnet. Bei einem heftigen Gewitter scheint der See sich zu verwandeln und die Ufer verschwimmen. In Popielno befindet sich ein zoologisches Forschungsinstitut (Besichtigung möglich), in dem versucht wird, bereits ausgestorbene Tierarten, wie z.b. die Tarpane, wilde europäische Pferde, zu züchten. In dem großen Waldgebiet südlich von Popielno konnte bereits eine Herde Tarpane ausgesetzt werden.

Nördlich von Mikołajki oder Mrągowo erwarten Sie weitere Sehenswürdigkeiten, so etwa die berühmte Wallfahrtskirche *Święta Lipka* (Heiligelinde), die der Architekt Ertly aus Wilna, ein gebürtiger Tiroler, zwischen 1687 und 1730 baute. Der Legende nach erschien die Muttergottes dem Gefangenen in der Nacht vor seiner Hinrichtung und befahl ihm, ihr Abbild in Holz zu schnitzen. Von den verdutzten Richtern freigelassen, hängte der Mann die Skulptur an einer Linde auf. Genau an dieser Stelle errichtete man die Kirche. Soweit die Legende. Tatsächlich entstand das Wallfahrtszentrum schon im 15. Jahrhundert und wurde Anfang des 17. Jahrhunderts durch den polnischen König Sigismund III. Wasa entscheidend gefördert. Er wollte damit die gewünschte Rekatholisierung Preußens, dessen Herzog sein Lehnsmann war, vorantreiben. Die barocke, gelb gestrichene, pompöse Anlage will nicht so recht in diese ganz von Backstein geprägte Welt passen, auch wenn einheimische Künstler an dem Bau beteiligt waren. Treten Sie ein und lassen sich von der illusionistischen Malerei zu den Klängen der kirmesartigen Orgel beeindrucken (stündliche Vorführungen). Beim letzten Musikstück der Vorführung, der Ogiński-Polonaise, scheint sich die Orgel zu verselbständigen: Maria neigt ihr Haupt, winkt huldvoll, Engel blasen die Trompeten, Sternchen wirbeln herum...

In der Nähe von Heilgelinde, historisch schon zu Ermland gehörend, liegt *Reszel* (Rössel) mit einer gut erhaltenen Bischofsburg aus der zweiten Hälfte des 14. Jahrhunderts. Auch *Kętrzyn* (Rastenburg) sollte nicht ausgelassen werden: die kleine Ordensburg beherbergt das Heimatmuseum, die Wehrkirche besitzt seltene spätgotische Kristallgewölbe und einen schräg verzogenen Chor. So sollte die Kirche vermutlich der Wehrmauer angepaßt werden. In Richtung sowjetischer Grenze liegt *Drogosze* (Dönhoffstädt) mit einem klassizistischen Herrenhaus, dem Sitz der bekannten Dönhoff-Familie, das allerdings schon im 19. Jahrhundert in den Besitz einer anderen Adelsfamilie gelangte.

Im Gegensatz zu diesen von Touristen wenig beachteten Bauten erfreut sich die *Wolfsschanze* großen Interesses (bei Gierłoż, ca. 8 km von Kętrzyn entfernt, Di-Mo 8-18 Uhr). Besetzte Parkplätze, gesäumt von Limonaden- und Bernsteinverkäufern, zeugen davon. Die Wolfsschanze, eine riesige Anlage von 2,5 km² mit mehreren Betonbunkern, die bis

Schloß Sztynort (Steinort) hat schon bessere Zeiten gesehen

zu 6 m dick sind, wurde ab Herbst 1940 von der Organisation Todt erbaut und am 20.1.1945 von den abziehenden Deutschen in die Luft gesprengt. Eine Tafel erinnert an das mißglückte Attentat auf Hitler durch Claus Graf von Stauffenberg vom 20.7.1944.

Weiter im Nordosten liegt *Sztynort* (Steinort) mit dem heute schwer heruntergekommenen Schloß der Familie Lehndorff. Drei Kilometer weiter führt eine Brücke über den Mamry (Mauersee), der aus vielen kleineren Wasserbecken gebildet wird. Achten Sie hier auf die seltenen Vögel. Kormorane, Milane oder sogar Adler sind hier keine Seltenheit. Die ruhige Schönheit dieses Landes wird Sie hier wie an vielen anderen Orten Masurens bezaubern – solange kein Bus voll lärmender Touristen die Idylle stört.

Abseits des Touristenrummels
Der unbekannte Nordosten

Der Nordosten Polens hat – Masuren vergleichbar – wundervolle große Seen und herrliche Wälder zu bieten; interessant ist zudem die ethnische Vielfalt in diesem Gebiet. Dort leben Polen zusammen mit Weißrussen, Litauern, Russen (Altgläubigen) und sogar Tataren. Wenn Sie Ihre Ansprüche an Reisekomfort westlichen Standards etwas zurückschrauben, werden Sie reich belohnt und ein Polen abseits des deutschpolnischen Touristenrummels von Masuren entdecken.

Die größte Stadt der Region, *Białystok* (ca. 260.000 Einwohner), ist seit dem Mittelalter bekannt, seine Blüte als Zentrum der Textilindustrie und harter Konkurrent zu Lodsch erlebte es aber erst im 19. Jahrhundert. Damals gehörte es ebenso wie zwischen 1939 und 1941, als die Stadt als Beute an die Sowjetunion fiel, zu Rußland. Białystok war damit die einzige Gebietserweiterung des Stalinimperiums nach dem Hitler-Stalin Pakt, die nach 1945 wieder rückgängig gemacht wurde. Einige orthodoxe Kirchen zeugen von der russischen Herrschaft, so z.B. die klassizistische Nikolaus-Kirche (cerkiew Mikołaja), deren Fresken der Sophienkathedrale von Kiew entlehnt sind. Sehr viel wertvoller sind die Fresken in dem nahegelegenen Supraśl, die sich heute in einem orthodoxen Priesterseminar befinden. Sie stammen aus der dortigen orthodoxen Wehrkirche (16. Jahrhundert), die 1944 zerstört wurde. Ebenfalls spätestens 1944 wurde die Białystoker Welt des ostpolnischen Judentums vernichtet. Die jüdischen Bewohner wurden vergast, unzählige Kunstdenkmäler wie z.B. die Holzsynagogen aus dem 17. und 18. Jahrhundert, wahre Meisterwerke der Zimmermannskunst (Zabłudów, etc.), wurden zerstört.

Erhalten blieb dafür das »polnische Versailles«, wie man das Schloß der Branicki Familie (1728-1758) bezeichnete. Aus der Tradition der Festungsarchitektur stammen die zwei flankierenden Türme, die für die polnischen Paläste und Landsitze der Barockzeit so charakteristisch sind. Der riesige »Court d'honneur«, der Ehrenhof, erinnert dagegen tatsächlich an Versailles.

Abgesehen von den zwei schönen Klöstern von Sejny und Wigry, ist eine Fahrt von Białystok nach Norden in die Regionen von Suwalki und Augustow primär wegen der Schönheit der Natur empfehlenswert. Der *Augustów Urwald* (puszcza Augustowska) ist mit seinen 1.000 km² die

Im Nordosten Polens gibt es eine große orthodoxe Minderheit

größte bewaldete Fläche Polens. Zu den vielen Seen zählt der tiefste See der europäischen Tiefebene, der kleine Hańcza (108 m tief). Die Gegend um den malerischen Wigry-See mit seiner erstaunlich vielfältigen Fauna und Flora wurde 1989 zum Nationalpark erklärt.

Östlich von Białystok wird der ethnologisch interessierte Reisende staunen: zwei Dörfer *(Kruszyniany und Bohotniki)*, in denen Tataren wohnen, deren Anzahl im Laufe der letzten Jahre allerdings rapide zurückgegangen ist. Der tatarische Oberst Murza-Krzeczowski kämpfte im 17. Jahrhundert an der Seite von König Jan III. Sobieski gegen die Türken und wurde dafür mit diesen Dörfern belohnt. Die Dankbarkeit des Königs erwarb sich Murza-Krzeczowski in der Parkany-Schlacht in Ungarn, als er Jan III. das Leben rettete. Besonders sehenswert ist die Holzmoschee aus dem 18. Jahrhundert in Kruszyniany.

Einzigartiges erwartet Sie in dem orthodoxen Wallfahrtsort *Grabarka* bei Siemiatycze. Alljährlich in einer Augustnacht wird hier ein mittelalterlich anmutendes Mysterium zelebriert. In der Nacht des orthodoxen Verklärungsfestes tragen die Gläubigen bei Kerzenlicht, monotone Melodien summend, schwere Kreuze den Kirchenhügel hinauf. Je größer die im Vorjahr begangene Sünde, desto größer das Kreuz. Ungefähr 17.000 Kreuze stehen schon auf dem Hügel – ein unvergeßliches Erlebnis!

Das Branicki-Schloß von Białystok, auch Klein-Versaille genannt

Zurecht bezeichnet man den *Białowieża Urwald* (Puszcza Białowieska) als einzigen Urwald Europas, da es sich tatsächlich um einen Primärwald handelt, also einen Wald, der nie von Menschenhand verändert wurde. Über Jahrhunderte Jagdgebiet der Könige, blieb dieser Wald naturbelassen und geschützt. Auf einem Gebiet von 1.250 km² leben bis heute Luchse, Wölfe, Elche und Wisente. 1914 zählte man hier noch 700 Exemplare der dem nordamerikanischen Bison verwandten Wisente. Proviantschwierigkeiten der deutschen Armee und Wilderer trugen dazu bei, daß die Tiere am Ende des Ersten Weltkrieges in Białowieża ausstarben. Als 1925 auch im Kaukasus der letzte Wisent starb, hatte es den Anschein, als ob diese mächtigen Tiere das Schicksal des Auerochsen, dessen weltweit letztes Exemplar 1627 bei Warschau erlegt wurde, geteilt hätten. Glücklicherweise gelang es den Zoologen, mit einigen wenigen Wisenten, die in den zoologischen Gärten lebten, eine neue Population aufzubauen, die heute in Białowieża über 200 Tiere zählt. Der Nationalpark (1929) umfaßt als strenges Schutzgebiet nur einen Teil (5000 ha) des sich auf beiden Seiten der Grenze erstreckenden Waldkomplexes. So kann nur ein Bruchteil mit einem Führer besichtigt werden (Informationen im Museum des Nationalparks, Białowieża, Park Pałacowy 39). Die Chance, einen Wisent zu erblicken, haben Sie – aber leider nur einen ausgestopften – im Museum oder in einem Schaugehege

Wer würde in Bohotniki eine 200 Jahre alte Holzmoschee erwarten?

an der Straße zwischen Białowieża und Hajnówka. Einige interessante Touristenpfade führen in das bewaldete Schutzgebiet im Umkreis des Nationalparks.

Kurz vor der weißrussischen Grenze angelangt, haben Sie im Uhrzeigersinn eine große Reise durch Polen gemacht. Wenn dieses Reisebuch Ihren Blick für das Land Polen und seine Bewohner ein wenig geschärft hat, so ist seine Aufgabe erfüllt.

Wolf, Wisent und ein Atomkraftwerk

Jeder dritte Storch Europas lebt in Polen! Sie brauchen also nicht lange zu warten und müssen nicht in die entlegensten Winkel der Wälder gehen, wenn Sie einen Hirsch, Storch sowie viele andere Tierarten beobachten wollen. Soll es ein Elch oder Wisent sein, müssen Sie schon etwas weiter fahren, aber es gibt diese seltenen Tiere noch in Polen, vor allem im Norden und Südosten des Landes. Dort überlebten auch die großen Raubtiere wie Wölfe und Luchse. Obwohl der Wolf gejagt werden darf, steigt seine Population ständig; vor kurzem zählte man 500 Exemplare. Dagegen nehmen die unter Naturschutz gestellten großen Katzen, Luchse und Wildkatzen, seit der letzten Zählung (250 Exemplare) immer mehr ab.

Der Schutz der polnischen Naturgebiete läßt zu wünschen übrig. Auch in diesen in ganz Europa einmaligen Naturreservaten stirbt die Flora und Fauna zusehends als Folge der fortschreitenden Industrialisierung. So sind 40 Arten von Wirbeltieren vom Aussterben bedroht. Bald werden weitere Tiere das Schicksal der Auerochsen oder Wildpferde teilen, die man nur noch aus Büchern kennt. 1982 wurde beispielsweise der letzte polnische Trappe, der größte europäische Vogel, tot aufgefunden.

In Polen gibt es 17 Nationalparks, weitere sieben sind geplant. Aber auch in diesen Nationalparks sind keine Primärwälder mehr zu finden. Die Ökologen nennen die in polnischen Nationalparks geschützten Wälder daher etwas umständlich »den natürlichen Wäldern verwandt«. Eine eindrucksvolle Ausnahme ist der Białowieża Urwald, von dessen 270 km^2 ein Fünftel tatsächlich als ursprünglich bezeichnet werden kann. Hier soll ein gemeinsames polnisch-weißrussisches Schutzgebiet entstehen. Auf der Umweltkonferenz von 1992 beschloß man sogar, einen dreistaatlichen Nationalpark zu schaffen, und zwar in dem Dreieck zwischen der Ukraine, Polen und der Slowakei. Die UNESCO vergab drei polnischen Nationalparks (Słowiński, Białowieski und Babiogórski) sowie einem Schutzgebiet (Łuknajno-See bei Mikołajki) den Titel »Biosphärenreservat des Welterbes«, was zumindest theoretisch auch finanzielle Unterstützung für ihren Erhalt bedeutet.

Neulich erweckte die Absicht, den gesamten Nordosten des Landes zu einem riesigen Schutzgebiet zu erklären, die Aufmerksamkeit der Öffentlichkeit. Von der Regierung in Warschau gebilligt, fand der Entwurf bei vielen Umweltorganisationen in Westeuropa großen Zuspruch, z.B. bei der Stiftung Europäisches Naturerbe mit der Schirmherrin Simone Veil. Immerhin macht das Gebiet 15% des ganzen Landes aus, darunter die masurische Seenplatte, den Urwald Białowieża und die Biebrza Sümpfe. Letztere bilden das flächenmäßig größte Sumpfgebiet in Europa (die GUS-Staaten ausgenommen), das sich beiderseits eines Flusses erstreckt, der in seiner vollen Länge (120 km) der einzige naturbelassene Wildfluß des Kontinents ist. 253 der 280 Brutvogelarten Europas leben hier: ein Paradies für Ornithologen, u.a. wenn die bunten Kampfläufer im Frühling ihre Balztänze vorführen. Die zahlreichen Elche werden von den Förstern jedes Jahr im Frühling per Hubschrauber gezählt.

Innerhalb der politischen Szene Polens formierten sich in den 80er Jahren Gruppen, die den Naturschutz auf ihr Banner geschrieben hatten. Sie bilden bis jetzt – angesichts der Aufgaben – allerdings eine Minderheit. Die ersten polnischen »Grünen«, die »WiP«-Partei (Wolność i Pokój, Friede und Freiheit), haben sich bereits in zwei Auseinandersetzungen bewährt. Der Bau des Atomkraftwerks in Żarnowiec bei Danzig wurde gestoppt. Eine Abstimmung in der Region ergab 60% der Stimmen gegen den geplanten ersten polnischen Bau à la Tschernobyl. Der Kampf um die Einstellung der Bauarbeiten des Staudamms zwischen der Hohen Tatra und dem Pieniny-Gebirge geht noch weiter. Die Gegend gleicht allerdings schon einer Mondlandschaft. Einen größeren Kontrast zwischen dieser Landschaft und beispielsweise dem unberührten Urwald von Białowieża kann man sich kaum vorstellen.

Adam Wajrak (übersetzt von Tomasz Torbus)

Tips und Informationen

Allgemeines

Die Republik Polen (Polska Rzeczpospolita) liegt in Mitteleuropa. Mit einer Fläche von 312.683 km² ist sie etwas größer als die alten Bundesländer der Bundesrepublik Deutschland. Als einziges Land der Erde wechselte Polen seit 1989 alle seine Nachbarn, die 524 km lange Ostseeküste ausgenommen: die DDR wurde der Bundesrepublik Deutschland angeschlossen, aus der ČSSR wurden die Tschechische Republik und die Slowakei, die UDSSR wurde zu Rußland (gemeint ist das »Kaliningrader Gebiet« um Königsberg), Litauen, Weißrußland und der Ukraine. Mit der beinahe gleichen Ausdehnung von Ost nach West wie von Nord nach Süd (um 650 km) bildet Polen fast die Form eines Quadrats. Polens Fahne ist weiß-rot; der weiße Adler ziert das Wappen. Die Republik ist verwaltungstechnisch in 49 Woiwodschaften eingeteilt. Polen ist ein einnationaler Staat. Die nationalen Minderheiten, v.a. Ukrainer, Deutsche und Weißrussen, machen ca. 2% der Gesamtbevölkerung aus. Diese ist zu 95% römisch-katholisch.

Anreise

Die Bürger der Bundesrepublik Deutschland sowie Österreichs und der Schweiz benötigen kein Visum. Mit einem Reisepaß, der länger als drei Monate gültig ist, erhalten Sie einen drei Monate gültigen Einreisestempel.

Die wichtigsten westlichen Grenzübergänge: Pomellen/Kołbaskowo (bei Szczecin/Stettin), Świecko (bei Frankfurt a.d. Oder), Forst/Olszyna an der Autobahn nach Wrocław/Breslau, sowie Görlitz/Zgorzelec. Beachten Sie, daß der Übergang auf der Insel Usedom nur für Fußgänger geöffnet ist. Es gibt ferner mehrere Grenzübergänge in die Tschechische Republik und die Slowakei, aber nur drei international geöffnete Grenzübergänge in die Nachfolgestaaten der Sowjetunion: Medyka (Richtung Lwów/Lemberg), Terespol/Brest (Richtung Moskau) und Ogrodniki nach Litauen. Über die Eröffnung weiterer Grenzübergänge (so z.B. in die russische Exklave Kaliningrad/Königsberg) wurde seit langem in bilateralen Gesprächen verhandelt; im Sommer 1993 wurden zwei Grenzübergänge (Gronowo, Bezledy) eröffnet. Außer in der Weihnachtszeit und an den östlichen Grenzübergängen mit im Sommer unzumutbaren Wartezeiten, ist es in der Regel kein Problem, mit einem PKW über die Grenze zu kommen. Anreisen können Sie ferner mit dem Flugzeug (nach Warszawa aus Frankfurt/M., Berlin, Hamburg, Köln, München, Zürich und Wien; sowie nach Gdańsk oder nach Kraków). Die schnellste Zugverbindung sind die zwei Eurozüge Berlin-Warszawa, die für diese Strecke 5½ Stunden benötigen. Ein Autoreisezug der TUI verkehrt im Sommer zwischen Hannover und Iława (Deutsch Eylau). Von mehreren skandinavischen Häfen sowie aus Travemünde gibt es Fährverbindungen nach Świnoujście (Swinemünde), Gdynia (Gdingen) oder Gdańsk.

Auskünfte

Am besten werden Sie in den Polorbis-, bzw. Orbis-Büros informiert: Warschauerstr. 5, 10243 Berlin (Tel. 030/ 589 45 30 u. 589 49 69); Ernst-Merk-Str. 12-14, 20099 Hamburg (Tel. 040/ 24 81 03); Hohenzollernring 99-101, 50672 Köln (Tel. 0221/52 00 25); Rotebühlstraße 51, 70178 Stuttgart (Tel. 0711/61 24 20 u. 61 37 11), Schwedenplatz 5; A-1010 Wien (Tel. 63 08 10). Für Informationen über die Flugverbindungen wenden Sie sich an die Büros der Fluggesellschaft LOT: Karl-Marx-Allee 98, 10243 Berlin (Tel. 030/589 33 56 u. 589 33 81); Wiesenhüttenplatz 26, 60329 Frankfurt/M. (Tel. 069/23 19 81/ 23 57 04); Trankgasse 7-9, 50667 Köln (Tel. 0221/13 30 78/13 30 79); Ernst-Merck-Str. 12-14, 20099 Hamburg (Tel. 040/24 47 47).

In Polen selbst bekommen Sie in den Orbis-Büros, den besseren Hotels oder bei der Touristeninformation (»IT«) Auskünfte: Warszawa: IT-Büro, Plac Zamkowy 1/13 (Tel. 635 18 81/31 04 64); Kraków: ul. Pawia 6 (Tel. 22 04 71/ 22 60 91), Rynek Główny 41 (Tel. 22 30 44); Gdańsk, Heweliusza 27 (Tel. 31 43 55/31 66 37); Wrocław: Rynek 38 (Tel. 44 31 11/44 76 79); Poznań, Stary Rynek 59 (Tel. 52 61 56); Szczecin, ul. Tkacka 55 (Tel. 37 918)

Autofahren

Außer dem nationalen Führerschein benötigen Sie die Grüne Versicherungskarte. Der Zustand der Straßen ist im Allgemeinen akzeptabel. Allerdings ist auf den alten, noch von Hitler gebauten Autobahnen (bei Stettin, Forst-Breslau), auf manchen Seitenstraßen sowie in den Städten mit Schlaglöchern zu rechnen. Die vorgeschriebenen 60 km/h in Ortschaften sollten eingehalten werden, nicht zuletzt wegen häufiger Radarkontrollen. Außerhalb dürfen Sie theoretisch nur 90 km/h und auf Schnellstraßen 110 km/h fahren. Und doch ist Vorsicht geboten: der landesübliche Fahrstil ist ausgesprochen rasant, und oft lassen die Fahrkünste einiges zu wünschen übrig. Betrunkene, Mütter mit Kinderwagen oder unbeleuchtete Pferdewagen sind beinahe schon gängige Straßenverzierungen. Die Promillegrenze liegt bei 0,2%. Eine generelle Anschnallpflicht, sowie im Herbst- und in den Wintermonaten Abblendlicht den ganzen Tag über sind Vorschrift. Vorfahrt hat das Auto im Kreisverkehr und grundsätzlich jede Straßenbahn. Ein grüner Pfeil an Ampeln erlaubt dem Fahrer auch bei Rot rechts abzubiegen (Fußgänger beachten!). Bei Bahnübergängen drosseln Sie Ihre Geschwindigkeit lieber auf ein Minimum, da die Schienen sehr hoch aus dem Boden stehen und Sie einen Achsenbruch lieber vermeiden sollten.

Seit kurzem ist bleifreies Benzin kein Problem mehr. Trotzdem warten Sie lieber nicht bis zur letzten Tankmöglichkeit.

Wegen der Diebstahlgefahr (s. Gefahren) erlaubt kaum eine Autovermietung in Deutschland, mit einem ihrer Mietwagen nach Polen zu fahren. Im Land selbst gibt es inzwischen Niederlassungen vieler internationaler Autoverleih-Firmen (Avis, Hertz etc.). Warschau: Orbis-Herz, ul. Nowogrodzka 27 (Tel. 21 13 60), Suharda (Tel. 25 47 78), Avis (Tel. 46 98 72).

Baden

Tausende von Seen in Masuren und Pommern sowie die Ostsee haben noch sauberes Wasser, in dem man ohne Bedenken baden kann. Gleichgültig, ob es gegenwärtig erlaubt ist oder nicht, ist das Baden in der Danziger Bucht (Zatoka Gdańska) nicht empfehlenswert. Sie würden dort in einem Verschnitt der mittelosteuropäischen Industrieprodukte schwimmen. Zum Nacktbaden gibt es mehrere inoffizielle FKK-Strände (z.b. auf der Hela Halbinsel sowie bei Dębki an der Küste westlich der Władysławowo etc.). Polnische »Naturzyści«, Nacktbader, aus den Großstädten wurden allerdings schon einmal von den durch die örtlichen Priester aufgewiegelten Kaschuben verjagt. Interessenten wenden sich an die FKK-Zeitschrift »Nago«, Łódź, Sienkiewicza 11/13 (Tel. 33 88 83/-84/-85).

Botschaften

Botschaft der Bundesrepublik Deutschland: ul. Dąbrowiecka 30, 03-932 Warszawa/Warschau (Tel.: 17 30 11) Generalkonsulate: Gdańsk/Danzig, ul. Zwycięstwa 23 (Tel. 058-41 49 80); Kraków/Krakau, ul. Stolarska 7 (Tel. 012-21 84 73); Szczecin/Stettin, ul. Królowej Korony Polskiej 31, (Tel. 091-22 52 12); Wrocław/Breslau, ul. Podwale 74 (Tel. 071-44 20 07)
Botschaft der Republik Polen: Konsularabteilung, Leyboldstr. 74, 50968 Köln (Tel. 0221/380 02 61); Generalkonsulat: 10117 Berlin, Unter den Linden 72, (Tel. 030/220 25 51); Generalkonsulat: 22301 Hamburg, Maria-Louisen-Str. 137 (Tel. 040/48 70 14)

Camping

Es gibt über 250 Campingplätze in Polen, die in der Regel von Anfang Mai bis Ende September geöffnet sind (manche erst ab 15. Juni). Sie sind in drei Kategorien eingeteilt, wobei die Preise pro Person auf jedem Fall unter 10 DM liegen. Dazu kommt eine große Anzahl unbewachter Zeltplätze (miejsca biwakowe). Fragen Sie bei Polorbis oder versuchen Sie, in einer Buchhandlung in Polen die möglichst neueste Ausgabe der Karte »campingi w Polsce« zu bekommen. Eine Alternative zum Zelt bieten oftmals kleine Bungalows, die man auf den Campingplätzen mieten kann. Jede größere Stadt in Polen sowie landschaftlich reizvolle Gegenden haben einen Campingplatz. Wild campen sollten Sie erst, nachdem Ihnen der Förster oder der Besitzer des Grundstücks die Erlaubnis dazu gegeben hat (meistens problemlos).

Feiertage

Die katholischen Feiertage, Weihnachten, Ostern, Mariä Himmelfahrt, Fronleichnam und Allerheiligen (außer Pfingsten und Karfreitag) sind arbeitsfreie Tage. Sie waren es interessanterweise auch schon in kommunistischer Zeit. An Stelle des abgeschafften Nationalfeiertags, dem 22. Juli, führte man den 11. November, den Jahrestag der Wiedererlangung der Unabhängigkeit 1918, wieder ein.

Festivals/Feste

Es gibt in Polen eine Reihe von interessanten Festivals. Zu den wichtigsten zählen: der Chopin-Klavierwettbewerb alle fünf Jahre in Warschau (Okt. 1995), das Festival der Chormusik »Wratislawia Cantans« alljährlich im September in Breslau, das Festival der Kurzfilme jeden Juni in Krakau, das Jazz-Jamboree Festival jeden Oktober in Warschau und »Jazz nad Odrą«, Jazz an der Oder jeden März in Breslau.

Die polnische Subkultur lernt man am besten auf dem dreitägigen Rockfestival in Jarocin in Großpolen südlich von Posen kennen, jedes Jahr im Juli. Volkskundlich hochinteressant und ein phantastisches Feld für jeden Hobbyphotographen sind die religiösen Feste und Mysterienspiele, z.B. in Łowicz, Kalwaria Zebrzydowska oder Grabarka.

Fischfang/Jagd

Eine Angellizenz für 7, 14 oder 21 Tage für ein bestimmtes Fischfanggebiet be-

267

kommt man im nächsten Fischereibetrieb (Państwowe Gospodarstwo Rybne) oder bei der nächstliegenden Polizeistation (für 2 Wochen ca. 25 DM). Informationen dazu auch bei Polorbis oder bei Polski Związek Wędkarski, ul. Twarda 42, Warszawa (Tel. 20 35 19). Die fischreichsten Flüsse Polens liegen in Masuren, Pommern und den Karpaten. Eine Jagdlizenz kann man sich über Polorbis ausstellen lassen. Wenden Sie sich auch an Polski Związek Łowiecki, ul. Nowy Świat 35, Warszawa (Tel. 26 20 51).

Fotografieren

Das Fotografieren der Einheimischen ist meist unproblematisch. Die Frage »Czy mogę zrobić zdjęcie?« (Kann ich Sie fotografieren?) ist höflich und beugt Mißverständnissen vor. Westliche Filme sind inzwischen vielerorts zu bekommen, achten Sie aber auf das Verfallsdatum oder nehmen Sie gleich einen ausreichenden Vorrat mit. Das Fotografieren von Militäreinrichtungen, theoretisch auch von Bahnhöfen oder größeren Brücken ist verboten, sowie überall dort, wo das Verbotszeichen hängt, ein durchgestrichener Fotoapparat.

Frauen unterwegs

Alleinreisende Frauen werden eventuell in Lokalen oder auf der Straße von betrunkenen Gästen angesprochen oder belästigt. Gefahr droht aber in den allermeisten Fällen nicht. Am besten bittet man den Nachbarn um Hilfe, um einen lästigen Menschen zu disziplinieren. Für einen ausreichenden Vorrat an Tampons und Binden sollte man/frau vor der Reise sorgen, da diese Artikel v.a. in der Provinz manchmal sehr schwer zu bekommen sind.

Frauengruppen: »Polskie Stowarzyszenie Feministyczne«, ul. Mokotowska 55, Warszawa, Tel. 39 01 22/39 31 93.

Gefahren/Ärgernisse

Die drastisch angestiegene Kriminalitätsrate ist eines der größten Probleme Polens nach dem Systemwechsel. Die Wahrscheinlichkeit, tätlich angegriffen zu werden, ist jedoch eher gering, Taschen- und Autodiebstähle kommen leider häufig vor. Deponieren Sie größere Bargeldsummen immer im Hotelsafe bzw. an der Rezeption. Passen Sie in großen Menschenmengen und im Gedränge – oft künstlich erzeugt – besonders auf. Lassen Sie Ihr Fahrzeug für längere Zeit am besten ohne Kassettenrekorder oder Radio, nur auf bewachten Parkplätzen stehen, die es inzwischen in fast jeder Neubausiedlung gibt. Auch wenn manche Horrorgeschichten der Warschauer übertrieben sind, ist Vorsicht geboten.

Nun zu den ungefährlichen aber dennoch störenden Unannehmlichkeiten, die Ihnen auf einer Reise durch Polen beggegnen können. Dazu zählen die zum Ersticken verqualmten öffentlichen Einrichtungen (die Polen sind nun einmal Kettenraucher), die Versuche einiger Kellner oder Taxifahrer Sie übers Ohr zu hauen (überprüfen Sie jede Rechnung!) sowie das äußerst ungenießbare Leitungswasser. Auch der hohe Wodka-Konsum kann so manche Unannehmlichkeit mit sich bringen, sowohl beim Autoverkehr als auch beim Umgang mit Ihrem Nachbarn in Bus oder Bahn; seien Sie entschieden aber nicht unfreundlich.

Geld/Geldwechsel

Seit der Finanzreform von 1990 ist der Złoty in Polen frei konvertierbar, auch wenn es immer noch eine zweiziffrige Inflationsrate gibt. Mit ca. 10.000 Zł für eine DM können Sie überall im Land Geld (einfacher bar, aber immer häufiger auch Euroschecks) in privaten Wechselstuben (Kantor) umtauschen. Da alljährlich Millionen durch Schmuggel verdiente Dollars aus dem Land gebracht werden, ist es den Kantor-Besitzern theoretisch verboten, Złoty an Ausländer wieder zurückzutauschen. Solange sich das noch nicht geändert hat, bitten Sie einen Einheimischen, dies für Sie zu tun. Die Benutzung von Scheckkarten setzt sich langsam durch, an manchen Stellen können Sie damit aber noch Schwierigkeiten haben. Tauschen Sie auf keinen Fall »schwarz« auf der Straße, auch wenn Ihnen ein viel günstigerer Kurs angeboten wird. In solchem Fall kann es sich nur um einen Betrüger handeln, der mit Ihrem Geld in der Hand weglaufen wird.

Homosexualität

In den von der Kirche stärker geprägten ländlichen Gegenden ist Homosexualität immer noch ein Tabuthema. In den großen Städten gibt es dagegen eine aktive Schwulenszene. Wenden Sie sich für weitere Informationen an die Zeitschriften: »Man«, ul. Mickiewicza 60, Warszawa (Tel. 33 46 72); »Filo Gay News«, ul. Wały Jagielońskie 1, Gdańsk (Tel. 31 52 69, 31 61 25) und »Magazyn Kochających Inaczej«, os. Armii Krajowej 22/6, Poznań (Tel. 77 50 89).

Karten/Stadtpläne

In jeder Buchhandlung in Polen erhalten Sie inzwischen eine relativ große Auswahl an preiswerten Stadtplänen und Karten der verschiedenen Regionen sowie der Nationalparks. Von den in Deutschland erhältlichen Karten sind zu empfehlen: Polen 1:750.000, Kartographische Anstalt Freytag & Berndt, Wien 1991 sowie Polen in vier Einzelkarten (Nordwesten, Nordosten, Südwesten und Südosten), 1:300.000 Euro Cart, Warszawa 1991; s. auch Literatur.

Klima

Das Klima unterscheidet sich nicht entscheidend von dem Deutschlands. Es ist etwas stärkeres Kontinentalklima, d.h. der Sommer ist wärmer und das Wetter ist beständiger, der Winter dafür kälter und es fällt durchschnittlich mehr Schnee. Der sonnigste Monat ist der Juli; für Ausflüge in die Berge sind der August und die erste Septemberhälfte die beste Jahreszeit. Der »goldene Herbst« dauert bis etwa Mitte Oktober.

Kulturaustausch

In Deutschland und Polen gibt es eine Reihe von Freundschaftsclubs oder Vereinigungen, die es sich zur Aufgabe gemacht haben, den Kulturaustausch zu fördern: z.B. Institut für die Kultur Polens, Karl-Liebknecht-Str. 7, 10178 Berlin (Tel. 030/212 30 60). In Polen selbst wende man sich an das Goethe-Institut, vorläufig: Pałac Kultury i Nauki/Kulturpalast, 10. Stock (Tel. 26 12 99/ 26 12 57, über Zentrale: Tel. 20 02 11) oder an die Polnisch-Österreichische Gesellschaft (Warszawa, Wierzbowa 5/ 7, Tel. 27 66 50).

Literatur

Die von Karl Dedecius herausgegebene »Polnische Bibliothek« (Suhrkamp Verlag) sorgt dafür, daß die wichtigsten Werke der polnischen Literatur auf Deutsch erhältlich sind. Hier einige Alben, Reiseführer und Romane, die als weiterführende Literatur empfohlen werden können:
Ahrens, Ela und Uwe: Traumstraßen in Polen, München 1989 (Bildband).
Bednarz, Klaus: Polen, München 1989 (Bildband).
Bentschev, Ivan / Dorota Leszczyńska, Michaela Marek, Reinhold Vetter: Polen (DuMont Kunst-Reiseführer), Köln 1990.

Braunburg, Rudolf / Michael Engler: Danzig. Das Werder und die Kaschubische Schweiz. Hamburg 1990 (Bildband).
Broszat, Martin: Zweihundert Jahre deutsche Polenpolitik, Frankfurt a. M. 1972.
Dedecius, Karl (Hrsg.): Die Dichter Polens. Hundert Autoren vom Mittelalter bis heute, Frankfurt a. M. 1990 (Suhrkamp Verlag).
Döblin, Alfred: Reise in Polen, München 1987.
Dönhoff, Marion Gräfin von: Kindheit in Ostpreußen, Berlin 1988.
Grass, Günther: Die Blechtrommel, Hamburg 1988.
Gross Jan: »Und wehe du hoffst...« Die Sowjetisierung Ostpolens nach dem Hitler-Stalin-Pakt 1939-1941, Freiburg im Br. 1988.
Hellmann, Martin: Daten der polnischen Geschichte, München 1985.
Hirsch, Helga: Polen, Ostfildern 1992 (Marco Polo Reiseführer).
Kobylińska, Ewa / Andreas Lovatty / Rüdiger Stephan: Deutsche und Polen – 100 Schlüsselbegriffe, München/Zürich 1992.
Kramer, Friedrich Wilhelm: Unbekannter Nachbar Polen, Aarau 1990.
Kuby, Erich: Als Polen deutsch war, Die Jahre 1939-1945, Frankfurt am Main 1986.
Lenz, Siegfried: Heimatmuseum, Hamburg 1987.
Meyer, Enno: Grundzüge der Geschichte Polens, Darmstadt 1990.
Rhode, Gotthold: Geschichte Polens, Darmstadt 1965.
Singer, Isaac Bashevis: Eine Kindheit in Warschau, München 1983.
Szczypiorski, Andrzej: Die schöne Frau Seidenmann, Zürich 1988.
Urban, Thomas: Deutsche in Polen, Geschichte und Gegenwart einer Minderheit, Beck'sche Reihe, 1993.
Vetter, Reinhold: Schlesien (DuMont Kunst-Reiseführer), Köln 1992.
Zitzewitz, Lisaweta von: 5 mal Polen, München, Zürich 1992.

Märtke

Flohmärkte werden meist an den Wochenenden veranstaltet. Auf den Wochenmärkten findet man außer frischen Lebensmitteln alle möglichen Westwaren sowie ein immer bescheideneres Angebot an Waren, die Reisende aus den GUS-Staaten bringen.

Medizin. Versorgung

Rettungsdienst in ganz Polen: Tel. 999 Bei Notfällen werden Sie im Krankenhaus sofort behandelt, die Bezahlung erfolgt in bar. Daher ist eine Reisekrankenversicherung empfehlenswert. Allerdings ist die Behandlung in den katastrophal überlasteten polnischen Krankenhäusern keine sonderliche Freude. Medikamente bekommen Sie in der »apteka« (10-19 Uhr; Notfallapotheken: Verzeichnis in der Tageszeitung). Benötigen Sie ständig besondere Medikamente, nehmen Sie die entsprechende Menge lieber von zu Hause mit.

Messen

Die Internationale Technikmesse, die einst neben Leipzig wichtigste Verkaufsschau des Ostblocks, findet im Juni jeden Jahres in Posen statt (Poznań International Fair, biuro targowe, Głogowska 14, 60734 Poznań, Tel. 61-69 25 92; Telex. 41 32 51).

Museen

In Polen gibt es über 600 Museen. Sie sind meist montags geschlossen und am Sonntag, Donnerstag oder Freitag länger geöffnet (gewöhnlich anstatt bis 15 bis 18 Uhr). Die wichtigsten davon sind die Nationalmuseen (muzeum narodowe), vor allem das in Warschau und Krakau. In vielen Museen ist eine Führung auf deutsch (Voranmeldung notwendig) möglich.

Öffnungszeiten

Lebensmittelgeschäfte: Mo-Fr 6-19 Uhr durchgehend; einige haben auch sonntags und nachts geöffnet; andere Geschäfte: 11-18 oder 19 Uhr; Banken: 8-18 Uhr; Wechselstuben 9-18 Uhr, einige durchgehend, z.B. auf dem Warschauer Hauptbahnhof; Ämter und Behörden: 8-15 Uhr; Postämter: 8-19/20 Uhr

Polizei/Notrufe

Polizeinotruf: 997; Feuerwehr: 998; Rundfunkdurchsagen (auch in den Sprachen der Gesuchten): im Programm »Sommer mit Rundfunk« (Juni-September, 9-11 Uhr) Tel. 022-45 92 77.

Die Polizei (policja), die die Miliz (milicja) 1990 ablöste, hatte in den ersten Jahren nach der Wende (und noch immer) mit einem Ausrüstungsmangel und fehlender finanzieller Motivation zu kämpfen. Sollten die Diebe, die Ihnen Ihre Tasche oder Ähnliches entwendet haben, von der Polizei erwischt werden, wird es nicht nur Sie, sondern auch die Polizei selber überraschen. Trotzdem sollten Sie schon aus versicherungstechnischen Gründen jedes Delikt auf der Wache melden und ein Protokoll anfertigen lassen.

Das hier gezeichnete schwarze Bild der Situation in Polen hat sich 1992 schon etwas zum Positiven verändert und Besserungen sind auch für 1993 zu erwarten.

Post

Postkarten (3.000 Zł) oder Briefe (4.000 Zł) brauchen etwa 7-10 Tage bis nach Deutschland. Briefmarken sind bei den Postämtern und an jedem Kiosk »Ruch« erhältlich. Es gibt Briefkästen in grün (lokal), rot (Fernpost) und blau (Luftpost). Die Hauptpostämter haben bis 20 Uhr geöffnet; in den Großstädten gibt es auch einige, die durchgehend geöffnet haben.

Radfahren

Mit dem eigenen Fahrrad (Flickzeug und Ersatzteile mitnehmen) können Sie das größtenteils flache Land hervorragend erkunden. Es gibt keine Fahrradwege, aber die Nebenstrecken eignen sich sehr gut zum Radeln. Die Hauptverkehrsstraßen sollten dagegen tunlichst gemieden werden. Einige Reiseunternehmen in Deutschland organisieren Fahrradtouren, bei denen die Fahrräder gestellt werden, z.B. die Studienreisen im »Strampelschritt« des Klingenstein-Reiseunternehmen, Tour de Kultur.

Reisen im Land

Innerhalb des Landes kann man mit der Fluggesellschaft LOT fliegen. Allerdings ist es einfacher, von Warschau aus in die zehn polnischen Woiwodschaftsstädte zu fliegen als zwischen ihnen. Manche Flüge wurden wegen der finanziellen Schwierigkeiten bei LOT eingestellt. Erkundigen Sie sich besser selbst in ihren Büros zu Hause (s. Auskünfte) oder in Warschau, ul. Waryńskiego 9 (Tel. 46 96 24/46 96 94; LOT-Auskunft Tel. 628 75 80/628 10 09).

Die Bahn erreicht fast jeden Ort, ist aber langsam und oft überfüllt. Zwischen Warschau und Posen, Danzig, Krakau, Lodsch und Stettin verkehren Expresszüge, die unterwegs nicht halten. Sie können dann mit einer Durchschnittsgeschwindigkeit von etwa 90 km/h rechnen. Die Abfahrtszeiten entnehmen Sie den gelben Plakaten auf den Bahnhöfen (Bahnhof: dworzec kolejowy, Hauptbahnhof: dworzec centralny bzw. główny), oder kaufen Sie sich einen Fahrplan (rozkład jazdy). Bahnauskunft, Warszawa: Tel. 20 45 12/ 25 75 54, Reservierungen: Tel. 25 36 66. Die ausgesprochen preiswerten Fahrkarten kaufen Sie am Schalter im Bahnhof; eine Platzreservierung ist zu empfehlen (auch bei den Orbis-Büros), ebenso die 50% teueren Fahrkarten der I. Klasse. Es gibt auch Eisenbahnpässe für 7,15 und 21 Tage, die aber im Vergleich zu den regulären Preisen kaum lohnend sind. Kinder bis zu vier Jahre fahren gratis (aber ohne eigenen Sitz), bis zehn zu einem ermäßigten Preis. War die Schlange am Bahnhof zu groß, steigen Sie einfach ein und suchen den Schaffner; solange Sie ihn und nicht er Sie zuerst findet, bezahlen Sie nur den Preis des Tickets mit einem kleinen Zuschlag, aber keine Strafe. Auf den Bahnhöfen gibt es sichere Gepäckaufbewahrungen (przechowalnia bagazu); wegen der Versicherung hängt deren Preis von dem angegebenen Wert des Gepäckstückes ab.

In den Bergen sowie auf kurzen Strecken ist der Bus (PKS; Auskunft Warszawa: Tel. 23 63 94/-95/-96) die bessere Alternative. Die Busbahnhöfe (Dworzec PKS) liegen oftmals neben dem Zugbahnhof. Die Karten kauft man am Schalter, oder – wenn der Bus auf der Durchreise ist und nicht brechend voll – beim Fahrer bzw. Schaffner direkt.

Restaurants

In vielen Restaurants bekommen Sie sowohl polnische als auch ausländische Spezialitäten. Konkrete Restauranttips sind fast unmöglich, da die Restaurantszene sich immer noch sehr schnell ändert. Zu den renomiertesten Restaurants – einige existieren schon seit Jahrhunderten – gehören
in Warschau:
– »Bazyliszek« (Rynek Starego Miasta 5/7; auch wenn seine besten Zeiten schon vorüber sein sollen)
– »Świetoszek« (ul. Jezuicka 6/8)
in Krakau:
– »Wierzynek« (Rynek Główny 15)
und in Danzig:
– »Pod Łososiem« (Szeroka 51/54).
Inzwischen gibt es sicherlich viele Restaurants, die mit diesen konkurrieren können, z.T. auch eleganter sind, z.B. in den teuersten Hotels. Monatlich eröffnen in den Großstädten neue Restaurants, je nach Geschmack japanisch, chinesisch, italienisch, spanisch, indisch oder französisch. Für die ganz Eiligen gibt es eine Reihe Schnellbars, von den westlichen McDonalds bis zu den kleinen Buden, in denen man Hot Dogs oder »zapiekanki« (Baguette mit Käse und Champignons) bekommt. Unter Studenten und Rucksackreisenden beliebt sowie immer mehr für die sozial Schwachen bestimmt, sind die »bary mleczne«, die Milchbars, in denen leckere traditionelle, darunter auch vegetarische, Gerichte verkauft werden.

Sexualität

Trotz der Rolle der Kirche und des Katholizismus unterscheidet sich das sexuelle Verhalten in den größeren Städten kaum vom westeuropäischen Standard. Kondome unterschiedlicher Qualität erhält man in den Apotheken, den »Pewex«-Läden, in den Hotels und an den Kiosken (»Ruch«). Auf dem Land kann es allerdings als Folge der massiven Rekatholisierungsbestrebungen mitunter schwierig sein, Kondome zu bekommen.

Vergessen Sie nicht, daß AIDS inzwischen auch in Polen zu einem ernstzunehmenden Problem geworden ist – schätzungsweise gibt es über 7.000 HIV-Positive.

Souvenirs

Zu den schönsten Mitbringseln gehören Erzeugnisse der Volkskunst (Schnitzereien, bestickte Leinendeckchen, Keramikartikel), die in den staatlichen »Cepelia«-Läden erhältlich sind. Das beste Angebot an guter Volkskunst hat der »Cepelia«-Laden auf dem Altstadtmarkt in Warschau. In Danzig finden Sie schönen Bernsteinschmuck, z.b. in den kleinen Geschäften auf der ul. Mariacka (der ehemaligen Frauengasse hinter der Marienkirche). Auf den Flohmärkten (pchli targ, in Danzig Targ Dominikański, nur im August), sowie in den »Desa«-Geschäften findet man manchmal noch interessante Antiquitäten. Allerdings ist nach polnischem Recht die Ausfuhr von Gegenständen, die vor 1945 entstanden sind, ohne Genehmigung verboten. Viele Beispiele hochqualitativer moderner Kunst trösten darüber hinweg. Auch Bücher – viele Kunstbände werden auf Deutsch oder Englisch herausgegeben – können ein nettes Souvenir sein.

Sport

Wassersportfreunde – Kanufahren oder Segeln – sind in den Seegebieten Nordpolens richtig. Alle touristischen Orte besitzen Leihstellen für allerlei Wassersportzubehör. In Masuren können Sie mit dem eigenen oder einem gemieteten Segelboot hunderte von Kilometern über die durch Kanäle verbundenen Seen zurücklegen.
Interessante *Kanurouten* gibt es in Masuren (Krutynia; s.S. 257), sowie allgemein im Norden Polens (z.B. entlang der Flüsse Parsęta/Persante/, Brda/Brahe/, Drwęca/Drewenz/ oder Czarna Hańcza). Informationen beim polnischen Kanuverband, Polski Związek Kajakowy, ul. Sienkiewicza 12/14 (Tel. 27 49 16), Warszawa.
Zum *Segeln* auf der Ostsee: Polski Związek Żeglarski, ul. Chocimska 14 (Tel. 49 57 31), Warszawa.
Skifahren geht man am besten in der Hohen Tatra, in Szczyrk südlich von Oberschlesien, bei Kłodzko (Glatz), sowie im Riesengebirge – Warteschlangen vor den Skiliften müssen allerdings einkalkuliert werden. Olsztyn (Allenstein) ist mit vielen Loipen in der Umgebung das Zentrum des Skilanglaufs.
Der *Reitsport* ist in Polen gut organisiert und es gibt zahlreiche Gestüte, Informationen bei: Polorbis oder dem Polnischen Reitverband: Polski Związek Jeździecki, ul. Sienkiewicza 12/14 (Tel. 27 01 97), Warszawa. Zu empfehlen sind folgende Orte: Biały Bór, Łobez, Racot, Sieraków Wielkopolski, sowie Czerniejewo (bei Gnieźno), wo Sie in einem stilvollen Schloß wohnen.

Sprachkurse

In einigen polnischen Universitäten werden 2-6wöchige Kurse angeboten, die besten in Krakau, Lublin (KUL-Universität) und Posen. Informationen darüber erteilen die Kulturabteilung der Botschaft Polens, sowie die Slawistikseminare an den bundesdeutschen Universitäten. Die Vereinigung »Convivium« (Sławomira Walczewska, ul. Syrokomli 19b/20, 30102 Kraków) organisiert gleichfalls Sprachkurse in reizvollen Orten im Süden Polens.

Stadtrundfahrten

Erkundigen Sie sich bei den Orbis-Informationsstellen oder an den Rezeptionen der wichtigsten Hotels z.B. Mazurkas-Travel, im Hotel Forum, Warszawa Tel. 29 12 49. Dort kann man einen privaten deutschsprachigen Führer auch für eine Stadtbesichtigung mieten. Die Qualität ist allerdings sehr unterschiedlich.

Stadtverkehr

In jeder größeren Stadt gibt es Busse, Straßenbahnen oder Oberleitungsbusse (trolejbus), die in der Regel von 5.30 bis 23 Uhr verkehren. Die Fahrkarten (bilety) kauft man in einem der vielen Kioske. Sie werden unmittelbar, nachdem Sie das Fahrzeug betreten haben, entwertet (von beiden Seiten!). 1993 kostete in Warschau eine Fahrt ohne Umsteigen 4.000 Zł (nachts teurer). Wenn auch selten, werden Fahrkartenkontrollen durchgeführt. Stellen Sie sich außerhalb der Hauptverkehrsstraßen auf längere Wartezeiten ein. Eine Alternative sind Taxen, deren Preis je nach Stadt das 400 bis 600fache des Taxameters beträgt. Diese mit der Inflation zusammenhängende Unannehmlichkeit läßt sich lindern, wenn Sie wissen, daß eine etwa 10minütige Fahrt in Warschau etwa 5-10 DM kostet. Nach 22 Uhr abends sowie an Sonn- und Feiertagen »läuft der Taxameter schneller«. Auf jeden Fall sollten Sie aufpassen, ob der Taxameter überhaupt eingeschaltet ist. Meiden Sie die »Mafia-Taxistände« vor großen Hotels, direkt am Bahnhof, Flughafen oder am Schloßplatz in Warschau, wo der Preis rapid in die Höhe schnellt. Mit deutschsprachigen Taxifahrern, mit denen Sie eine Stadtführung oder Ausflüge unternehmen, sollte der Preis vorher abgesprochen werden.

Strom

220 Volt, Wechselstrom aus runden, zweipoligen Steckdosen.

Studenten/Jugend

Mit dem Internationalen Studentenausweis bekommen Sie Ermäßigungen in Museen, bei Schiffahrten und auf den internationalen Eisenbahnstrecken. Das Almatur-Büro, ul. Ordynacka 9 (Tel. 26 23 56) in Warschau wird Ihnen einen Studentenausweis ausstellen und Sie über besondere studentische Reise- und Freizeitangebote informieren – eine gute Gelegenheit, Kontakte zu knüpfen. Deutsch-Polnisches Jugendwerk, ul. Litewska 2/4, Warszawa (Tel. 21 48 43)

Telefonieren

Telefonieren in Polen läßt In- und Ausländer gleichermaßen am Leben verzweifeln. Über die Telefonautomaten in den Städten – mit sich häufig ändernden Jeton-Modellen – werden Sie bestenfalls innerhalb der Stadt die gewünschte Verbindung bekommen. Sonst nutzen Sie das Hotel, bzw. private Apparate Ihrer polnischen Bekannten, jeder wird Ihre Sorgen verstehen.
Die häufigsten Vorwahlnummern: Warszawa (022), Gdańsk (058), Kraków (012), Poznań (061), Wrocław (071).
Für die kleineren Orte muß das Gespräch oftmals noch angemeldet werden (900).
Nach Deutschland kommen Sie am besten durch, indem Sie hartnäckig ununterbrochen hintereinander wählen (am besten spät abends oder sehr früh morgens): langes Signal/0 wählen/anderes langes Signal abwarten/049 und dann die Stadtvorwahl ohne Null: spätestens dann wird es schon besetzt sein, und Sie beginnen von vorn. Ähnlich schwierig kommen Sie aus der Bundesrepublik Deutschland nach Polen durch: die Vorwahlnummer ist 0048 und dann die Stadt ohne Null (z.B. 22 für Warszawa; bei einer siebenziffrigen Warschauer Nummer nur 2). Doppelt so teuer aber in der Regel in einer Stunde vermittelbar ist ein Eilgespräch (»pilna rozmowa«), das Sie in Polen über die Nummer 901 bestellen. Seit kurzem werden in Polen Kartentelefone installiert, von denen aus man bequem anrufen kann. Telefonkarten mit 50 bzw. 100 Einheiten gibt es bei den Postämtern zu kaufen.

Toiletten

Die öffentlichen Toiletten machen genauso viel Freude wie das Telefonieren. Schon vor dem Krieg gab es einen polnischen Innenminister, der unter Androhung härtester Sanktionen in den Dörfern saubere Plumpsklos errichten ließ. Man nennt sie im Volksmund nach ihm – er hieß Sławoj-Składkowski – immer noch »sławojki«. Vermutlich werden Sie unterwegs feststellen, daß er kläglich scheiterte und Sie die eine oder andere übelriechende Einrichtung näher kennenlernen müssen. Der kleine Kreis, bzw. »damski« ist für Frauen, das Dreieckchen, bzw. »męski«, für Männer; ein Erklärungsansatz für diese Symbolik fehlt, zumal das Dreieckchen mal mit der Spitze nach unten, mal nach oben gerichtet ist. Die Toilettendamen kassieren unabhängig vom Zustand der Toilette mindestens 1.000 Zł, auch in einem Restaurant, in dem Sie Gast sind. Die private Marktwirtschaft scheint die »Toilettensituation« allerdings bereits etwas verbessert zu haben.

Trampen

Polen ist vermutlich das einzige Land der Welt, in dem das Trampen institutionalisiert wurde. Bei den PTTK-Büros (also dem polnischen Touristikverband; Warszawa, ul. Świętokrzyska 36) oder bei dem »Autostop«-Verband (Warszawa, ul. Narbutta 27a, Tel. 49 62 08) erhalten Sie für eine geringe Summe ein Autostop-Paket, das Ihre Versicherung, sowie Scheine, die Sie dem Fahrer aushändigen (er kann dafür theoretisch sogar ein neues Auto gewinnen; die Scheine werden heute aber eher lächend in Empfang genommen) beinhaltet. Sie trampen dann, den roten Kreis der erhaltenen Versicherungskarte sichtbar haltend. Viele Fahrer halten allerdings, um etwas von ihren Benzinkosten zurückzubekommen, daher geht es manchmal schneller ohne Ausweis. Dieser wird vermutlich in den nächsten Jahren sowieso zum Anachronismus werden. Trampend halten Sie nicht den Daumen, sondern den ganzen Arm ausgestreckt (bzw. Sie winken mit ihm) – ob mit oder ohne Ausweis, umsonst oder mit einer für Sie eher symbolischen finanziellen Beteiligung (die nebenbei bemerkt bei ausländischen Trampern oftmals abgelehnt wird), kommen Sie in der Regel schnell und auf interessante Art voran.

Trinkgelder

Erwartet wird in einem Restaurant etwa 10% des Rechnungsbetrags. In größeren Hotels lassen Sie beim Verlassen des Zimmers etwas Geld für das Zimmermädchen liegen.

Unterhaltung

Große Hotels besitzen Discos und Nachtbars, von denen allerdings manche eher als Vermittlungsstellen für käufliche Liebesdienste dienen. Auch »Casinos« – z.B. in dem Mariott Hotel oder dem Grandhotel in Sopot – stehen Ihnen zur Verfügung. Wenn Sie sich nach einer normalen Disco sehnen, fragen Sie einen Studenten oder Jugendlichen; in Warschau gibt es das »Remont«, »Park«, »Stodoła«, »Hybrydy«, in Krakau »Pod Jaszczurami«, »Karlik« und »Forum«, in Danzig »Rudy Kot« u.a. Der Warschauer Jazzclub »Akwarium« (ul. Emilii Plater 49, Tel. 20 50 72) bietet eine anspruchsvollere Unterhaltung. Manche Theatervorstellungen vor allem musikalischer Art, erfreuen auch denjenigen, der der polnischen Sprache nicht mächtig ist (Teatr Dramatyczny Warszawa, Teatr Muzyczny Gdynia, Operetka Wrocławska).

Wenn Sie die Stimmung eines der berühmten polnischen Kabaretts erleben wollen, dann ist vor allem das Krakauer »Piwnica pod Baranami« zu empfehlen

(Rynek Główny 27).

Die Kinos bringen die Filme fast immer in der Originalversion mit polnischen Untertiteln – eine gute Alternative für einen freien Abend oder einen verregneten Nachmittag. In Warschau bietet das monatlich erscheinende »Impreza« einen guten Überblick über die kulturellen Veranstaltungen.

Unterkunft

Es gibt eine breite Hotelskala, die von Luxushotels (vier und mehr Sterne der landesüblichen Klassifizierung), in denen ein Einzelzimmer zwischen 300 und 500 DM kosten kann bis zum preiswerten Lokalhotel, das allerdings nicht immer jeden Anspruch an Komfort und Sauberkeit erfüllt, reicht. Die teuren Hotels wurden bis vor kurzem ausschließlich von Orbis geleitet; so z.b. das schöne Orbis-»Mrongovia« in Mrągowo (Sensburg) in Masuren, alle Novotels in den großen Städten, »Forum« oder »Francuski« in Krakau, sowie eine große Anzahl mehr oder weniger anheimelnder Betonbauten (erkundigen Sie sich bei Polorbis nach den Adressen und den aktuellen Preisen; alle über 120 DM für ein DZ). Wie Pilze aus dem Boden schießen neue, an private oder ausländische Ketten angeschlossene Hotels: z.B. »Sobieski«, »Mariott« oder »Bristol« in Warschau, »Cadyny-Palace« in Kadyny bei Frombork (Frauenburg), »Amber« an der Ostseeküste in Międzyzdroje (Misdroy), »Zamek« auf dem Gelände des Marienburger Schlosses etc. Viel billiger sind neben Ein- oder Zweisterne Hotels (messen Sie dieser Beurteilung nicht allzu große Bedeutung bei), Motels, Sporthotels (hotele sportowe) oder schlicht Ferien- oder Betriebsheime, die um ihr Überleben kämpfend, inzwischen alle Sorten von Besuchern dankbar empfangen. Über Orbis oder spezielle Zimmervermittlungen (biuro zakwaterowania) bekommen Sie leicht Privatzimmer; noch einfacher, wenn diese unterwegs angezeigt werden (»noclegi« oder »pokoje«). Finden Sie nichts, fragen Sie am besten den nächsten Taxifahrer. Orbis hilft auch, Sommerhäuser in den reizvollen Gegenden zu mieten.

Außerdem gibt es über 200 Jugendherbergen, von denen allerdings viele nur im Sommer geöffnet sind; neben dem Jugendherbergsausweis ist ein Internationales Handbuch mit den Adressen nicht unwichtig. Wenn Sie es nicht besitzen, wenden Sie sich in Polen an den Jugendherbergsverband: PTSM Warszawa, ul. Szpitalna 5, Tel. 27 78 43 oder ul. Chocimska 28, Tel. 49 42 51. Von 10-17 Uhr haben die Jugendherbergen geschlossen; vor 21 Uhr müssen Sie sich anmelden, um 22 Uhr gehen die Lichter aus. Ferner existieren in Polen sogenannte Touristenheime (schroniska PTTK), Studentenheime (domy studenta), sowie eine Anzahl von Berghütten; nehmen Sie den eigenen Schlafsack mit.

Wandern

Polen ist ein ideales Wandergebiet. Sie brauchen nur eine Karte (z.B. des jeweiligen Nationalparks), und können auf den farbig markierten Wanderwegen Ihre Traumwanderung haben. Für einige dieser Pfade in der Hohen Tatra (am besten im August und September) ist schon eine gewisse Klettererfahrung und Schwindelfreiheit Voraussetzung.

Zeit

Mitteleuropäische Zeit, auch mit der Sommerzeit.

Zeitungen

In den größeren Hotels und einigen Läden in Warschau bekommt man deutsche Zeitungen schon am Nachmittag des jeweiligen Tages; in anderen Orten ein oder zwei Tage später. »Warsaw Voice« erscheint wöchentlich und gibt einen guten Überblick über die jeweiligen Kulturveranstaltungen und politischen Ereignisse im Lande.

Zigaretten

Einige der zahlreichen polnischen Zigarettensorten (papierosy) sind, wie schon der Name verrät (z.B. »Extra Mocne«, d.h. »Extra stark«), aus schwarzem Tabak. Die importierten Westmarken sind immer noch billiger als auf der anderen Seite der Grenze.

Zollbestimmungen

Gegenstände zum persönlichen Gebrauch und Geschenke dürfen in beliebig großen Mengen eingeführt werden, solange nicht der Verdacht aufkommt, sie seien zu Handelszwecken bestimmt. Geschenke sollten den Wert von 200 $ nicht übersteigen. Sie dürfen zwei Photoapparate, eine Videokamera und eine unbegrenzte Summe westlicher Währung einführen. Bei größeren Summen oder teureren Gegenständen fragen Sie vorsichtshalber an der Grenze, ob eine Zollerklärung notwendig ist (Zollamt Warszawa-Okęcie, Tel.: 46 98 73). Die Einfuhr von Waffen ist untersagt. Die polnische Währung darf in größeren Summen weder ein- noch ausgeführt werden. Die Ausfuhr von Antiquitäten bedarf einer Erlaubnis (im Nationalmuseum in Warschau oder bei dem Denkmalamt /wojewódzki konserwator zabytków/ der jeweiligen Woiwodschaft). Nach Deutschland ausführen dürfen Sie einen Liter hochprozentigen Alkohol und eine Stange Zigaretten.

Die wichtigsten polnischen Ausdrücke

Wenn Sie Sätze wie »chrząszcz brzmi w trzcinie« etc. auch erschrecken, so folgt die Aussprache im Polnischen doch festen Regeln und ein Großteil der scheinbar ungewöhnlichen Zischlaute kommt auch im Deutschen vor. So ist sz = sch /wie in Schuster/, cz = tsch /wie in Deutschland/, szcz = schtsch /Chruschtschow/, ż, bzw. rz = stimmhaftes sch /Jargon, Gendarm, Jalousie/, dz = ds aber stimmhaft, dż = Dsch /Dschungel/ etc. Ein Strich über einem Konsonanten zeigt, daß dieser weich ausgesprochen werden sollte: ń = gn /Kognac/, ć = tch / Entchen/, ś = /wie »ch« in »ich«/, ź = /stimmhafte Entsprechung zu s/ oder dź /stimmhafte Entsprechung zu c/. Das populäre ł /Łódź, Wałęsa/ entspricht dem englischen w /what, water etc./. Vokale werden immer kurz ausgesprochen; ó ist nichts anderes als u. Die Nasallaute (ą, ę) gibt es auch im Französischen; z.B. in Teint, vin (ę) oder in bon, Caen (ą). Die Betonung liegt im Polnischen fast immer auf der vorletzten Silbe. Leicht ist diese westslawische Sprache, die mit dem Slowakischen und Tschechischen verwandt ist, mit ihren sieben Fällen gewiß nicht; eine einigermaßen korrekte Aussprache der Worte zu erreichen, ist dagegen für Sie nicht aussichtslos.

Grundwortschatz
ja – tak
nein – nie
danke schön – dziękuje bardzo
bitte – proszę
auf wiedersehen – do widzenia
Tschüß/auch als Begrüßung/ – cześć
gut – dobrze
ich will nicht – nie chcę
genug – dosyć
ich verstehe nicht – nie rozumiem
nochmal – jeszcze raz
billig/teuer – tanio/drogo
Herr/Frau (Anrede) – Pan, Pani
ich bin Deutscher/Deutsche – jestem Niemcem/Niemką
ich, du, er, sie, wir – ja, ty , on, ona, my.
eins/zwei/drei – jeden, dwa, trzy

Fragewörter
wieviel kostet es – ile kosztuje
wann – kiedy
wohin – dokąd
warum – dlaczego
wo, was, wer – gdzie, co, kto
wie weit – jak daleko
wie spät ist es – która godzina
Sprechen Sie Deutsch/Englisch – Czy Pan/Pani mówi po niemiecku/angielsku

Wichtige Sätze/Schilder
ich bin hungrig – jestem głodny
ich bin krank – jestem chory
ich suche eine Übernachtung – szukam noclegu
Eintritt verboten – wstęp wzbroniony
rauchen verboten – nie palić, bzw. palenie zabronione
Toilette – WC /sprich wuze/
Frei/besetzt – wolny/zajęty
Grenze – granica
nicht in Betrieb/geschlossen – nieczynny, zamknięty

Unterwegs
Straße – ulica (ul.)
Platz – plac (pl.)
Stadt – miasto
Dorf – wioska
Bahnhof/Zug – dworzec/pociąg
Flugzeug/Flughafen – samolot/lotnisko
Fähre/Taxi – prom/taksówka
per Anhalter/zu Fuß/Fahrrad – autostop/pieszo/rower
Auto – samochód
Unfall/Panne – wypadek/awaria
Parkplatz – parking
Achtung – uwaga
Tankstelle – stacja benzynowa
Gleis/Fahrkartenschalter/Ticket – peron/kasa/bilet
Rechts/links/geradeaus – na prawo/na lewo/prosto
Ankunft/Abfahrt – przyjazd/odjazd
wo befindet sich – gdzie znajduje się...
Apotheke/Arzt/Hotel – apteka/lekarz/hotel
Restaurant/Camping/Jugendherberge – restauracja/camping/
schronisko młodzieżowe
Museum/Burg – muzeum/zamek
Kirche /z.B. Hl. Johannes/ – kościół /świętego (św.) Jana
Schloß/Friedhof/Marktplatz – pałac/cmentarz/rynek
See/Strand/Berghütte – jezioro/plaża/schronisko
kann man hier zelten – czy można tu rozbić namiot
wie komme ich nach... – jak dojadę do ...
bitte die Rechnung – proszę o rachunek
Geschäft – sklep
Brot/Butter/Fleisch – chleb/masło/mięso
Tee/Kaffee – herbata/kawa
Salz/Zucker – sól/cukier

Personenregister

Abakanowicz, Magdalena 44
Adalbert, Hl. (Wojciech) 114, 225, 237
Alexander II. 107
Andrzejewski, Jerzy 59
Appolinaire, Guillaume 71
Arnim, Bettina von 90
Asam, Cosman Damian 44, 213
August II. der Starke (August Mocny) 80
August III. 80
Balcerowicz, Leszek 127, 86, 131
Batu Chan 212
Beniowski, Maurycy 73
Benz, Wolfgang 95
Berg, Max 44, 210
Bergengrün, Werner 246
Bernardo Bellotto gen. Canaletto 44, 47, 160
Berrecci, Bartholomeo 43
Bielecki, Jan Krzysztof 86, 243
Bismarck, Klaus von 96
Bismarck, Otto von 91
Boleslaw der Fromme 105
Boleslaw I. der Tapfere (Chrobry) 74, 79, 88, 114, 225
Boleslaw II. der Kühne (Śmiały) 187
Boleslaw III. der Schiefmund (Krzywousty) 79, 218
Bona Sforza 179
Borowczyk, Walerian 68
Brandt, Józef 72
Brandt, Willy 96f, 165
Branicka-Wolska, Anna 28
Brunsberg, Hinrich 43, 218
Brzeziński, Zbigniew 70
Bugajski, Ryszard 69
Bulgakow, Michail 100

Chajec, Władysław 52
Chmelnitzkij (Chmielnicki), Bohdan 106
Chodowiecki, Daniel 40
Chopin, Frédéric 11, 60, 62, 71, 77, 162, 164, 170
Churchill, Winston 94
Conrad, Joseph (Józef Korzeniowski) 70, 188, 245
Corazzi, Antonio 164
Curie, Maria Skłodowska 71, 78, 162
Dąbrowski, Henryk 91
Dąbrowski, Jarosław 74
Dahl, Johann Christian 216
Davies, Norman 235
Dedecius, Karl 59, 99
Dientzenhofer, Kilian Ignaz 44, 213
Dmowski, Roman 107
Dönhoff, Marion Gräffin 96, 258
Dostojewski, Fiodor 63, 100
Dserschinski s. Dzierżyński
Dudziak, Urszula 60f
Dunikowski, Xawery 44, 206
Dürer, Hans 41
Dwinger, Edwin Erich
Działyński, Tytus 225
Dzierżyński, Feliks 19, 165
Edelman, Marek 108
Falk, Feliks 69
Feuchtwangen, Konrad von 212
Fischer von Erlach 210
Florentino, Francesko 43
Frank, Hans 94
Friedrich II. der Große 81
Friedrich Wilhelm IV. 216

Gatter, Peter 19
Gauguin, Paul 77
Gierek, Edward 86, 202
Gierymski, Aleksander 44, 72, 106
Glemp, Józef Kardinal 111f
Gombrowicz, Witold 26, 58
Gomułka, Władysław 47, 68, 85
Górecki, Henryk Mikołaj 62
Grass, Günter 96, 242, 246
Grotowski, Jerzy 64
Haffner, Jean Georg 245
Hasior, Władysław 44, 198
Hausmann, Eugène 217
Hedwig von Anjou (Jadwiga Andewadeńska) 79, 184
Hedwig, Hl. (św. Jadwiga) 212
Heine, Heinrich 18, 90, 220
Heinrich I. der Bartige (Henryk Brodaty) 212
Heinrich II. der Fromme (Henryk Pobożny) 212
Henrich IV. Probus 43
Henryk s. Heinrich
Herbert, Zbigniew 59
Hevelius, Johann (Jan Heweliusz) 237
Himmler, Heinrich 84, 92f, 177
Hindenburg, Paul von 229
Hitler, Adolf 88, 91ff, 101, 212, 230, 245
Hłasko, Marek 59
Holland, Agnieszka 69
Idźkowski, Adam 44
Iwaszkiewicz, Jarosław 59, 100

280

Jacyna, Andrzej 73
Jadwiga, św. s. Hedwig, Hl.
Jaenecke, Heinrich 99
Jan II. s. Johann der Gute
Jan III. Sobieski 28, 44, 74, 80, 165, 261
Jan Michałowicz aus Urzędów 41
Janda, Krystyna 63, 69
Jaruzelski, Wojciech 86
Johann der Gute (Jan II.) 206
Johann III. Sobieski s. Jan III. Sobieski
Johannes Paul II., Papst s. Wojtyła, Karol
Joseph II. 81
Józefowicz, Janusz 65
Kaczyński, Jarosław 124
Kania, Stanisław 86
Kantor, Tadeusz 64
Karłowicz, Mieczysław 61
Kasimir der Erneuerer (Kazimierz Odnowiciel) 178
Kasimir III. der Große (Kazimierz Wielki) 79, 88, 174, 193, 208
Katharina II. die Große 81, 218
Kawalerowicz, Jerzy 66
Kazimierz s. Kasimir
Kętrzyński, Wojciech 254
Kieślowski, Krzysztof 69, 173
Kijowski, Janusz 69
Kobro, Katarzyna 44
Kochanowski, Jan 55, 56, 63
Kohl, Helmut 96
Komeda, Krzysztof 68
Konrad von Masowien (Konrad Mazowiecki) 229
Kopernik, Mikolaj s. Kopernikus
Kopernikus, Nikolaus 76, 89, 162, 168, 228, 249f

Korzeniowski, Józef, s. Conrad, Joseph
Kościuszko, Tadeusz 75, 80, 186
Krasicki 200
Krasiński, Zygmunt Graf 55, 63
Kubiak, Wiktor 31
Kuroń, Jacek 31, 126ff,
Lanci, Maria 222
Lassalle, Ferdinand 210
Lehndorff 259
Leibniz, Gottfried Wilhelm von 91
Lem, Stanisław 58
Lenica, Jan 49ff
Lenin, Wladimir 101
Lenz, Siegfried 254
Leonardo da Vinci 184
Leppert, Andrzej 139
Leśmian, Bolesław 59, 108
Lewandowski, Janusz 29
Łoziński, Marcel 67
Lubomirski, Stanisław 29
Lutosławski, Witold 61
Luxemburg, Rosa 107, 177
Mądzik, Leszek 65
Makowicz, Adam 60
Makowski, Tadeusz 41, 44
Malczewski, Jacek 41f, 44
Malinowski, Bronisław 70, 72
Malinowski, Ernest 73
Marcoussis, Louis 71
Maria Theresia 90
Matejko, Jan 18, 41, 44
Mazowiecki, Tadeusz 86, 96, 108, 119f, 126, 230
Memling, Hans 243
Mendelsohn, Erich 44, 210
Michałowski, Piotr 41, 42, 44
Michener, James 16
Michnik, Adam 113, 120f, 124
Mickiewicz, Adam 54f, 63, 71, 74, 100f, 107, 162,
168, 186
Mieszko I. 74, 79, 220
Mikołajczyk, Stanisław 85
Miłosz, Czesław 26, 58f, 109f
Miodowicz, Alfred 123
Mitzler, Lorenz 54
Młodożeniec, Jan 49
Moczar, Mieczysław 111
Modzelewski, Karol 113, 127
Moltke, Helmuth James Graf von 206
Moniuszko, Stanisław 42, 60, 74
Morando, Bernardo aus Padua 176
Mrożek, Sławomir 58
Mucha, Szczepan 52
Munk, Andrzej 66
Namysłowski, Zbigniew 60
Narutowicz, Gabriel 84
Niemczycki, Zbigniew 30
Nietzsche, Friedrich 91
Nikifor 52, 53
Norwid, Cyprian Kamil 56
Nowosielski, Jerzy 44
Ociepka, Teofil 52
Olbrychski, Daniel 63
Olszewski, Jan 86, 125
Opałka, Jerzy 44
Opbergen, Anthonis van 43, 238
Orwell, George 25
Otto III. 88
Otto von Bamberg, Hl. 218
Paderewski, Ignacy Jan 61
Pawlak, Waldemar 86, 125
Pękiel Bartłomiej 62
Penderecki, Krzysztof 61, 62
Piłsudski, Józef 74, 82ff, 100f, 124, 186
Piwowski, Marek 67, 69
Podkowiński, Władysław 44
Poelzig, Hans 44

281

Polak, Tadeusz 47
Polański, Roman 67f, 72, 173
Poniatowski, Józef Fürst 162
Poniatowski, Michel 71
Popiełuszko, Jerzy 116
Potocki 28, 162, 166
Prus, Bolesław 54
Quadro di Lugano, Giovanni Battista 222
Raczyński, Athanasius 223
Radziwiłł 28, 162, 170
Rappaport, Natan 165
Reagan, Ronald 30
Reich-Ranicki, Marcel 59
Reiter, Janusz 15
Reymont, Władysław 57, 172, 74
Riedl, Alois 47
Rodakowski, Henryk 44
Różewicz, Tadeusz 59
Rubinstein, Arthur 173
Rudniew, Lew 167
Rybczyński, Zbigniew 68
Samsonowicz, Henryk 230
Schinkel, Karl Friedrich 44, 225
Schlüter, Andreas 41, 162
Schulz, Bruno 57
Sienkiewicz, Henryk 54, 56, 74, 88, 160, 230
Sigismund I. der Alte 79, 179
Sigismund II. August 79, 186, 239
Sigismund III. Wasa 160, 258
Singer, Isaac Bashevis 113, 161, 176
Skolimowski, Jerzy 68
Skubiszewski, Krzysztof 222
Słowacki, Juliusz 55, 63
Stalin, Josef 94, 110, 167f, 102, 180
Staniewski, Włodzimierz 64

Stanisław II. August Poniatowski 80, 81, 163
Stanisław Samostrzelnik 44
Stanisław, HI. 187
Starowieyski, Franciszek 44, 49
Staszic, Stanisław 74
Stauffenberg, Claus Graf von 259
Stephan Bathory (Stefan Batory) 41
Stokłosa, Henryk 30
Strzemiński, Władysław 41, 44
Styka, Jan 210
Suchocka, Hanna 21, 86, 131, 222
Świerczewski, Karol 74f
Świerzy, Waldemar 49
Szczypiorski, Andrzej 59, 87, 109, 167
Szymanowski, Karol 60
Tejkowski, Bolesław 24
Thorvaldsen, Bertel 44, 162
Tilman van Gameren 44, 162
Tomaszewski, Henryk 44, 49
Trepkowski, Tadeusz 50
Tuwim, Julian 108
Tymiński, Stanisław 120
Uhland, Ludwig 90
Urban, Jerzy 113, 146f
Urbaniak, Michał 60, 61
Urbaniec, Maciej 49
Veit Stoß, 11, 41, 43, 179, 181, 182f, 186
Vischer, Peter 210
Wajda, Andrzej 63, 66ff, 146, 172f
Wałęsa, Lech 28, 86, 119f, 122ff, 143ff, 222, 243
Walewski, Alexandre F.J. Colonna 71
Waryński, Ludwik 74
Weizsäcker, Richard von 88
Willmann, Michael 44
Wit Stwosz s. Veit Stoß
Witkacy s. Witkiewicz
Witkiewicz, Stanisław Ignacy (Witkacy) 44, 57
Wladislaw I. der Ellenlang (Łokietek) 193
Wladislaw II. Jagiello 175
Wladislaw IV. Wasa 101
Wladislaw von Oppeln (Władysław Opolski) 195
Wojciech, św. s. Adalbert, HI.
Wojtyła, Karol, Papst Johannes Paul II. 74, 112, 116, 188
Wróblewski, Andrzej 95
Wybicki, Józef 91
Wyspiański, Stanisław 36, 42, 44, 57, 77f, 184
Wyssotzki, Wladimir 100
Wyszyński, Stefan Kardinal 116, 160
Zachwatowicz, Jan 47
Zamenhof, Ludwik 165
Zamoyski, Jan 176
Zamoyski, Marcin 29
Zanussi, Krzysztof 69
Zasada, Sobiesław 30
Zemła, Gustaw Kazimierz 205
Zimmerer, Ludwig 53
Zygmunt s. Sigismund

Ortsregister

Allenstein siehe Olsztyn
Annaberg, siehe Góra Swiętej Anny
Antonin 44
Arkadia 44, 170
Arras 186
Augsburg 186
Augustów, Urwald 260
Auschwitz siehe Oświęcim
Babiogórski Nationalpark 264
Baranów 43, 200
Bejce 43
Bełżec (Belzec) 191
Berent siehe Kościerzyna
Białowieża Urwald 11, 39, 262, 264
Białystok 44, 260
Biebrza, Sümpfe 264
Bielsko-Biała (Bielitz) 136
Bieszczady 199f
Birkenau siehe Brzezinka
Biskupin 226
Błędowska, Wüste 193f
Bobolice 193
Boguszyce 44
Bohotniki 261, 263
Breslau siehe Wrocław
Brieg siehe Brzeg
Bromberg siehe Bydgoszcz
Brzeg (Brieg) 43, 213f
Brzezinka (Birkenau) 191f
Bydgoszcz (Bromberg) 91
Cammin in Pommern siehe Kamień Pomorski
Carcassonne 47, 162
Chęciny 43
Chełmno (Kulm) 43, 232f
Chełmno nad Nerem (Kulmhof) 172, 191
Chochołów 198
Chorzów (Königshütte) 205
Czersk 169

Czerwińsk 43
Częstochowa (Tschenstochau) 35, 36, 188, 194ff
Dachau 116
Danzig, siehe Gdańsk
Danziger Werder siehe Żuławy Wiślane
Dębno 44, 199
Dobre Miasto (Guttstadt) 152, 250
Drogosze (Döhnhoffstädt) 258
Drohobycz 57
Eckartsdorf siehe Wojnowo
Elbląg (Elbing) 248
Essen 50
Faiyum 46
Faras 163
Frombork (Frauneburg) 43, 249
Galizien 81, 188
Gardzienice 64
Gdańsk (Danzig) 11, 43, 45, 47, 48, 89, 119, 122, 142, 228, 235ff
Gdynia (Gdingen) 84, 245, 275
Giżycko (Lötzen) 152
Gliwice (Gleiwitz) 202, 206
Gniezno (Gnesen) 43, 79, 114, 179, 220, 224ff
Golub (Gollub) 232f,
Góra Świętej Anny (Annaberg in Schlesien) 206
Grabarka 261
Grätz siehe Grodzisk Wielkopolski
Grodzisk Wielkopolski 43
Grünberg siehe Zielona Gora
Grunwald siehe Tannenberg 79
Grüssau siehe Krzeszów
Guttstadt siehe Dobre Miasto

Haczów 44
Hańcza, See 261
Heilgelinde siehe Święta Lipka
Heilsberg siehe Lidzbark Warmiński
Henryków (Heinrichau) 43, 48
Hindenburg siehe Zabrze
Hirschberg siehe Jelenia Góra
Hohenstein siehe Olsztynek
Humań 107
Isaargebirge (Góry Izerskie) 142
Jadwiga Andewadeńska siehe Hedwig von Anjou
Jalta 119
Jantarnyj (Palmnicken) 240
Jarocin 23
Jawor (Jauer) 44
Jelenia Góra (Hirschberg) 152, 215
Johannisburg siehe Pisz
Johannisburger Heide siehe Piska Puszcza
Jura Krakowsko-Częstochowska 193
Kadyny (Kadinnen) 48, 276
Kahlberg siehe Krynica Morska
Kaliningrad 240
Kalisz (Kalisch) 105
Kalwaria Pacławska 115
Kalwaria Zebrzydowska 35, 197
Kamenz siehe Kamieniec Ząbkowicki
Kamień Pomorski (Cammin in Pommern) 43, 219

283

Kamieniec Ząbkowicki (Kamenz) 44
Kampinos Nationalpark 169
Karkonosze siehe Riesengebirge
Karpacz (Krümmhubel) 215f
Kartuzy (Karthaus) 246
Katowice (Kattowitz) 141, 202, 205
Katyn 25, 102f
Kazimierz Dolny 43, 174
Kazimierz, Stadtteil von Kraków 105
Kętrzyn (Rastenburg) 152, 254, 258
Kielce 44, 110, 111
Komańcza 200
Königsberg siehe Kaliningrad
Königshütte siehe Chorzow
Kórnik 225
Kościerzyna (Berent) 246
Koszwały 248
Krakau (Krakau) 11, 34, 36, 40ff, 48, 53, 63, 83f, 88, 150, 175, 178ff, 235, 238,
Krasiczyn 44, 200
Kreisau siehe Krzyżowa
Krummhübel siehe Karpacz
Kruszyniany 261
Krutynia (Krutinnnen), Fluß 257
Krużlowa 43
Krynica Morska (Kahlberg) 248
Krzeszów (Grüssau) 44, 215
Krzeszowice 44
Krzyżowa (Kreisau) 206
Książ Wielki 43
Kulm siehe Chełmno
Kulmhof, siehe Chełmno nad Nerem
Kurpie, Region 53

Łagisza 140
Łambinowice (Lamsdorf) 95
Łeba (Leba) 11, 247
Lednica 220
Legnickie Pole (Wahlstatt) 44
Lemberg siehe Lwów
Leubus siehe Lubiąż
Lidzbark Warmiński (Heilsberg) 43, 250f
Lipce 248
Łódź (Lodsch) 44, 57, 66, 152, 172f, 260
Lötzen siehe Giżycko
Łowicz 53, 170f
Lubiąż (Leubus) 44
Lublin 41, 43f, 65, 79, 174ff
Lwów (Lemberg/Lwiw) 79, 107, 157, 188, 200, 207, 210
Maciejowice 75
Majdanek (Maidanek), Stadtteil von Lublin 150, 176, 191
Malbork (Marienburg) 40, 43, 79, 234, 276
Mamry, See (Mauersee) 259
Marienburg siehe Malbork
Marynowy 248
Mauersee siehe Mamry
Międzyzdroje (Misdroy) 219, 276
Mikołajki (Nikolaiken) 257
Milicz (Militsch) 211
Mirów 193
Misdroy siehe Międzyzdroje
Mogiła 44
Mrągowo (Sensburg) 148, 152, 255ff
Neidenburg siehe Niedzica
Neu Markt siehe Nowy Targ
Neu Sandez siehe Nowy Sącz
Nieborów 170

Niedzica (Neidenburg) 251, 255
Niepołomice 43
Nieśwież 44
Nikolaiken siehe Mikołajki
Nowa Huta 11, 24, 44, 141, 180, 188ff
Nowgorod 171
Nowogród 52
Nowy Sącz (Neu Sandez) 52f
Nowy Targ (Neu Markt) 198
Nürnberg 183
Ogrodzieniec 193
Ojców 193
Oliwa (Oliva), Stadtteil von Danzig 244
Olsztyn (bei Tschenstochau) 193
Olsztyn (Allenstein) 251
Olsztynek (Hohenstein) 52, 229, 251
Opatów 43
Opole (Oppeln) 52, 203f, 206
Orneta (Wormditt) 250
Ortelsburg siehe Szczytno
Oświęcim (Auschwitz) 111, 150, 177, 191f
Palmnicken siehe Jantarnyj
Pelplin 43
Pieniny, Gebirge 198f
Pieskowa Skała 43, 193
Piska Puszcza (Johannisburger Heide) 252
Pisz (Johannisburg) 255
Płock (Plozk) 156, 171
Podhale, Region 53, 197f, Polonezköy 73
Popielno 258
Poznań (Posen) 43f, 46, 91, 119, 220ff, 270
Praga, Ortsteil von Warszawa 102, 155f
Przytyk 108
Puławy 44
Racławice 210

Radzyń Chełmiński (Rehden) 231f, 234
Rastenburg siehe Kętrzyn
Rehden siehe Radzyń Chełmiński
Reszel (Rössel) 258
Riesengebirge (Karkonosze) 142, 215f
Rogalin 225
Ronchamp 189
Rössel siehe Reszel
Równia 200
Ruhrgebiet 72
Sachsenhausen 184
Sandomierz 43, 175
Sanok 52, 200
Schneekoppe siehe Śnieżka
Schweidnitz siehe Świdnica
Sejny 260
Sensburg, siehe Mrągowo
Ślęża (Zobten), Berggipfel 211, 214
Słowiński Nationalpark 247, 264
Smolnik 200
Śniardwy, See 257f
Śnieżka (Schneekoppe), Berggipfel 215f
Sosibór 191
Spirdingsee siehe Śniardwy
Stargard Szczeciński (Stargard im Pommern) 43, 218f
Stegny (Steegen) 248
Steinort siehe Sztynort
Stettin siehe Szczecin
Strzelno 43, 226
Stutthof 150
Sulejów 43
Supraśl 260
Świdnica (Schweidnitz) 44, 214
Święta Lipka 258
Świnoujscie (Swinemünde) 219
Szczecin (Stettin) 47, 137, 152, 217ff
Szczytno (Ortelsburg) 255
Sztutowo (Stutthof) 248
Sztynort (Steinort) 259
Tannenberg (Grunwald) 79
Tarnowskie Góry (Tarnowitz) 206
Tatra, Hohe, Gebirge 198
Toruń (Thorn) 43, 48, 76, 227ff
Treblinka 191
Trebnitz siehe Trzebnica
Trutnowy 248
Trzebnica (Trebnitz) 43, 212
Tschenstochau siehe Częstochowa
Tum bei Łęczyca 43
Ujazd-Krzyżtopór 44, 200
Uznam (Usedom), Insel 219
Vilnius siehe Wilno
Wąchock 43
Wahlstatt siehe Legnickie Pole
Warszawa (Warschau) 11, 45, 47f, 53, 83ff, 88, 107, 119, 155ff, 179,
Wartburg 47
Wdzydze 246
Wenecja 226
Westerplatte, Halbinsel 241f
Wieliczka 190
Wielkopolski Nationalpark 225
Wien 80, 114
Wigry, Ort und Nationalpark 260, 261
Wilanów 28f, 44, 46, 50, 165
Wilno (Wilna) 55, 107
Wiślica 43
Wiśnicz 43, 200
Wojnowo (Eckartsdorf) 251
Wolfschanze bei Gierłóż 258f
Wolin (Wollin), Insel 219
Wormditt siehe Orneta
Wreschen siehe Września
Wrocław (Breslau) 43, 44, 62, 152, 202, 207ff
Września (Wreschen) 220
Zabłudów 260
Zabrze (Hindenburg) 206
Zakopane 44, 53
Zamość 43, 92, 107, 176f
Żarnowiec 264
Żelazowa Wola 169
Zielona Góra (Grünberg) 39
Złaków Kościelny 171
Zubrzyca Murowana 52
Żuławy Wiślane (Danziger Werder) 248

285

Erkundung mit Vergnügen

VSA-Städteführer »zu Fuß«

»Wußten Sie daß in der Charlottenstraße der größte Bankraub der Nachkriegsgeschichte stattfand? Und kaum eine Seite ohne Informationen dieser Art und erfrischend Subjektives. Historie & Histörchen, besser als in jedem Geschichtsbuch«. (Berliner Zeitung)

»Die Reihe ›... zu Fuß‹ gehört zu den spannendsten Neuentwicklungen der letzten Jahre. Und zu den erfolgreichsten.« (Buchmarkt)

»Die Bücher machen einen gelungenen Eindruck: Stadtpläne, Rundgangsdauer, Register und ein umfangreicher Anhang – der VSA-Verlag weiß, was einen guten Reiseführer ausmacht.« (NDR)

Unsere »Stadtführer neuen Stils« (Der Spiegel) zeigen neben den touristischen Höhepunkten (mit vielen zusätzlichen Informationen) auch die Stadtteile. Sie schauen hinter die Fassaden, berichten von vergessener Geschichte, enthalten Anekdoten und Lieder.

Die Stadtführer sind 250 bis 320 Seiten dick und kosten DM 29,80-36,00

Lieferbar sind:
Augsburg, Berlin, Bochum, Braunschweig, Dresden, Düsseldorf, Duisburg, Göttingen, Hamburg, Hannover, Kassel, Kiel, Leipzig, Mainz/Wiesbaden, Mannheim, München, Nürnberg, Stuttgart.

Prospekt anfordern

VSA-Verlag
Postfach 50 15 71
22 715 Hamburg

Außerdem bei VSA:

★ Regional- und Freizeitführer
★ StadtReiseBücher
★ Länderreiseführer

★ Engagierte Sachbücher
★ Geschichte »von unten«

Wissen wohin die Reise geht
VSA: Reisebücher, Stadt- und Regionalführer

»Die VSA-Führer haben sich zu Recht ihren Platz erobert. Sie bringen Beiträge, Beschreibungen, Essays zu Alltagsleben und Feste, Essen und Trinken, Regionen und Provinzen, Geschichte, Politik und Kultur, Hintergrundinformationen, praktische Tips und Routen.« (Schweizer Bibliotheksdienst)

★ **Reisebücher**
gibt es inzwischen zu mehr als 30 Ländern (von Korsika bis Polen, von Japan bis USA), mit 250-450 Seiten. Was der Schweizer Bibliotheksdienst gesehen hat, gilt für alle.

★ **StadtReiseBücher**
sind Spaziergänge durch spannende Städte wie St. Petersburg und Rom, Barcelona und Wien. »Interessante und aktuelle Führer mit Essays & Hintergründen, Cafés & Bistros.« (BRIGITTE)

★ **Städteführer »zu Fuß«**
durch Berlin, Hamburg, Düsseldorf, Nürnberg, Dresden, Leipzig und mehr als ein Dutzend andere Städte ermöglichen den »zweiten Blick« auf Stadtteile und hinter Fassaden, mit Anekdoten und Geschichten von gestern und heute.

★ **Regional- und Freizeitführer**
für Gäste und Daheimgebliebene machen mit dem »Charme der Provinz« und ihren Geheimnissen vertraut: von Schleswig-Holstein über Mecklenburg-Vorpommern bis nach Oberbayern.

Prospekt
anfordern

VSA-Verlag
Postfach 50 15 71
22 715 Hamburg

Außerdem bei VSA:
★ Engagierte Sachbücher
★ Geschichte »von unten«